公路隧道照明理论与应用

——基于容许交通风险度的公路隧道照明

韩　直／著

科 学 出 版 社
北　京

内容简介

本书以车辆驾驶者的交通行为作为研究对象，运用概率论、交通流理论、自动控制、人工智能等理论与方法，构建了基于容许交通风险度的公路隧道照明理论，纠正了交通量最大时需要的照明亮度最大的错误认识；提出了隧道照明控制的四元控制法；创新了LED照明的布灯方法和配线方法——低位照明法与干线配线法；建立了不增加投资条件下高寒地区隧道设计参数优化模型、遮光棚长度优化模型，以及曲线隧道定向光照明盲区、布灯间距、布灯方式、曲线曲率关系的模型；阐述了照明实验方法、节能评估方法和设计方法。

本书可供交通运输部门、交通管理部门的工程技术人员、管理人员参考，也可作为有关院校的教学人员、研究生与博士生的参考资料。

图书在版编目(CIP)数据

公路隧道照明理论与应用：基于容许交通风险度的公路隧道照明 / 韩直著. — 北京：科学出版社, 2021.4

ISBN 978-7-03-065741-1

Ⅰ. ①公… Ⅱ. ①韩… Ⅲ. ①公路隧道-照明设计-研究 Ⅳ. ①U459.2

中国版本图书馆 CIP 数据核字 (2020) 第 139279 号

责任编辑：朱小刚 / 责任校对：彭 映

责任印制：罗 科 / 封面设计：韩 朵

科学出版社出版

北京东黄城根北街16号

邮政编码：100717

http://www.sciencep.com

四川煤田地质制图印刷厂印刷

科学出版社发行 各地新华书店经销

*

2021年4月第 一 版 开本：787×1092 1/16

2021年4月第一次印刷 印张：17 1/2

字数：400 000

定价：149.00 元

(如有印装质量问题，我社负责调换)

作 者 简 介

韩直，男，1962 年出生，博士，研究员，全国科技优秀工作者，国务院政府特殊津贴专家，从事交通工程科研、设计与咨询工作，主要研究方向为交通安全与智能交通。获国家科学技术进步奖一等奖 2 项，获詹天佑奖、省部级科学技术进步奖一等奖、中国公路学会科学技术奖特等奖和一等奖以及中国勘察设计协会科学技术奖一等奖若干项，出版专著《公路隧道节能技术》、《公路隧道运营安全技术》、《秦岭终南山特长公路隧道关键技术研究》与《港珠澳大桥岛隧工程节能减排关键技术》。

前　言

我国山岭重丘区占国土面积的70%以上，随着各省地方公路网的加密、断头路的消除以及城镇化的发展，公路隧道在道路网中的比重越来越大。公路隧道作为道路构造物的耗电大户，如何既能满足运营的需求，又能少用电，实现绿色交通，已引起国内外专家的普遍重视。要解决这一问题，首先要解决隧道照明理论。

隧道照明是道路交通节能的重要构成部分，是一门交叉学科，涉及道路工程、隧道工程、环境工程、汽车工程、交通工程、通信工程、控制工程、制造工程、光学、心理学、视觉学等学科。要深入研讨各学科对隧道照明的影响与作用，远不是本书能够做到的。因此，本书仅对涉及较多且容易理解的内容进行介绍，重点阐述作者创新研究的内容。

本书从车辆驾驶者的角度出发，重点阐述公路隧道照明涉及的基础知识、主要影响因素、物理模型、数学模型、主要参数、控制方法和设计方法，并给出应用案例。

本书得到作者承担的国家高技术研究发展计划项目“LED 隧道道路照明灯”(2008AA03A193)、国家科技支撑计划项目“港珠澳大桥跨海集群工程建设关键技术研究与示范”(2011BAG07B05)课题五之专题三、重庆市科技攻关计划项目“高速公路隧道LED智能照明系统设计及应用成套关键技术研究”(CSTC2009AB4166)，以及广东、江西、贵州、湖北、辽宁、青海等地科研项目的支持，是2006年以来隧道照明成果的汇总，包含着陈晓利正高级工程师、王小军教授级高级工程师、郭兴隆高级工程师、易富君博士等的心血和关雨嫣、王晶晶、王俊莹的劳动，在此表示衷心的感谢。

本书适合交通运输部门、交通管理部门的工程技术人员、管理人员阅读和参考，也可作为有关院校的教学人员和研究生、博士生的参考资料。由于作者水平有限，疏忽或不足之处在所难免，敬请读者批评指正。

韩　直

2020年9月

目　录

第1章 绪　　论

1.1 公路隧道照明的两大问题

我国是世界上种类最多、数量最大的公路隧道大国，有单向交通隧道与双向交通隧道；有单洞双车道、三车道与四车道隧道；有短隧道、中隧道、长隧道与特长隧道；有独立隧道与受地形、地质条件限制的毗邻隧道和隧道群；有桥隧相连隧道以及和收费站、立交桥等接近的隧道，有山岭隧道与水下隧道，有盾构隧道与沉管隧道；还有按照公路标准设计的公路隧道与按公路标准设计的山地城市隧道等。凡此种种，难以逐一枚举。

截至2019年底，全国共有隧道19067座，1896.66万m。其中，特长隧道1175座、521.75万m，长隧道4784座、826.31万m，中短隧道13108座、548.6万m，数量惊人。随着交通强国的实施与城市群的发展，相信会有更多隧道问世。

公路隧道是道路建筑的特殊构造物，是半封闭体。受气候、环境、隧道构造特征及与道路构造物连接特性等因素的影响，驾驶者在隧道内的行驶，白天与夜间的感受完全不同，特别是白天在隧道内行车，容易出现以下10个问题。

(1) 黑洞现象。

受光照影响，隧道进洞口与洞外照度相差很大，视觉感受为黑茫茫的一片，即“黑洞现象”。

(2) 白洞现象。

驾驶者在隧道行驶一段时间后，已逐渐适应隧道内的光环境，而隧道出口光线强烈，刚出隧道时，视觉感受为白茫茫的一片，即“白洞现象”。

(3) 心理压抑。

隧道是半封闭体，视野范围狭窄，欧洲的隧道运营研究者与医生、社会学家、心理学家等组成的联合组的研究表明，驾驶者在隧道内心理压抑感强，主观上欲急速逃离隧道。

(4) 视线不清。

有时候由于停电，隧道内一片漆黑，更有部分隧道运营公司为了节约电费而不开灯或少开灯，造成视线模糊，带来交通安全隐患。

(5) 车辆失稳。

隧道内和隧道外，特别是冰、雪、雨天气及隧道内漏水时，路面摩擦系数相差较大，特别是隧道进出口容易出现车辆失稳。

(6) 视觉疲劳。

在长隧道、特长隧道内行驶时，由于视觉环境单调，容易视觉疲劳，造成操作失误。

(7) 认知下降。

山区高速公路隧道群众多，如重庆就有33个隧道群(82座隧道)，由于频繁进出隧道，频繁受“黑洞现象”与“白洞现象”影响，造成视觉认知下降，反应迟缓，特别是洞外亮度较大及冰雪覆盖的晴天更是如此。

(8) 自以为是。

隧道内外都有众多交通设施，如洞外信号灯、洞内车道指示器。由于隧道维修、事故车辆等，会关闭隧道或某个车道，研究调查表明，部分驾驶者或不看标志或不遵守标志，不按隧道内的车道指示器行驶，造成交通事故。

(9) 判断失误。

隧道内发生火灾是必然的，火灾刚发生时，有些驾驶者自认为火势较小，急于加速通过火灾区，结果造成更大灾害。

(10) 慌张失措。

火灾与毒气泄漏是隧道内最严重的交通事故，由于不熟悉隧道内的诱导、指示、灭火等设施，加之洞内能见度低，司乘人员心理慌张，举措失当，造成更大危害。

综上所述，在隧道内行车，远比在路段行车要难。因此，隧道照明主要是为了解决两大问题。

(1) 安全问题。

隧道照明的目的是服务于司乘人员和隧道运营管理者，而又不仅仅服务于驾驶者，也要服务于隧道内发生火灾等异常时的自救者、救援者及逃生者，其有如下四种用途：

①使驾驶者看清楚道路上的障碍物；

②使驾驶者看清楚道路上的交通状态以便决定后续交通行为；

③使隧道内管理人员通过闭路电视监控系统(若有)掌握交通状态以便采取交通管控措施；

④当隧道内发生火灾时，便于隧道内的司乘人员自救、逃生以及其他人员进行救援。

虽然没有分析数据表明隧道内的交通事故率远大于其他路段，但交通事故的严重程度和危害程度远大于其他路段却得到人们的共识。涉及隧道内行车安全的因素有很多，降低隧道内的行车风险，就必须解决以下问题：

①安全度。任何事情都有风险，不可能保证任何天气下驾驶者都能避免“黑洞现象”与“白洞现象”、每个驾驶者都能看清隧道内障碍物和交通状态，也不可能保证每个隧道都设置照明系统。要确定如何配置隧道照明系统，首先要回答安全度的问题，即多大的行车风险是可以接受的。

②可供辨识距离与交通状态的关系。统计数据表明，隧道内50%以上的交通事故都是尾撞交通事故，其根本原因就在于驾驶者预留的安全间距不足，或者说可控的辨识距离不足。而安全间距和交通状态密切相关，交通状态又和交通流量、车流平均速度、车流速度差、交通行为(跟踪行驶、自由行驶、超车行驶)以及车辆在车道上的分布相关。不回答这些问题，就无法确定提供多大亮度以满足看清可控辨识距离。

③投资约束条件。虽然不是隧道内越亮越好，但若光环境完全和洞外一致，至少能极大地降低隧道内的行车风险。受经济条件限制，既不可能让所有等级的公路隧道都要设置

照明系统，也不可能保证比较短的隧道也都设置照明系统。我国地域辽阔，经济发展极不平衡，对于某些特殊地段可根据当地实际情况确定是否设置照明系统。

(2) 节能问题。

安全环保是道路交通永恒的研究课题。公路隧道照明作为道路交通的用电大户，一直是节能减排的重点。部分隧道少开灯甚至不开灯，正是因为隧道照明用电率为企业的一笔沉重负担。一座 1000m 长的隧道，按照设计速度 80km/h，洞外亮度 3000cd/m^2，交通量为低交通量，每天白天开灯 10h 计算，则年用电量为 164250kW·h，按照推算，2019 年全国平均有 1000m 的隧道 18966.6 座，年用电量高达 3.115×10^9kW·h，折合成电费(按 1 元/(kW·h))为 31.15 亿元，相当于 14 座小型电力发电站。

要实现隧道照明节能，就必须解决以下问题：

(1) 设计节能。

对于同一隧道照明工程，虽然采用的设计标准、工程条件、经济条件等是相同的，但由于设计师的水平不同，结果可能造成工程投资与运营费用相差巨大。例如，发光二极管(light emitting diode，LED)灯比高压钠灯可节能 50%以上，而同样是 LED 灯，选择 100lm/W 和 150lm/W，运营费用相差 1/3 以上；又如，选择同样的 LED 灯，由于照明电缆布线方法不同，电缆用量可相差 2/3 左右。这就需要解决照明的设计方法问题。

(2) 运营节能。

在公路隧道照明的全寿命周期内，建设投资远大于运营投资，运营节能是隧道照明节能的重要途径之一，通过科学合理地开(关)灯，使得隧道内需要照明区域的亮度既满足相关标准规范的要求，又能减少运营成本，实现节能减排，这就要求能够根据实时的天气状况与道路交通状态，进行隧道照明控制，需要解决洞外亮度、洞内实际亮度以及视觉需求亮度的耦合问题，以及交通状态与视觉需求亮度的关系问题。

(3) 标准节能。

标准的实用性、先进性，既反映了一个企业或国家的科技水平，也反映了其经济实力或国力。实用、先进的隧道照明标准是实现节能的基石。这就需要完善现有公路隧道照明标准体系中不合理的部分，补充遗漏的部分，增加缺失的部分，如 LED 公路隧道照明的设计标准、产品标准、施工标准与运营控制标准。

1.2　我国公路隧道照明的主要进展

我国公路隧道照明的发展可以分为三个阶段。

(1) 1999～2003 年：消化吸收阶段。

1999 年，《公路隧道通风照明设计规范》(JTJ 026.1—1999)，由交通部重庆公路科学研究所(现招商局重庆交通科研设计院有限公司)国家勘察设计师蒋树屏主编，交通部(于 2008 年改为交通运输部)颁布实施。《公路隧道通风照明设计规范》主要吸纳日本的研究与应用成果编制而成，填补了国内无公路隧道通风与照明设计规范的空白，通过组织宣贯，适应了高速公路蓬勃发展的需要。

(2) 2004～2013年：研究实践阶段。

这一阶段是我国公路隧道的高速发展期，标志性工程是秦岭终南山特长公路隧道(全长18.02km，世界规模第一，长度第二)和港珠澳桥岛隧集群工程的建成通车。在此期间，国家科学技术委员会、交通部(交通运输部)和许多省份，针对项目建设与运营中的共性问题、特殊性问题及重大工程问题展开了研究，主要包括国家科技支撑计划“港珠澳大桥跨海集群工程建设关键技术研究与示范”，国家高技术研究发展计划项目“LED隧道道路照明灯”，交通部西部交通建设科技项目“公路隧道(群)安全与节能技术研究”、“公路隧道太阳能照明系统研究”，重庆市科学技术委员会项目“公路隧道LED照明成套技术研究”、“公路隧道供配电节能技术研究”，广东省交通厅项目“基于交通流理论的公路隧道照明节能技术研究”、“广梧高速公路安全与节能技术研究”，福建省交通厅项目“公路隧道照明参数研究”等。2004年，第一款LED隧道照明灯与诱导灯在公路隧道建设技术国家工程实验室(1∶1长200m实体隧道)开始测试；2006年，LED隧道灯在贵州省东庙冲隧道开始应用，这是世界上首座采用LED灯照明的隧道；2008年，广州市东二环双洞八车道LED隧道照明通过工程验收；2009年，全国30个LED隧道灯企业在贵州省进行了模块化LED隧道灯光源模块互换与照明控制试验并取得成功，为LED隧道灯标准化生产打下基础。此后，上海崇明岛隧道、青岛胶州湾隧道等高速公路与城市道路皆采用LED隧道照明。虽然尚缺乏规范的支持，但通过科研与试点，LED隧道灯已在全国逐步推广应用。LED灯比高压钠灯更节能与省钱，也得到了专家共识。

(3) 2014年至今：新型照明与辅助照明试点阶段。

2014年，《公路隧道照明设计细则》(JTG/T D70/2-01—2014)由交通运输部颁布实施，《公路隧道照明设计细则》对采用LED灯的亮度需求等做出了明确规定，使得LED隧道照明有规可遵，有法可循。无论是新建工程，还是改造工程，都开始广泛采用LED隧道照明。此外，辅助照明、太阳光直接照明也得到研究与应用。

综上所述，我国隧道照明的进展主要可归纳为以下几个方面：

(1) 照明理论。

突破了国内外照明理论不考虑交通行为的缺陷，纠正了基本段照明需求随交通量的增加而线性增加的错误认识，形成了考虑交通组成、交通行为、安全系数的全新的公路隧道照明理论。

(2) 照明标准。

《公路隧道通风照明设计规范》填补了国内空白，《公路隧道照明设计细则》明确了LED隧道照明的亮度需求，中间视觉理论在公路隧道照明中得到应用，亮度指标更加合理，重庆、青海、辽宁、江西、贵州、吉林、广东、上海等地，根据LED公路隧道照明的研究成果、应用经验和当地特点，分别编制或颁布了LED公路隧道照明设计、产品、施工、验收、运营的地方规定或地方标准，推动了LED公路隧道照明的发展。

(3) 照明灯具与辅助照明。

LED隧道灯产品可靠性、寿命、性价比得到显著提高，国产LED芯片在隧道照明中得到广泛应用，灯具效能进一步提升，灯具结构更加合理，散热问题基本解决，部分省市实现了灯具的标准化，方便了维护与管理；太阳光直接在公路隧道中进行照明得到应用与示范，开辟了全新隧道照明节能途径；辅助照明(蓄能发光、反射发光、诱导照明)材料与装备研发取得进展与示范应用，隧道亮化工程在全国得到实施，隧道照明环境更加友好。

(4)照明设计。

基于光学理论，形成了更加安全与节能的灯具布设方法；基于 LED 隧道照明的特点，创新了照明灯具的配线方法。成果在江西、广东、陕西等地得到推广应用，效果良好，LED 灯不但比高压钠灯照明节省投资，而且更加安全、节能和方便维护管理。

(5)照明控制。

基于视觉适应性，提出了白天与夜间区分的标准，明确了照明自动控制需要的最小分级数量，创立了以洞外亮度、洞内亮度、交通量、速度为参数的智能控制方法，推动了照明控制自动化、智能化的发展。

(6)缩小比例照明试验装置与方法取得进展，试验检测手段更加丰富。

1.3 与国外研究进展对比

近二十年，我国交通公路建设事业发展迅速，公路隧道数量逐年增加，受市场需求推动，国家、地方和建设单位都投入大量资金，进行公路隧道照明研究并取得许多成果。而国外发达国家，由于已过了建设期，隧道以养护为主，公路隧道照明发展缓慢。与欧、美和日本等发达国家相比，我国的优势与不足主要表现在以下几个方面。

(1)理论。

隧道照明是交通状态与光环境之间的耦合。现有的隧道照明理论在亮度确定上，以停车视距内能辨识 0.2m×0.2m×0.2m 障碍物为准，在交通状态上，假定所需要的亮度与交通量的大小成正比，采用的交通量为高峰小时每车道的混合车辆数。国内外在标准规范中采用的隧道照明理论没有差异，且都不考虑车辆类型不同、车流速度差不同对交通状态及所辨识距离的影响。

①光环境。隧道照明的光环境涉及暗视觉、中间视觉、明视觉以及驾驶者的视觉适应。近年来，在暗视觉及视觉适应方面少有进展，中间视觉理论在隧道照明中的应用取得一些成果，为隧道中间段照明最低亮度确定提供了依据。与欧洲国家相比，我国的隧道中间段照明最低亮度大于欧洲规范的规定值。

②交通状态。交通状态与隧道照明之间的关系国内外研究较少。现有的国内外隧道照明理论都认为隧道照明与道路交通量的大小成正比。这显然不符合实际情况，例如，当交通量达到通行能力时，车辆处于跟踪状态，此时并无必要增加亮度以提高可辨识距离。可喜的是，国内对中间段照明亮度需求与交通量的关系研究已弥补了这一不足，虽未完全解决交通状态与隧道照明需求的关系，但已取得突破，由已故王梦恕院士组成的专家组对该成果的鉴定认为其处于国际领先水平。

(2)照明产品。

照明产品主要包括照明灯具产品、照明控制产品和辅助照明产品。在国外，公路隧道照明产品目前仍然以高压钠灯为主，辅助照明以自发光诱导设施为主。而我国近年来的照明产品，特别是LED隧道照明产品发展很快，处于国际领先水平。

①照明灯具。自2006年LED隧道灯开始应用以来，LED隧道照明灯具已基本成熟，具体表现在：LED芯片国产化显著提高，国产化LED芯片在性能上已接近国际先进水平；解决了散热问题，显著延缓了光衰减，提高了光源寿命；LED照明灯具电源可靠性显著提高，为在线无级调光控制奠定了基础。

②辅助照明。辅助照明包括蓄能发光辅助照明、自发光辅助照明和反射照明。

LED诱导照明。LED诱导照明属于自发光辅助照明范畴。自2003年LED诱导照明引入我国公路隧道诱导照明以来，在新建与改建隧道项目中应用广泛，目前国产化产品已完全替代进口产品。

反射诱导照明。反射诱导照明设施主要包括反光环、轮廓标、反光诱导标线，产品已完全国产化，特别是反光环在国内长隧道中应用广泛，起到了较好的视线诱导与缓解心理压力的作用，而在国外则鲜见应用。

蓄能发光诱导照明。2001年，我国已有企业开发蓄能发光材料，但一直未能解决关键技术问题。自2016年蓄能发光材料在隧道诱导照明中应用以来，已在浙江各地进行示范，效果良好，达到国际先进水平。

(3)设计方法。

公路隧道照明目前尚未见明确的设计分类方法，事实上，其可按洞外光环境、光源和设计阶段进行分类。

①按洞外光环境分类：包括L_{20}法和光幕亮度法。这两种方法皆由国际照明委员会(CIE)提出，是最基本的设计方法。光幕亮度法与L_{20}法相比，由于考虑了汽车挡风玻璃的特性，故比L_{20}法更为精确。我国目前尚未采用光幕亮度法。

②按光源进行分类：包括混合光光源照明设计法、散射光光源照明设计法和定向光光源照明设计法。

混合光光源照明设计法。混合光光源是指以人工光(定向光光源和散射光光源)和自然光(太阳光)为光源构成的隧道照明光源，详见专利“自然光和人工光结合的隧道布灯方法”。

散射光光源照明设计法。散射光光源是指360°发光的光源。传统的设计都是采用散射光源，其设计方法这里不再赘述。

定向光光源照明设计法。定向光光源目前主要是指LED灯，由于其可通过配光使灯具照射在需要照明的区域，光通量利用率高，故同等光效时更节能。由于LED灯具有单灯无级调光控制功能，因此采用LED灯进行隧道照明设计时，为了进行照明控制，其配线方法不必采用回路设计法，这是与散射光源隧道照明设计的主要不同点，详见专利“一种公路隧道照明系统及照明方法”。

③按设计阶段分类：包括利用系数法和逐点计算法。

设计一般分为初步设计和施工图设计，在确定施工单位后，由设计单位和施工单位一起进行联合设计。由于投标前不允许指定产品，故初步设计和施工图设计均采用利用系数法进行照明计算。当招标完成后，根据确定的产品特性，进行联合设计。

总体来说，由于LED隧道照明尚未全球推广应用，而我国起步较早，针对LED隧道照明的设计方法，我国处于国际领先水平。

(4) 试验检测。

试验检测包括室内试验检测、试验隧道试验检测和实体工程合格性检测。由于国内外检测水平无显著差异，这里仅对前两种检测进行对比。

①室内试验检测。室内试验检测主要包括产品光学性能检测、电气性能检测及视觉性能检测。近些年来，上海复旦大学、重庆大学、长安大学、重庆交通大学等都开展了相关试验检测，特别是缩放比例视觉性能试验，虽然物体缩放比例与视觉的对应关系尚有待探讨，但该方法的试验结果仍有一定的参考价值。

②试验隧道试验检测。公路隧道建设技术国家工程实验室有两座分别长为 200m 的单洞双车道试验隧道和长 150m 的单洞三车道试验隧道，其可分别进行隧道照明灯具、蓄能发光涂料及反射诱导设施的工程符合性检测试验。由于照明灯具实际光效性影响因素较多，特别是 LED 隧道灯，即使所选芯片相同，但由于配光、灯具面板材料、电源等各不相同，实际光效相差可能较大，因此实体试验隧道试验检测为灯具选择提供了可靠依据。

(5) 照明控制。

照明控制是运营节能的重要途径，由于国外隧道照明尚未推广使用 LED 灯，而是采用回路法。LED 灯具有单灯无级调光控制的功能，自 2009 年广梧高速公路首次采用隧道照明无级智能调光控制以来，我国其他隧道已经逐步推广应用，其中，基于洞外亮度、速度与交通量的隧道照明智能调光控制法处于国际领先水平，详见专利“一种隧道照明控制方法及系统”。

第2章 基础理论

本章介绍隧道照明涉及的主要基础理论知识，包括视觉理论、数理统计、交通流理论、道路工程、隧道工程、交通工程和控制工程，特别阐述交通流理论的基本假定，为各学科在隧道照明中的应用奠定基础。

2.1 视觉理论

2.1.1 视觉范围

视觉范围包括视觉的空间范围、时间范围、亮度范围和色温范围。

1. 空间范围

视觉的空间范围包括水平范围和垂直范围。不同人的视觉范围不同。在隧道照明中，更多的是关心视觉的水平范围。一般来说，不转动脖子时视觉的水平范围为不大于130°。

2. 时间范围

人们在辨识物体时，总是要耗费一定的时间，这个时间也称为视觉反应时间。对于同样的物体，同一个人看清运动状态和静止状态物体所需要的时间是不同的。为了进行比较，在视觉功能法中，以500ms作为视觉反应时间的基准时间单位，也就是说，视觉的时间范围为不小于500ms。

3. 亮度范围

视觉分为暗视觉、中间视觉和明视觉。根据CIE 1983年的定义，明视觉是指亮度超过几坎德拉每平方米(通常认为超过$3cd/m^2$)的环境，此时视觉主要由视锥细胞起作用，最大的视觉响应在光谱蓝绿区间的555nm处；暗视觉是指环境亮度低于$1\times10^{-4}cd/m^2$时的视觉，此时视杆细胞是主要作用的感光细胞，光谱光视效率的峰值约在507nm；中间视觉介于明视觉和暗视觉之间，此时人眼的视锥细胞和视杆细胞同时响应，并且随着亮度的变化，两种细胞的活跃程度也发生变化。一般从白天晴朗的太阳到晚上台灯的照明，都是在明视觉范围内的；而道路照明和明朗的月夜下，为中间视觉照明范围；昏暗的星空下就是暗视觉范围。人眼可感知的亮度范围如图2-1-1所示。

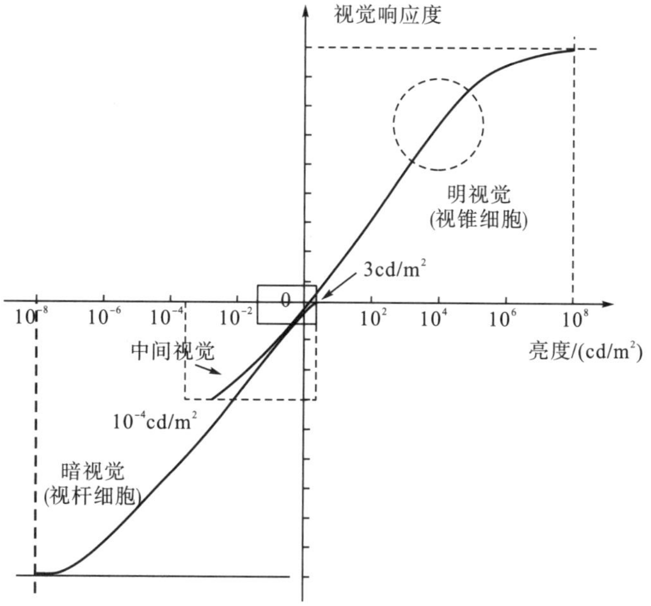

图 2-1-1　人眼可感知的亮度范围

4. 色温范围

隧道照明的色温分为冷色、中间色和暖色。照明灯的色温是否合适，与汽车速度、驾驶者的心情和行车的安全性密切相关，表 2-2-1 给出了色温、照度与驾驶者心情之间的关系。

表 2-2-1　色温、照度与驾驶者心情的关系

照度/lx	暖色(色温小于 3300K)	中间色(色温为 3300～5000K)	冷色(色温大于 5000K)
＜500	舒适	自然	清冷
500～2000	刺激	舒适	自然
＞2000	闷热	刺激	舒适

2.1.2　视觉的认知性

视觉的认知性包括光度的认知性和色度的认知性。

1. 光度的视觉认知

人眼可感知的亮度范围很大，通常为 10^{-8}～10^{8}cd/m²，量级为 1～10^{3}cd/m²。明视觉的亮度感知范围＞3cd/m²，中间视觉为 10^{-4}～3cd/m²，暗视觉为 10^{-8}～10^{-4}cd/m²。

2. 色度的视觉认知

色度包括色光和色彩，色光和色彩用明度、彩度、色相三要素描述。其中，明度包括明暗度、亮度、主观亮度、生理亮度、心理亮度、辉度和灰度；彩度包括纯度、饱和度和色度纯度；色相包括红、黄、绿、蓝等颜色的主波长。大脑神经中枢有 4 个系统整合视觉信息，会出现滞后残留现象，这 4 个系统包括 1 个感知运动的神经系统、1 个感知颜色的神经系统和 2 个感知形状的神经系统。在颜色上，人眼对绿色的差异最不敏感，对蓝色和紫色的差异最敏感。

2.1.3　视觉的适应性

人眼视觉能够接收约 10 个数量级的光场强度变化。随着外界光亮度的变化，人眼视觉响应可分为以下三类。

1. 明视觉响应

亮度大于 $3cd/m^2$ 的明亮环境下，人眼处于明视觉响应状态，视锥细胞起主要作用，此时能够分辨物体的细节和色彩的感觉。

2. 暗视觉响应

当亮度小于 $1\times10^{-4}cd/m^2$ 时，人眼处于暗视觉响应状态，此时只有视杆细胞起作用，此状态下，虽然能看到物体的大致形状，但不能分辨细节，也不能辨别颜色。

3. 中间视觉响应

当亮度为 $1\times10^{-4}\sim3cd/m^2$ 时，人眼处于中间视觉响应状态，视网膜上的两种光感受细胞——视锥细胞和视杆细胞同时发生作用。

当光场亮度发生突变时，视觉从突变到稳定后的正常视觉状态需要一段时间调节，即适应，视觉的适应性主要包括明暗适应性和色彩适应性两种。对于明暗适应性，光场亮度由暗突然到亮的适应称为明适应，明适应需要 2～3min；光场亮度由亮突然到暗的适应称为暗适应，暗适应通常需要 45min。人眼的色彩适应性是由于视紫红质的产生和消失，达到新平衡所需要的时间延迟。

随着光场亮度 $3cd/m^2$ 降至 $3\times10^{-5}cd/m^2$，人眼逐渐由视锥细胞的明视觉响应转向视杆细胞的暗视觉响应。

在中间视觉状态下，人眼视网膜上的两种光感受器细胞——视锥细胞和视杆细胞同时发生作用，当适应亮度逐渐由明到暗时，光谱灵敏度曲线逐步向短波方向移动，这种现象称为浦肯野偏移(Purkinje shift)。由于这种偏移，对夜间照明的设计、测量和计算仍沿用明视觉光谱光视效率 $V(\lambda)$ 的基础将产生不恰当的甚至是错误的结果。目前国际上照明界越来越多的专家注意到了这一现象，并从各个方面研究中间视觉照明下的特性及其对夜间照明应用的影响。

2.2　数理统计

2.2.1　泊松分布

在研究交通流的到达规律时，泊松分布适用于车流密度不大、其他外界干扰因素基本不存在，即车流随机的情形，基本公式如下：

$$P_k = \frac{(\lambda t)^k}{k!} e^{-\lambda t} \tag{2-2-1}$$

式中，P_k 为在计数间隔 t 内到达 k 辆车的概率；λ 为平均到车率，辆/s；t 为每个计数间隔持续的时间，s；e 为自然对数的底数，可取 2.718280。

若令 $m = \lambda t$ 代表在计数间隔 t 内平均到达的车辆数，则 m 又称为泊松分布的参数。

递推公式如下：

$$P_0 = e^{-m}, \quad P_{k+1} = \frac{m}{k+1} P_k \tag{2-2-2}$$

分布的均值 M 和方差 D 都等于 λt 。

2.2.2　二项式分布

二项式分布适用于车流比较拥挤、自由行驶机会不多的车流。

基本公式如下：

$$P_k = C_k^n \left(\frac{\lambda t}{n}\right)^k \left(1 - \frac{\lambda t}{n}\right)^{n-k}, \quad k = 0,1,2,\cdots,n \tag{2-2-3}$$

式中，n 为正整数。

通常记 $P = \dfrac{\lambda t}{n}$，则二项式分布可写为

$$P_k = C_k^n P^k (1-P)^{n-k}, \quad k = 0,1,2,\cdots,n \tag{2-2-4}$$

式中，$0 < P < 1$；n、P 称为二项式分布的参数。

递推公式如下：

$$P_{k+1} = \frac{n-k}{k+1} \cdot \frac{P}{1-P} \cdot P_k \tag{2-2-5}$$

分布的均值 M 和方差 D 分别为

$$M = nP, \quad D = nP(1-P) \tag{2-2-6}$$

显然有 $D < M$ ，这是二项式分布与泊松分布的显著区别，它表征二项式分布到达的均匀程度高于泊松分布。

如果通过观测数据计算出样本均值 m 和方差 s^2，则可分别代替 M 和 D，用下面两式求出 P 和 n 的估计值：

$$P = \frac{m - s^2}{m}, \quad n = \frac{m^2}{m - s^2} \tag{2-2-7}$$

式中，m 和 s^2 可按下面两式计算：

$$m = \frac{1}{N}\sum_{i=1}^{N}\chi_i, \quad s^2 = \frac{1}{N-1}\sum_{i=1}^{N}(\chi_i - m)^2 \tag{2-2-8}$$

式中，N 为观测的计数间隔数；χ_i 为第 i 个计数间隔内的车辆到达数。

2.2.3　埃尔朗分布

埃尔朗分布基本公式如下：

$$P(h \geqslant t) = \sum_{i=0}^{l-1}(\lambda l t)^i \frac{e^{-\lambda l t}}{i!} \tag{2-2-9}$$

式中，l 是分布参数(正整数)。

其概率密度函数为

$$P(t) = \lambda e^{-\lambda t}\frac{(\lambda t)^{i-1}}{(i-1)!}, \quad i = 1,2,\cdots \tag{2-2-10}$$

当 λ 为固定值时，埃尔朗分布概率密度曲线如图 2-2-1 所示。

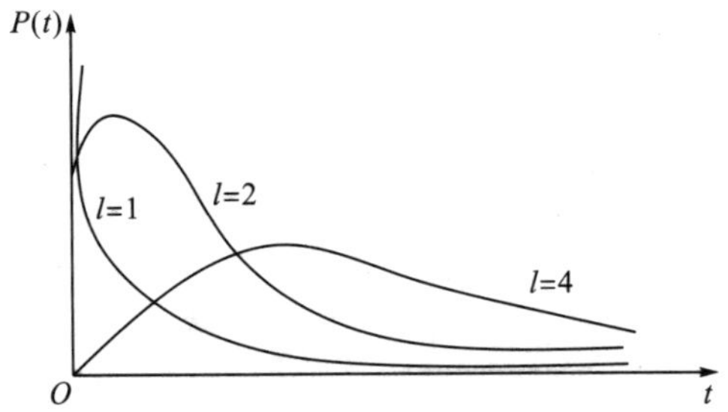

图 2-2-1　埃尔朗分布概率密度曲线(当 λ 为固定值时)

若 $l = 1$，则表示为负指数分布；若 $l \to \infty$，则表示车流均匀到达，车头时距相同，此时说明车辆间相互制约程度增大，已处于饱和的边缘。因此，l 的取值大小可以反映从畅行车流到拥挤车流的各种车流运行状态。

参数 l 由观测数据的均值 m 和方差 s^2 估计：

$$l = \frac{m^2}{s^2}\ (\text{四舍五入取正整数}) \tag{2-2-11}$$

2.2.4　置信度

设总体 X 的分布函数 $F(x,\theta)$ 含有一个未知参数 θ。对于给定值 α，$0 < \alpha < 1$，若由样本 $X_1, X_2, \cdots, X_n$ 确定的两个统计量 $\theta_1 = \theta_1(X_1, X_2, \cdots, X_n)$ 和 $\theta_2 = \theta_2(X_1, X_2, \cdots, X_n)$ 满足：

$$P\big(\theta_1(X_1, X_2, \cdots, X_n) < \theta < \theta_2(X_1, X_2, \cdots, X_n)\big) = 1 - \alpha \tag{2-2-12}$$

则称随机区间(θ_1,θ_2)是θ的置信度为$1-\alpha$的置信区间，θ_1和θ_2分别称为置信度为$1-\alpha$的双侧(置信区间)的置信下限和置信上限。

2.2.5　拟合优度检验——χ^2检验

当把理论分布与一组试验数据之间的各种拟合进行比较时，要求有一些拟合的质量评价法，即拟合优度检验。在交通工程中，目前常用的是χ^2检验。

χ^2检验主要解决下面两类问题：

(1)某随机变量χ是否服从某完全给定的概率分布。这里“完全给定的概率分布”是指不仅给出概率分布的函数式，而且给出该分布所有各参数的值。

(2)某随机变量是否服从某形式的概率分布。这里只指定了呈什么形式分布(如泊松分布)，但并不给出该分布的参数(如泊松分布的m值)，此时只能从样本资料去估计该分布的参数。

根据数理统计规律，任何假设检验都应有下列步骤：

(1)建立原假设H_0。现在问题中的原假设是：

H_0：随机变量χ服从完全给定的概率分布。

(2)选择适宜的统计量。由于样本频率分布在一定条件下又可作为假设概率分布的估计，如果H_0成立，那么假设的概率分布应与概率分布相差不太远。反之，如果样本频率分布与假设的概率分布相去甚远，就有理由否定H_0。

设样本频率分布第i组的频数为f_i，假设的概率分布在该组区间上相应的概率为P_i，若N是样本容量，则$N\cdot P_i$就是假设的概率分布在第i组的频数，记为F_i，称其为理论频数。如果H_0确实成立，那么f_i与F_i　$(i=1,2,\cdots,g)$应相差不大。这样，可以建立统计量χ^2：

$$\chi^2=\sum_{i=1}^{g}\frac{\left(f_i-F_i\right)^2}{F_i}=\sum_{i=1}^{g}\frac{f_i^2}{F_i}-N \tag{2-2-13}$$

(3)确定统计量的临界值。可以证明，在$N\to\infty,g\to\infty$时，上述统计量趋向于自由度为$g-1$的χ^2分布。在实际应用中，当N相当大时，就可应用χ^2分布确定上述统计量的临界值χ_α^2，作为取舍H_0的依据。

当选定了显著性水平α后，根据自由度(DF)的值，可以由χ^2表查出临界值χ_α^2。

(4)求统计检验结论。比较χ^2的计算值与临界值χ_α^2，若$\chi^2\leqslant\chi_\alpha^2$，则接受$H_0$，即认为随机变量$\chi$服从假设的概率分布；若$\chi^2>\chi_\alpha^2$，则不接受原假设$H_0$。

为了正确使用χ^2检验法，必须保证样本容量N相当大。通常用下列两条来控制N：

(1)分组应连续，各P_i值应较小，这意味着分组数g应较大，通常要求g不小于5；

(2)各组相应的F_i值不得小于5，如果某组的理论频数$F_i<5$，则应将相邻若干组合并，直至合并后$F_i\geqslant 5$。此时应取合并后的实有组数作为g值。

为了确定χ^2统计量的自由度，可用式(2-2-14)计算：

$$\mathrm{DF}=g-\alpha-1 \tag{2-2-14}$$

式中，α为约束数。当假设的概率分布完全给定时，$\alpha=0$；当假设的概率分布只给定形式和部分参数，有α个参数要由样本估计时，$\alpha>0$。

最后说明α取值的意义。显著性水平α实际上是“弃真”的概率。例如，$\alpha=0.05$的含义是指在H_0确实成立的前提下，每100次检验中，平均有5次拒绝了H_0，当DF固定时，α越大，意味着拒绝H_0的可能性越大，即检验越严格，通常取$\alpha=0.05$。

$$p_k=P(X=k)=C_n^k p^k q^{n-k},\quad k=0,1,\cdots,n \tag{2-2-15}$$

则称$\{p_k\}$为二项式分布，而称X服从参数为n和p的二项式分布，记为$X\sim B(n,p)$。

2.3 交通流理论

2.3.1 基本假定

交通流理论基于水力学理论来描述交通量(流量)、速度、密度三者之间的关系，其基本假定主要有以下三点。

1. 车流的不可压缩性

如同水力学假定水分子不可压缩一样，交通流理论将每辆车看成一个水分子，假定车辆不可压缩。

2. 车辆性能的同质性

由于交通流理论将每辆车都看成一个水分子，故交通流理论假定每辆车的性能相同。

3. 车间间距的一致性

水分子与水分子的空间距离在水力学中是假定相等的，同样，这也就假定了车辆之间的空间距离是相等的。

4. 驾驶行为与驾驶习惯的一致性

不考虑驾驶行为与驾驶习惯对交通流的影响。

2.3.2 流量、速度与密度的关系

1. 交通流三参数基本关系

流量Q、速度v、密度K是表征交通流特征的三个基本参数。

流量是指在选定时间段T内，通过道路某一点(某一断面、某一条车道或某一交叉口)的交通实体数N，表达式为$Q=N/T$，单位为辆/h。

速度是指在某一时间t内，行驶距离为L的车辆速度，表达式为$v=L/t$，单位为km/h。

密度是指某瞬间单位路段长度L内所拥有的车辆数N，表达式为$K=N/L$，单位为

辆/km。

交通流三参数之间的基本关系式为

$$Q = vK \tag{2-3-1}$$

流量、密度、速度三者之间的关系式可以用三维空间中的图像来表示，如图 2-3-1 所示。尽管如此，为了便于理解，通常将这个三维空间曲线投影到二维空间，如图 2-3-2 所示。

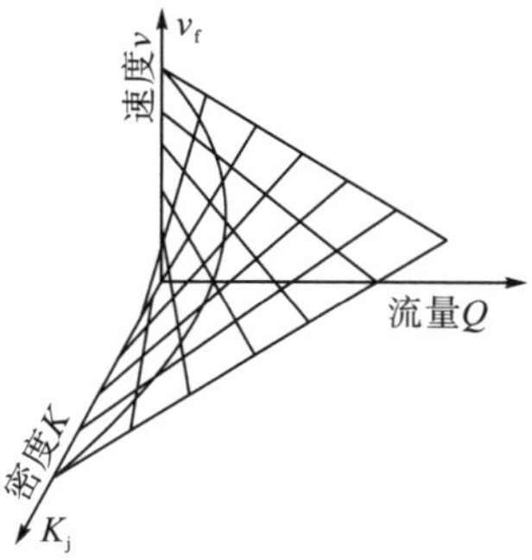

图 2-3-1　$Q = vK$ 曲线图

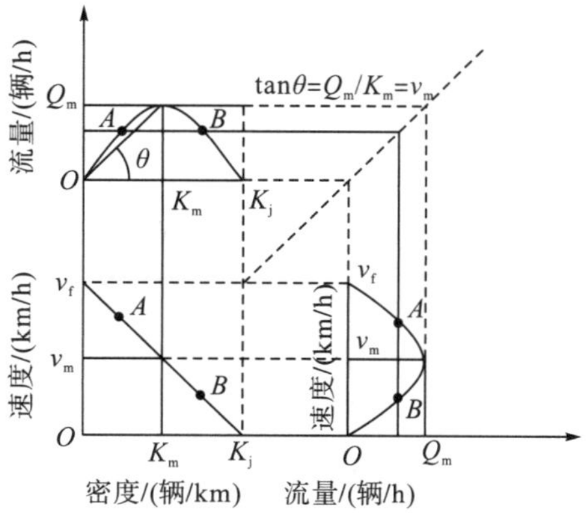

图 2-3-2　Q-K 、v-Q 、v-K 关系曲线

（假设 v、K 为线性关系）

由图 2-3-2 可以找出反映交通流特征的一些特征变量：

(1) 极大流量 Q_m，即 Q-v 曲线上的峰值。

(2) 临界速度 v_m，即流量达到极大时的速度。

(3) 最佳密度 K_m，即流量达到极大时的密度。

(4) 阻塞密度 K_j，即车流密集到所有车辆无法移动（$v = 0$）时的密度。

(5) 畅行速度 v_f，即车流密度趋于零，车辆可以畅行无阻时的平均速度。

2. 速度与密度的关系

1934 年，格林希尔兹(Greenshields)提出了速度-密度线性关系模型(图 2-3-3)：

$$v = v_t\left(1 - \frac{K}{K_j}\right) \tag{2-3-2}$$

式中符号意义同前。

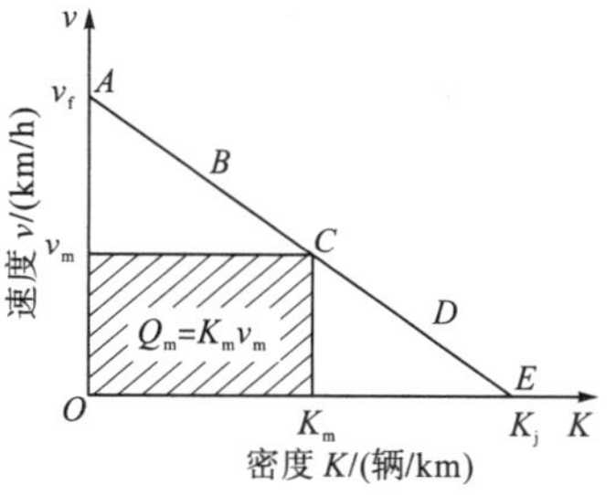

图 2-3-3　速度-密度关系曲线

由图 2-3-3 可见，当 $K=0$ 时，$v=v_f$，即在流量很小的情况下，车辆可以畅行速度行驶。当 $K=K_j$ 时，$v=0$，即在交通密度很大时，车辆速度就趋向于零。流量变化也可以在速度-密度图上说明，例如，已知 C 点的速度为 v_m 和密度为 K_m，图为 $Q=Kv$，故流量就等于矩形面积(阴影部分，$Q_m=K_m v_m$)。

3. 流量与密度的关系

根据格林希尔兹公式及基本关系式得

$$Q=Kv_f\left(1-\frac{K}{K_j}\right) \tag{2-3-3}$$

式(2-3-3)表示一种二次函数关系，用图表示为一条抛物线，如图 2-3-4 所示。图上点 C 代表通行能力或最大流量 Q_m，从这点起，流量随密度增加而减小，直至达到阻塞密度 K_j，此时流量 $Q=0$。以原点 A、曲线上的 B、C 和 D 点的箭头为矢径，这些矢径的斜率表示速度。通过点 A 的矢径与曲线相切，其斜率为畅行速度 v_f。在流量-密度关系曲线上，对于密度比 K_m 小的点表示不拥挤情况，而密度比 K_m 大的点表示拥挤的情况。

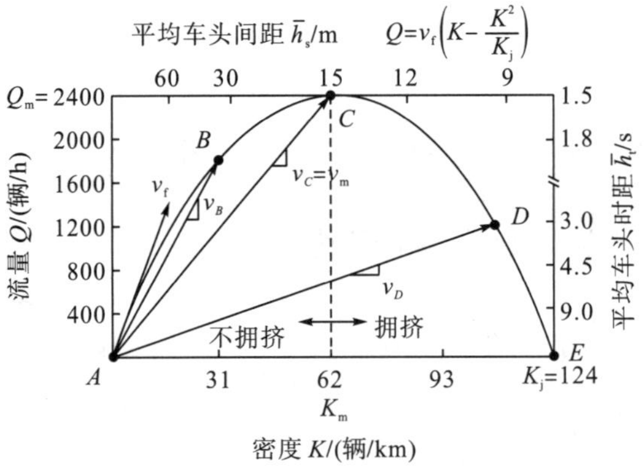

图 2-3-4　流量-密度关系曲线图

4. 流量与速度的关系

根据格林希尔兹公式及基本关系式得

$$Q=K_j\left(v-\frac{v^2}{v_f}\right) \tag{2-3-4}$$

同样表示流量为一条抛物线，如图 2-3-5 所示，形状与流量-密度关系曲线相似。通常速度随流量增加而降低，直至达到通行能力的流量 Q_m。当曲线在表示车流拥挤的部分时，流量和速度都降低。点 A、B、C、D 和 E 与流量-密度和速度-密度曲线上的点相同。从原点 E 到曲线上点的向量斜率表示那一点的密度的倒数 $1/K$。点 C 上面的速度-流量曲线部分表示不拥挤情况，而点 C 下面的曲线部分则表示拥挤的情况。

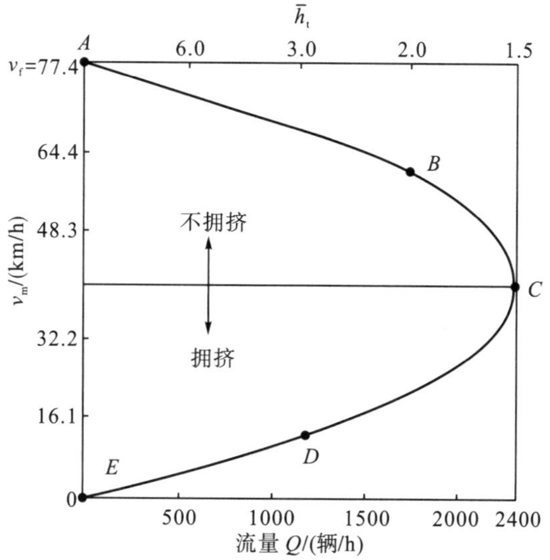

图 2-3-5　流量-速度关系曲线图

综上所述，按格林希尔兹的速度-密度模型、流量-密度模型、流量-速度模型，Q_m、v_m 和 K_m 是划分交通是否拥挤的重要特征值。当 $Q \leqslant Q_m$、$K > K_m$、$v < v_m$ 时，交通属于拥挤；当 $Q \leqslant Q_m$、$K \leqslant K_m$、$v \geqslant v_m$ 时，交通属于不拥挤。

2.3.3　交通量与车辆到达规律

车辆的到达在某种程度上具有随机性，描述这种随机性的统计规律有两种方法：一种是以概率论中的离散型分布为工具，考察在一段固定长度的时间内到达某场所的交通数量的波动性；另一种是以概率论中的连续型分布为工具，研究上述事件发生的间隔时间的统计特征，如车头时距的概率分布，这里主要阐述连续型分布。

1. 负指数分布

1）适用条件

负指数分布用于描述有充分超车机会的单列车流和密度不大的多列车流的车头时距分布，它常与计数的泊松分布相对应。

2）基本公式

负指数分布的基本公式为

$$P(h > t) = e^{-\lambda t} \tag{2-3-5}$$

式中，$P(h > t)$ 为到达的车头时距 h 大于时间 t 的概率；λ 为车流的平均到达率，辆/s。

负指数分布的基本公式可以用泊松分布公式推导出来。设车流对于任意的间隔时间 t，其到达分布均服从泊松分布，则对任意 t，如果在 t 内无车辆到达，则上一次车到达至下一次车到达之间的时差必大于 t，换言之：

$$P_0 = e^{-\lambda t} = P(h > t) \tag{2-3-6}$$

设车流的流量为 Q，则 $\lambda = Q/3600$，于是基本公式可改写为

$$P(h > t) = \exp\left(-\frac{Qt}{3600}\right) \tag{2-3-7}$$

3) 车头时距服从负指数分布的车流特性

负指数分布的概率密度函数为

$$p(t) = \frac{d}{dt}[1 - P(h > t)] = \lambda e^{-\lambda t} \tag{2-3-8}$$

$p(t)$ 的图像如图 2-3-6 所示，曲线是单降的，说明车头时距越短，其出现的概率越大。这种情形在不能超车的单列车流中是不可能出现的。因为车辆的车头至车头的间距至少为一个车长，所以车头时距必有一个大于零的最小值 τ。

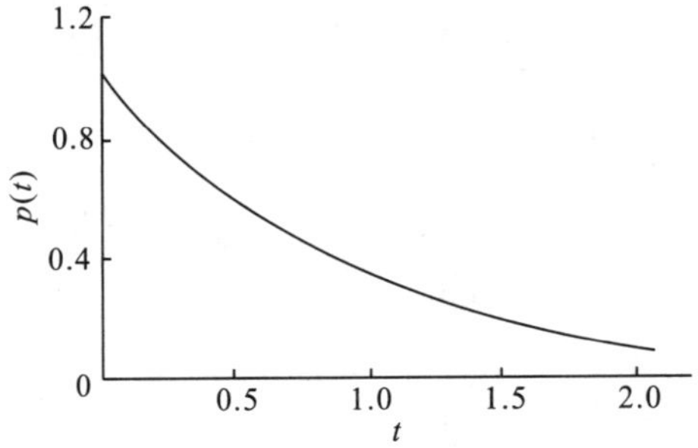

图 2-3-6　$p(t)$ 图像（$\lambda = 1$）

2. 移位负指数分布

(1) 适用条件。移位负指数分布用于描述不能超车的单列车流的车头时距分布和车流量小的车流的车头时距分布。

(2) 基本公式：

$$P(h > t) = e^{-\lambda(t-\tau)}, \quad t \geqslant \tau \tag{2-3-9}$$

(3) 分布的均值和方差：

$$M = \frac{1}{\lambda} + \tau, \quad D = \frac{1}{\lambda^2} \tag{2-3-10}$$

用样本均值 m 代替 M，样本方差 s^2 代替 D，则可算出移位负指数分布的两个参数 λ 和 τ。

(4) 移位负指数分布的局限性。服从移位负指数分布的车头时距，越接近 t，其出现的可能性越大。这在一般情况下是不符合驾驶者的心理习惯和行车特点的。从统计角度看，具有中等反应灵敏度的驾驶者占大多数，他们行车时是在安全条件下保持较短的车间距离，只有少部分反应特别灵敏或较冒失的驾驶者才会不顾安全去追求更短的车间距离。因此，车头时距分布的概率密度曲线一般总是先升后降的。为了克服移位负指数分布的这种局限性，可采用更通用的连续型分布，它们是埃尔朗分布、皮尔逊III型分布、对数正态分布、复合指数分布、韦布尔分布等。

2.4 道 路 工 程

2.4.1 跟车间距

跟车间距是行驶状态下前导车车尾与跟踪车车头之间的距离，也可以理解为跟车距离。后车跟随前车行驶时，必须保持前车突然紧急制动时，后车随之制动而不至于撞及前车的距离，这个距离就是前后车的安全距离。根据《中华人民共和国道路交通安全法》规定：机动车在高速公路上行驶，车速超过 100km/h 时，安全跟车间距为 100m 以上；车速低于 100km/h 时，最小安全跟车间距不得小于 50m。当遇到不良天气，如风、雨、雾等，因视线不清，还应适当加大跟车间距。

2.4.2 停车视距

停车视距可分解为反应距离和制动距离两部分。

反应距离是当驾驶者(或自动驾驶车辆的车载感知单元)发现前方的障碍物，经过判断决定采取制动措施的那一瞬间到制动器真正开始起作用的那一瞬间汽车所行驶的距离。这段时间也可分为感觉时间和制动反应时间来分析，并可用试验测定。感觉时间在很大程度上取决于物体的外形、颜色，驾驶者的视力和机敏度以及大气的可见度等。在高速行车时的感觉时间要比低速时短一些，这是因为高速行驶时警惕性会更高。根据测定的资料，设计上采用感觉时间为 1.5s，制动反应时间取 1.0s 是较适当的，感觉和制动反应的总时间 $t = 2.5\text{s}$，在这个时间内汽车行驶的距离 S_1 为

$$S_1 = \frac{v}{3.6} \cdot t \tag{2-4-1}$$

式中，v 为汽车行驶速度，km/h。

制动距离是指汽车从制动生效到汽车完全停住这段时间内所走的距离，为

$$S_2 = \frac{v^2}{254(\varphi + \psi)} \tag{2-4-2}$$

式中，φ 为路面与轮胎之间的附着系数，与轮胎、路面及制动条件等有关；ψ 为道路阻力系数。

故停车视距为

$$S_{停} = S_1 + S_2 = \frac{v \cdot t}{3.6} + \frac{v^2}{254(\varphi + \psi)} \tag{2-4-3}$$

计算停车视距所采用的 φ 应是能充分保证行车安全的数值，一般按路面在潮湿状态下的中值计算。设计速度为 80～120km/h，v 采用设计速度的 85%；设计速度为 40～60km/h，v 采用设计速度的 90%；设计速度为 20～30km/h，v 采用原设计速度。我国《公路工程技术标准》(JTG B01—2014)与《城市道路工程设计规范》(CJJ 37—2012)分别对公路和城

市道路的停车视距做了规定，分别见表 2-4-1～表 2-4-3。

表 2-4-1　高速公路、一级公路停车视距

设计速度/(km/h)	120	100	80	60
停车视距/m	210	160	110	75

表 2-4-2　二、三、四级公路停车视距

设计速度/(km/h)	80	60	40	30	20
停车视距/m	110	75	40	30	20

表 2-4-3　城市道路停车视距

设计速度/(km/h)	80	60	50	45	40	35	30	25	20	15	10
停车视距/m	110	70	60	45	40	35	30	25	20	15	10

2.4.3　超车视距

在一般双车道公路上行驶着各种不同速度的车辆，当快速车追上慢速车以后，需要占用对向汽车行驶的车道进行超车。为了超车时的安全，驾驶者必须能看到前面足够长度的车流空隙，以便在相邻车道上出现对向驶来的汽车之前完成超车而不阻碍被超汽车的行驶。

超车视距的全程可分为如下四个阶段。

(1) 加速行驶距离 S_1。当超车汽车经判断认为有超车的可能，于是加速行驶移向对向车道时，在进入该车道之前的行驶距离为 S_1，即

$$S_1 = \frac{v_0}{3.6} \cdot t_1 + \frac{1}{2} a \cdot t_1 \tag{2-4-4}$$

式中，v_0 为被超汽车的速度，km/h；t_1 为加速时间，s；a 为平均加速度，m/s^2。

(2) 超车汽车在对向车道上行驶的距离 S_2：

$$S_2 = \frac{v}{3.6} \cdot t_2 \tag{2-4-5}$$

式中，v 为超车汽车的速度，km/h；t_2 为在对向车道上行驶的时间，s。

(3) 超车完成时，超车汽车与对向汽车之间的安全距离 S_3，这个距离视超车汽车和对向汽车的行驶速度不同采用不同的数值，一般取 $S_3 = 15$～100m。

(4) 超车汽车从开始加速到超车完成时对向汽车的行驶距离 S_4：

$$S_4 = \frac{v}{3.6}(t_1 + t_2) \tag{2-4-6}$$

以上四个距离之和是比较理想的全超车过程，但距离较长，在地形比较复杂的地点很难实现。实际上在计算时，只考虑超车汽车从完全进入对向车道到超车结束所行驶的时间就可保证安全了。因为尾随在慢车后面的快车驾驶者往往在未看到前面的安全区段就开始

了超车作业，如果进入对向车道之后发现迎面有汽车开来而超车距离不足时还来得及返回自己的车道。因此，对向汽车行驶时间大致为 t_2 的 2/3 就已足够，即

$$S_4' = \frac{2}{3} \cdot S_2 = \frac{2}{3} \cdot \frac{v}{3.6} \cdot t_2 \tag{2-4-7}$$

于是，最小必要超车视距为

$$S_{超} = S_1 + S_2 + S_3 + S_4' \tag{2-4-8}$$

在地形困难或其他原因不得已时，可采用：

$$S_{超} = \frac{2}{3} \cdot S_2 + S_3 + S_4' \tag{2-4-9}$$

v 采用设计速度，假定超车汽车和对向汽车都按设计速度行驶。被超汽车的速度 v_0 较设计速度低 5～20km/h，各阶段的行驶时间据实测为 $t_1 = 2.9$～4.5s、$t_2 = 9.3$～10.4s，以此进行计算得到超车视距，经整理如表 2-4-4 所示。

表 2-4-4　各级公路超车视距

设计速度/(km/h)	80	60	40	30	20
超车视距/m	550	350	200	150	100

2.5　隧道工程

2.5.1　洞门

隧道洞门主要影响 L_{20} 的大小，同时也影响隧道照明的投资费用、运营费用和行车的安全性。洞门主要有如下七种类型。

(1) 环框式洞门：适用于围岩坚硬、地形陡峻而又无排水要求的情况，如图 2-5-1 所示。

(2) 端墙式洞门：适用于地形开阔、岩质基本稳定的情况，如图 2-5-2 所示。

图 2-5-1　环框式洞门

图 2-5-2　端墙式洞门

(3) 翼墙式洞门：适用于洞口地质较差的情况，如图 2-5-3 所示。

(4) 柱式洞门：适用于地形较陡、地质条件较差、仰坡有下滑的可能性而又受地形或

地质条件的限制不能设置翼墙的情况，如图 2-5-4 所示。

图 2-5-3　翼墙式洞门

图 2-5-4　柱式洞门

(5) 台阶式洞门：适用于洞门处于傍山侧坡地区、洞门一侧边坡较高的情况，如图 2-5-5 所示。

(6) 喇叭口式洞门：适用于为减缓车辆空气动力学效应的情况，如图 2-5-6 所示。

图 2-5-5　台阶式洞门

图 2-5-6　喇叭口式洞门

(7) 削竹式洞门：适用于隧道洞口段有较长的明洞衬砌的情况，如图 2-5-7 所示。

图 2-5-7　削竹式洞门

2.5.2　隧道横断面

隧道横断面的要素包括车道宽度、车道数量、平曲线参数、检修带宽度、边车道侧宽、隧道净高、建筑限界等。隧道横断面的选择取决于交通量的大小、交通构成和道路等级，这也就决定了隧道交通的特点，是单向行驶、双向行驶、混合交通、汽车交通或者是小车交通，而不同的交通行驶类型，照明的需求与投资也就不同。

2.5.3　隧道纵断面

隧道纵断面的要素包括竖曲线参数和坡度，前者主要影响视距，后者主要影响入口段照明系统的布设。

2.5.4　隧道墙面

隧道墙面起到满足驾驶者的视觉适应性和视觉诱导性的作用，并且隧道墙面亮度作为隧道内背景亮度的组成部分，隧道墙面的反射性越好，来自墙面的反射光越能增加道路的照明度，从而提高隧道照明节能效果。常用的隧道墙面装饰材料及其特点如表 2-5-1 所示。

表 2-5-1　常用隧道墙面装饰材料及其特点

材料	特点	
	优点	缺点
块状混凝土	衬砌表面不需特殊处理	表面粗糙，易污染，不易清洗，光线反射效果较差
饰面板、镶板等致密材料	不易污染，清洗效果好，板后空间有利于吸收噪声，光线反射效果好	要求衬砌平整
瓷砖	表面光滑易清洗，光线反射效果好	没有吸声降噪作用，要求衬砌平整
油漆	比混凝土易清洗	对衬砌表面要求高，需压光、平整，浸湿的油漆损坏很快，没有吸声降噪作用
防火涂料	具有较好的耐高温和耐火性	表面粗糙，易污染，不易清洗，光线反射效果差

2.5.5　隧道路面

隧道路面类型主要有沥青路面和混凝土路面。根据《公路隧道照明设计细则》(JTG/T D70/2-01—2014)相关条文可知，在无实测条件时，黑色沥青路面的平均亮度与平均照度之间的换算系数可取 15lx/(cd·m^{-2})，而水泥混凝土路面可取 10lx/(cd·m^{-2})，据此可知水泥混凝土路面比沥青路面要节能 33%。

2.6　交 通 工 程

2.6.1　交通行为

交通行为的研究对象是交通活动中人的行为，以及处于交通活动过程这一特定环境的人的心理和行为，其规律虽然具有一定的特殊性，但往往是人们在一般状况下心理活动规律的再现或演变，两者之间存在着必然的内在联系。

2.6.2　车辆换算系数

此处的车辆换算系数是指车流通行能力的换算系数。根据《公路工程技术标准》(JTG B01—2014)，交通量换算采用小客车为标准车型。各车型及车辆换算系数规定如表 2-6-1 所示。

表 2-6-1　车辆换算系数

汽车代表车型	车辆换算系数	说明
小客车	1.0	座位数≤19 的客车和载重量≤2t 的货车
中型车	1.5	座位数＞19 的客车和 2t＜载重量≤7t 的货车
大型车	2.5	7t＜载重量≤20t 的货车
汽车列车	4.0	载重量＞20t 的货车

2.6.3　服务水平

1. 服务水平的概念

服务水平是指道路使用者从道路状况、交通与管制条件、道路环境等方面可能得到的服务程度或服务质量。目前服务水平大体按下列指标划分：

(1) 行车速度和运行时间。

(2) 车辆行驶时的自由程度(通畅性)。

(3) 交通受阻或受干扰的程度，以及行车延误和每公里停车次数等。

(4) 行车的安全性(事故率和经济损失等)。

(5) 行车的舒适性和乘客满意的程度。

(6) 最大密度，即每车道每公里范围内车辆的最大密度。

(7) 经济性(行驶费用)。

2. 道路服务水平分级

服务等级各国划分不一，一般均根据本国的道路交通的具体条件划分为 3～6 级。目前，根据《公路工程技术标准》(JTG B01—2014)，我国的道路服务水平以服务交通量 V 与基本通行能力 C 之比分为 6 个等级(表 2-6-2～表 2-6-4)，分别代表一定运行条件下驾驶者的感受。

表 2-6-2　高速公路路段服务水平分级

服务水平等级	V/C 值	设计速度		
		120km/h	100km/h	80km/h
		最大服务交通量（辆/(h·ln)）	最大服务交通量（辆/(h·ln)）	最大服务交通量（辆/(h·ln)）
一	V/C≤0.35	750	730	700
二	0.35＜V/C≤0.55	1200	1150	1100
三	0.55＜V/C≤0.75	1650	1600	1500
四	0.75＜V/C≤0.90	1980	1850	1800
五	0.90＜V/C≤1.00	2200	2100	2000
六	V/C＞1.00	0～2200	0～2100	0～2000

注：ln 指车道数。

表 2-6-3　一级公路路段服务水平分级

服务水平等级	V/C 值	设计速度		
		100km/h	80km/h	60km/h
		最大服务交通量（辆/(h·ln)）	最大服务交通量（辆/(h·ln)）	最大服务交通量（辆/(h·ln)）
一	V/C≤0.3	6000	550	480
二	0.3＜V/C≤0.5	1000	900	800
三	0.5＜V/C≤0.7	1400	1250	1100
四	0.7＜V/C≤0.9	1800	1600	1450
五	0.9＜V/C≤1.0	2000	1800	1600
六	V/C＞1.0	0～2000	0～1800	0～1600

表 2-6-4　二、三、四级公路路段服务水平分级

服务水平等级	延误率/%	设计速度									
		80km/h				60km/h				≤40km/h		
		速度/(km/h)	V/C			速度/(km/h)	V/C			V/C		
			禁止超车区比例/%				禁止超车区比例/%			禁止超车区比例/%		
			＜30	30～70	≥70		＜30	30～70	≥70	＜30	30～70	≥70
一	≤35	≥76	0.15	0.13	0.12	≥58	0.15	0.13	0.11	0.14	0.12	0.10
二	≤50	≥72	0.27	0.24	0.22	≥56	0.26	0.22	0.20	0.25	0.19	0.15
三	≤65	≥67	0.40	0.34	0.31	≥54	0.38	0.32	0.28	0.37	0.25	0.20
四	≤80	≥58	0.64	0.60	0.57	≥48	0.58	0.48	0.43	0.54	0.42	0.35
五	≤90	≥48	1.00	1.00	1.00	≥40	1.00	1.00	1.00	1.00	1.00	1.00
六	＞90	＜48	—	—	—	＜40	—	—	—	—	—	—

根据交通流状态，各级服务水平定性描述如下：

(1) 一级服务水平，交通流处于完全自由流状态。交通量小，速度高，行车密度小，驾驶者能自由地按照自己的意愿选择所需速度，行驶车辆不受或基本不受交通流中其他车辆的影响。在交通流内驾驶的自由度很大，为驾驶者、乘客或行人提供的舒适度和方便性非常优越。较小的交通事故或行车障碍的影响容易消除，在事故路段不会产生停滞排队现象，很快就能恢复到一级服务水平。

(2) 二级服务水平，交通流状态处于相对自由流的状态，驾驶者基本上可按照自己的意愿选择行驶速度，但是开始要注意到交通流内有其他使用者，驾驶者身心舒适水平很高，较小交通事故或行车障碍的影响容易消除，在事故路段的运行服务情况比一级差些。

(3) 三级服务水平，交通流状态处于稳定流的上半段，车辆间的相互影响变大，选择速度受其他车辆的影响，变换车道时驾驶者要格外小心，较小交通事故仍能消除，但事故发生路段的服务质量大大降低，严重阻塞后面车辆形成排队车流，驾驶者心情紧张。

(4) 四级服务水平，交通流处于稳定流范围下限，但是车辆运行明显受交通流内其他车辆的相互影响，速度和驾驶的自由度受到明显限制。交通量稍有增加就会导致服务水平的显著降低，驾驶者身心舒适水平降低，即使较小的交通事故也难以消除，会形成很长的排队车流。

(5) 五级服务水平，为交通流拥堵流的上半段，此时接近或达到最大通行能力时的运行状态。对于交通流的任何干扰，如车流从匝道驶入或车辆变换车道，都会在交通流中产生一个干扰波，交通流不能消除它，任何交通事故都会形成长长的排队车流，车流行驶灵活性极端受限，驾驶者身心舒适水平很差。

(6) 六级服务水平，处于拥堵流的下半段，是通常意义下的强制流或阻塞流。这一服务水平下，交通设施的交通需求超过其允许的通过量，车流排队行驶，队列中的车辆出现停停走走现象，运行状态极不稳定，可能在不同交通流状态间发生突变。

按运行状况随交通密度和交通量变化的情况，美国 2000 年版《道路通行能力手册》中将道路的服务水平划分为 6 级，见表 2-6-5。

表 2-6-5　美国 2000 年版《道路通行能力手册》中高速公路路段服务水平标准

指标 服务水平	最大密度/(辆/(km·ln))	自由车速 120km/h			自由车速 110km/h			自由车速 100km/h			自由车速 90km/h		
		最小速度/(km/h)	最大 V/C	最大服务交通量/(辆/(h·ln))	最小速度/(km/h)	最大 V/C	最大服务交通量/(辆/(h·ln))	最小速度/(km/h)	最大 V/C	最大服务交通量/(辆/(h·ln))	最小速度/(km/h)	最大 V/C	最大服务交通量/(辆/(h·ln))
A	7	120	0.34	840	110	0.33	770	100	0.30	700	90	0.28	630
B	11	120	0.55	1320	110	0.51	1210	100	0.48	1100	90	0.44	990
C	16	114.6	0.77	1840	108.5	0.74	1740	100	0.70	1600	90	0.64	1440
D	22	99.6	0.92	2200	97.2	0.91	2135	93.8	0.90	2065	89.1	0.87	1955
E	28	85.7	1.00	2400	83.9	1.00	2350	82.1	1.00	2300	80.4	1.00	2250
F	>28 辆/(km·ln)												

来源：2000 年版美国《道路通行能力手册》p23-1EXIBIT23-2，中文译本表 23-2。

2.7　控 制 工 程

控制是指运用现代化的遥测、遥控、监控、传感、检测装置采集信息，并用电子设备、光缆、通信设施、信号系统、计算机及相关软件传送、处理信息，从而对运行中的车辆进行准确的组织、指引、诱导和调控，并极大地降低交通事故、故障行车，使行车安全畅通。

2.7.1　手动控制

手动控制是指在由人直接或间接参与的情况下，使机器、设备、生产过程的某个工作状态或参数按照预定的规律进行，其中主要包括现场手动控制和中心手动控制。

在公路隧道照明控制方面，手动控制优先级最高。

2.7.2　自动控制

自动控制理论包括经典控制理论、现代控制理论和智能控制理论三个阶段。

1. 经典控制理论

经典控制理论主要以传递函数为科学工具，其基本内容包括以下几方面。

1) 频率法

频率法是利用频率响应特性分析控制系统的方法。频率响应特性是指用正弦波作为线性定常系统的输入，研究其正弦输出和输入之间的振幅比、相位差与频率的函数关系。由于频率响应特性与系统瞬态响应之间存在确定的关系，可以用试验的方法得到频率响应特征，进而分析系统瞬态响应的特征。

2) 根轨迹法

根轨迹法是根据系统开环传递函数的零点和极点研究系统瞬态响应的一种实用方法。在复平面上利用一些基本规则画出当系统增益 k 变化时的系统特征方程式的根轨迹，利用根轨迹图，可以根据系统瞬态响应的某些要求来选择 k 值，也可以依据根轨迹来寻找改善系统瞬间响应的措施。

3) PID 控制

PID 控制是比例 P、积分 I、微分 D 控制的简称。只要比例系数、积分时间、微分时间三个参数整定恰当，就可以避免调节过程过分振荡(P 作用)，又能实现无差控制(I 作用)，而且具有超调作用，能有效克服动态误差和缩短调节过程时间(D 作用)。

(1) 串级控制系统。

串级控制系统是在单回路反馈控制系统的(主回路)基础上再增加一个导前信号和一个闭合回路(副回路)所形成的控制系统。它显著改善了原单回路反馈控制系统的调节性能，能有效缩短克服扰动的调节时间，但是主、副回路相互影响，其参数整定比较困难。常规串级控制系统的主、副控制器采用 P、PI、PID 调节器。

(2) 非线性系统。

非线性系统分析方法主要有描述函数分析法、相平面分析法和谐波平衡分析法三种方法。描述函数分析法是线性系统中的频率法在非线性系统中的推广应用，是在没有外来输入作用的前提下分析非线性系统稳定性的一种线性近似方法；相平面分析法是根据系统相轨迹的特点研究系统动态特性的方法，该方法可以准确提供系统时间响应的特点，但只能用于输入为阶跃、斜坡、脉冲信号或无输入信号的阶次低于二阶的非线性系统；谐波平衡分析法建立在描述函数分析法基础之上，将非线性系统拆分为线性与非线性两部分，并通过线性部分的频率特征和非线性部分描述函数之间的关系来共同分析非线性系统稳定性的方法。

经典控制理论成熟完善、特点突出、简单易用，解决了许多实际控制问题，无论是何时，它都将在工业过程控制中发挥重要作用。同时，经典控制理论的局限性也十分明显，具体如下：

(1) 仅限于单变量系统。

(2) 控制系统设计的好坏在很大程度上依赖于设计者的经验；设计不考虑初始条件，不利于计算、分析和控制。

(3) 传递函数属于系统的外部描述，不能充分反映系统内部的状态。

2. 现代控制理论

现代控制理论主要以状态空间方法(线性代数)为数学工具，采用时域法，基于系统数学模型研究系统状态的运动规律，并按所要求的各种性能指标最优为目标来设计控制器，以改变这种运动规律。现代控制理论包括以下基本内容。

1) 线性系统理论

线性系统理论主要由状态空间方法、可控可观测性、稳定性、状态反馈及状态观测器四部分组成。状态空间方法是用状态空间表达式(状态方程和输出方程)描述和分析控制系统的一种方法，即用一阶微分方程组或一阶差分方程组描述系统动态特性的方法。该方法用计算机求解方便，能确定所有变量(输出变量和状态变量)的时间响应，可以处理系统初始条件。可控性是指系统的输入能够支配系统状态变量转移的特性，可观测性是指通过系统的输入和输出能够反映系统状态的特性，两者是控制系统的重要属性。稳定性是指系统的输入、初始条件或系统参数的小变化不会引起系统行为发生大变化的特性，这也是控制系统的重要属性；李雅普诺夫第二法是分析稳定性的重要方法。状态反馈可以实现闭环系统的极点配置，达到改善系统特性的目的；而状态观测器通过直接测量系统输入和输出可以实现状态反馈所需状态变量的测量。

2) 最优控制

最优控制是一门研究和解决从所有可能的控制方案中寻找最优解的学科，是现代控制理论的重要组成部分。其所要解决的问题是：根据控制系统的动态特性，从所有可供选择的容许控制中寻求一个最优解，使控制系统按技术要求运行，让系统从初始状态转移到期望的终态，同时使性能指标达到最优(极值)。其中，容许控制是指在整个控制时间区间内满足控制约束的控制。性能指标又称目标泛函或代价泛函，包括最短时间、最小误差、最小能量等。线性二次性能指标由于容易实现而在工程实际中广为应用。

最优控制分析和设计的三大基本方法是变分法、极大值原理和动态规划。变分法是研究泛函(以实数为值域、某类函数为定义域的抽象函数)极值问题的一种方法，从伯努利提出捷线问题开始，历经数代科学家的悉心研究，至今其理论已非常完善，并以简单、容易的特点在最优控制中普遍应用，但前提条件是控制问题的变量没有约束，且状态方程对控制变量连续可微。极大值原理是苏联学者庞特里亚金及其学生提出和发展的，它与变分法很相似，但放宽了求解条件，对控制变量有约束要求，而不要求状态方程对控制变量连续可微。这更符合实际情况，使得变分法无法解决的工程技术问题得以解决。动态规划是贝尔曼在 20 世纪 50 年代中期为解决多级决策过程而提出来的，其核心内容是最优化原理，即将一个 N 级决策过程拆分为 N 个一级决策过程，然后从最后一个一级决策过程的状态开始，到第一个一级决策过程的状态，利用反向递推关系式求解最优策略。

3. 智能控制理论

智能控制理论主要以数值计算、逻辑运算、符号推理等为工具，模拟人类学习和控制的能力，对难以建立精确数学模型的复杂系统进行控制研究。

1) 模糊控制

模糊控制(fuzzy control)是一种以模糊集合论、模糊语言变量和模糊逻辑推理为基础来模拟人类模糊推理和决策过程的计算机数字控制技术。模糊控制的突出优点如下：

(1) 模糊逻辑中引入“隶属度”的概念，突破了简单二值逻辑的局限性，符合人类对不确定性事物的模糊描述方式，是解决不确定性系统控制的一种有效途径；

(2) 模糊控制是基于人类的经验或知识，建立语言型控制规则表，然后根据实际系统的输入，即可实现实时控制，而不需要建立被控系统的精确数学模型；

(3) 模糊控制的控制规则表具有相对的独立性，利用这些控制规则间的模糊连接，容易找到折中的选择，使控制效果优于常规控制方法；

(4) 模糊控制算法是基于启发性的知识及语言决策规则设计的，有利于模拟人工控制的方法，增强了其适应能力；

(5) 模糊控制系统具有极强的鲁棒性，对干扰和系统参数变化不敏感，尤其适合非线性复杂系统的控制。

模糊控制的缺点如下：

(1) 控制效果的好坏依赖于模糊控制规则表是否正确、全面地总结了运行人员的控制经验；

(2)单纯的模糊控制存在稳态控制误差；

(3)模糊控制规则和隶属度函数是预先确定的，自适应能力有限；

(4)学习能力低下导致模糊控制智能水平尚需进一步提高；

(5)容易产生振荡现象；

(6)模糊控制的稳定性分析理论并不是很完善。

针对模糊控制的缺点，目前模糊控制的研究主要集中在如下几个方面：

(1)模糊复合控制；

(2)自适应模糊控制；

(3)模糊控制的解析结构分析；

(4)模糊控制系统的稳定性和鲁棒性问题；

(5)模糊控制与其他智能控制方法的结合，如专家模糊控制、模糊神经网络控制；

(6)其他方面，如模糊系统建模及参数辨识、最优模糊控制等。

2)神经网络控制

神经网络控制(neural network control)是一种从组织机理上对人脑生理的思维系统进行简单结构模拟的新兴控制和辨识方法。与模糊控制相比，神经网络控制在利用系统定量数据方面有较强的学习能力，只要样本足够多，就可以通过不断学习修正连接权值，取得满意的控制效果。但是它将实际控制问题看成“黑箱”的映射问题，缺乏明确的物理意义，不能有效利用已经得到的控制经验等定性知识，而模糊控制利用规则很容易表达控制经验等定性知识。

3)其他智能控制理论

专家控制(expert control)是指应用人工智能中专家系统的概念和技术，将人类专家的控制知识与经验同定理算法有机结合的一种智能控制方法。但其灵活性在一定程度上也带来了设计上的随意性和不规范性，另外控制知识的表达、获取和学习以及推理的有效性及实时性也是专家控制设计的难点。

递阶智能控制(hierarchical intelligent control)是模拟人的大脑的分层结构，由执行级、协调级、组织级构成控制系统的一种控制方法，是智能控制的最早理论之一。该理论最初是由 G.N.Saridis 提出的，其典型特点是：自下至上，智能成分递增而精度递减。控制系统中组织级由人工智能起控制作用；协调级是组织级和执行级之间的接口，承上启下，由人工智能和运筹学共同作用；执行级要求具有较高的精度和较低的智能，仍然采用现有数学解析控制算法，对相关过程执行适当的控制作用。

学习控制(learning control)是一种模拟人的学习过程，能在运行过程中逐步获得控制对象和环境的未知信息，经过积累控制经验，并在一定评价标准下进行估值、分类、决策和不断改进系统性能的智能控制方法。从 20 世纪 60 年代学习问题提出至今，学习控制随着人工智能对学习机制的深入研究和模糊控制、神经网络、遗传算法、专家系统等理论的不断发展，也在逐渐完善。学习控制能够处理具有不确定性和非线性的过程，并能保证良好的适应性、满意的稳定性和足够快的收敛性。

归纳起来，智能控制的基本特点为：

(1) 智能控制的研究对象是经典控制理论和现代控制理论都难以求解的复杂大系统(如不确定性、非线性等)，研究核心是高层控制，研究任务是对实际环境或过程进行组织(决策和规划)，实现广义问题求解和全局控制，并具有较强的容错能力；

(2) 智能控制系统分析和设计的重点不放在对控制对象数学公式的描述、计算和处理上(复杂大系统可能根本无法用精确的数学模型进行描述)，而是把重点放在对非数学模型的描述、符号和环境的识别、知识库和推理机设计及开发等上面；

(3) 具有学习能力、自适应和自组织能力；

(4) 定性决策和定量控制相结合；

(5) 传统的数值计算与一阶谓词逻辑运算、符号推理、知识推理运算等相结合；

(6) 智能控制是人工智能、自动控制、运筹学等学科交叉的产物。

2.8　安全经济学

2.8.1　基本概念

1. 风险

通常“风险”的概念与“冒险”或“危险”的概念联系在一起。通俗地讲，风险就是发生不幸事件的概率，即一个事件产生人们所不期望的后果的可能性。风险分析就是去研究它发生的可能性和它所产生的后果。

严格地说，风险和危险是不同的，危险只是意味着一种坏兆头的存在，而风险则不仅意味着这种坏兆头的存在，而且还意味着有发生这个坏兆头的渠道和可能性。因此，有时虽然有危险存在，但不一定要冒此风险。例如，人类要应用核能，若无发生的渠道，则并没有受辐射的风险。直接与人发生联系的是“风险”，而“危险”是事物的客观属性，是风险的一种前提表征。可以做到客观危险性很大，但实际承受的风险较小。这样，风险可表示为事件发生概率及其后果的函数：

$$R = f(p,l) \tag{2-8-1}$$

式中，p 为事件发生概率；l 为事件发生后果，对于事故风险，l 就是事故的损失(生命损失及财产损失)后果。

风险分为个体风险和整体风险，个体风险是一组观察人群中每一个个体(个人)所承担的风险，总体风险是所观察的全体承担的风险。

在 Δt 时间内，涉及 N 个个体组成的一群人，其中每一个个体所承担的风险可以由式(2-8-2)确定：

$$R_{个体} = E(l) / (N\Delta t) \tag{2-8-2}$$

式中，$E(l)$ 为 l 的分布函数(累积概率函数)，$E(l) = \int l\mathrm{d}F(l)$；$l$ 为危害程度或损失量，以

死亡人次、受伤人次或经济价值等来表示。由于有

$$\int l\mathrm{d}F(l)=\sum_i l_k n p_{li} \tag{2-8-3}$$

n 为损失事件总数；p_{li} 为一组被观察的人中一段时间内发生第 i 次事故的概率；l_k 为每次事件所产生同一种损失类型的损失量。

因此，式(2-8-2)可写为

$$R_{个体}=l_k\frac{\sum ip_{li}}{N\Delta t}=l_k H_{\mathrm{s}} \tag{2-8-4}$$

式中，H_{s} 为单位时间内损失或伤亡事件的平均频率。所以，个体风险的定义为

个体风险 = 损失量×损失或伤亡事件的平均频率

如果在给定时间内，每个人只会发生一次损失事件，或者这样的事件发生频率很低，使得几种损失连续发生的可能性可忽略不计，则单位时间内每个人遭受损失或伤亡的平均频率等于事故发生概率。这样个体风险公式为

$$R_{个体}=l_k p_k \tag{2-8-5}$$

式(2-8-5)的意思是：个体风险 = 损失量×事件概率。还应说明的是，R 个个体是指所观察人群的平均个体风险，而时间 Δt 是说明所研究的风险在人生活中的某一特定时间，如工作时实际暴露于危险区域的时间。对于总体风险，有

$$R_{总体}=E(l)/\Delta t \tag{2-8-6}$$

或

$$R_{总体}=NR_{个体} \tag{2-8-7}$$

即总体风险 = 个体风险×观察范围内的总人数。

2. 风险度

风险的物理意义是单位时间内损失或失败的均值。也就是说，人们以损失均值作为风险的估计值。但是，有的情况下，为了比较各种方案，即为了综合地描述风险，常需要对整个区域(风险分布)的风险用一个数值来反映，这就引进了风险度的概念。

当使用均值作为某风险变量的估计值时，风险度定义为标准方差 σ 与均值 $E(x)$ 之比，即风险度 R_{D} 由式(2-8-8)决定：

$$R_{\mathrm{D}}=\frac{\sigma}{E(x)} \tag{2-8-8}$$

在有的文献中也将风险度 R_{D} 称为变异系数(coefficient of variation)。

如果在有的场合，由于某种原因，并不采用均值作为风险变量的估计值，而用 x_0 (与均值同一量纲的某一标准值)作为估计值，则风险度的定义为

$$R_{\mathrm{D}}=\frac{\sigma-[E(x)-x_0]}{E(x)} \tag{2-8-9}$$

风险度越大，就表示对将来的损失越没有把握，或未来危险和危害存在及产生的可能性越大，风险也就越大。

上面对风险及风险度论述的主要思想在于：事故具有风险的特点，一方面是它的客观

性和不可避免性，另一方面人类是可尽其所能使之减少到最低的和可接受的水平。

3. 安全效益与功能

安全具有“减损功能”和“增值功能”两大效益功能。“减损功能”也称为“拾遗补阙”，可用损失函数 $L(S)$ 来表达；“增值功能”也称为“本质增益”，可用增值函数 $I(S)$ 来表达。

$$L(S) = L\exp(l/S) + L_0,\quad l>0, L>0, L_0<0 \tag{2-8-10}$$

$$I(S) = I\exp(-i/S),\quad I>0, i>0 \tag{2-8-11}$$

上面两式中，L、l、I、i、L_0 均为统计常数。

损失函数和增值函数两曲线在安全性为 S_0 时相交，此时安全增值与事故损失值相等，如图 2-8-1 所示安全增值产出与因为事故带来的损失相抵消。当安全性小于 S_0 时事故损失大于安全增值产出，当安全性大于 S_0 时安全增值产出大于事故损失，此时系统获得正的效益，安全性越高，系统的安全效益越好。

以上两种基本功能构成了安全的综合(全部)经济功能。可用安全功能函数 $F(S)$ 来表达：

$$F(S) = I(S) + [-L(S)] = I(S) - L(S) \tag{2-8-12}$$

对 $F(S)$ 函数(图 2-8-2)的分析，可得如下结论：

(1) 安全性趋于零，即技术系统毫无安全保障，系统不但毫无利益可言，还将出现趋于无穷大的负利益(损失)；

(2) 当安全性到达 S_L 点，由于正负功能抵消系统功能为零，因而 S_L 是安全性的基本下限。当 S 大于 S_L 后，系统出现正功能，并随 S 增大，功能递增；

(3) 当安全性 S 达到某一接近 100%的值后，如 S_U 点，功能增加速率逐渐降低，并最终局限于技术系统本身的功能水平。

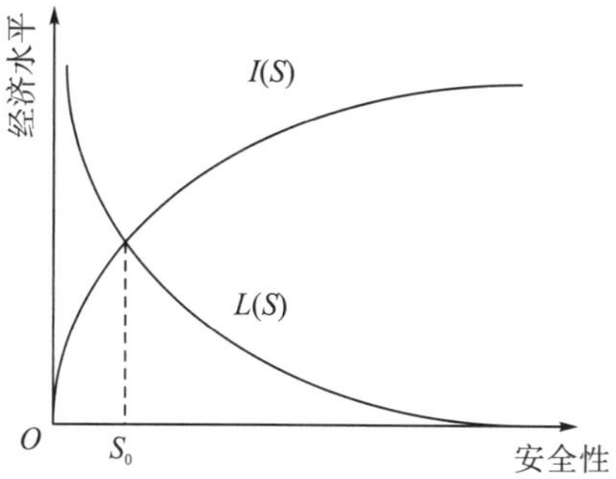

图 2-8-1　安全减损和增值函数

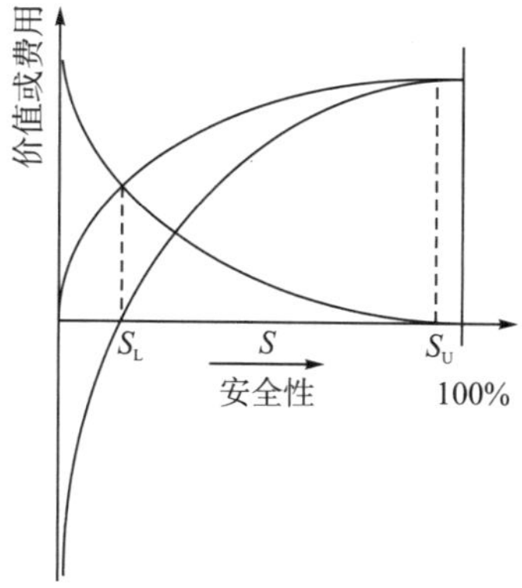

图 2-8-2　安全产出或功能函数

4. 价值工程的基本概念

在价值工程中，从其使用角度看，价值的高低可以用商品的功能和所支出费用之比的

值来表示，即价值 = 功能/成本，表示为

$$V = F / C \tag{2-8-13}$$

5. 效用

效用是表示某事物对人所起的作用，效用的度量和计算有两种理论：

(1) 认为效用也像其他物质一样可以计算出大小，哪怕其计量单位是相对的和抽象的。用于计算效用值的大小的单位称为效用单位，计算出来的效用称为基效用。

(2) 认为效用无法直接用效用单位计量，主张用无差异效用曲线作为决策的工具。

由于第一种理论应用较为方便及普遍，在此仅介绍基效用的计算方法。

计算基效用，通常采用数学家冯·诺伊曼的新效用理论。首先这一理论认为效用有如下性质。

①不相容性。如果决策者会获得两种结果 C_1 和 C_2，这两种结果对决策者的效用只能是下列三种情况之一。不可能两个以上兼而有之：

C_1 的效用大于 C_2，即 $u(C_1) > u(C_2)$；

C_1 的效用等于 C_2，即 $u(C_1) = u(C_2)$；

C_1 的效用小于 C_2，即 $u(C_1) < u(C_2)$。

式中，$u(C_1)$ 称为 C_1 的效用函数，$u(C_2)$ 称为 C_2 的效用函数。

②传递。如有三种后果，即 C_1、C_2 和 C_3，则有如下关系：

若 $u(C_1) = u(C_2)$，$u(C_2) = u(C_3)$，则 $u(C_1) = u(C_3)$；

若 $u(C_1) > u(C_2)$，$u(C_2) > u(C_3)$，则 $u(C_1) > u(C_3)$。

③相对性。效用值的尺度是任意选择的，也就是说效用值为零的起点可任意选定，其尺度单位也可任意选择。换句话说，一个决策问题的诸效用值可同时乘以同一的任意正值常数，并加上同一的任意常数(正值或负值)，其结果并不影响方案的优劣顺序。即设 u 为原效用值，则线性函数 $u' = A + Bu$ 为新的效用值，其中 $B > 0$，A 可取任意值，则用 u 或 u' 为效用尺度均可做出相同决策。

④等价性。一个随机事件的效用可等价于一个确定型事件的效用。假设一个随机事件存在两种可能后果，其效用分别为 u_1 和 u_2，而且 $u_1 > u_2$。对于任一具有效用 u_c 的其他确定型后果，只要 $u_1 > u_c > u_2$，则总是存在某个概率 P，使得决策者对于获得下列两项结果中的哪一个结果感到无所谓(即认为两者的效用是相等的)：

a. 确定无疑获得 u_c；

b. 以概率 P 获得 u_1 和以概率 $1-P$ 获得 u_2，即

$$u_c = \begin{cases} P, & u_1 \\ 1-P, & u_2 \end{cases} \tag{2-8-14}$$

$$u_c = Pu_1 + (1-P)u_2 \tag{2-8-15}$$

P 称为中值概率。几种效用函数如图 2-8-3 所示。

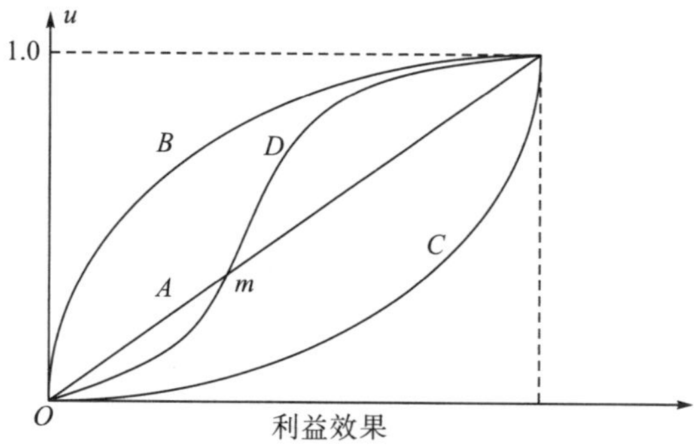

图 2-8-3　不同类型的效用函数曲线

(1) 直线型效用函数曲线 A。

(2) 减速递增型效用函数，即随着利益程度的增多效用递增，但递增的速度却越来越慢，如图 2-8-3 中的曲线 B。

(3) 加速递增型效用函数曲线 C，即随着利益成果的增多而效用也跟着递增，而且递增的速度越来越快。

(4) 有拐点的效用函数，如图 2-8-3 中的曲线 D。这种效用函数表明，在利益不大时，决策者具有冒险胆略，但当利益额度增至相当数量时，就转为稳妥策略了。曲线上的 m 点为分界点。

求效用函数的方法一般有两种：一种是采用询问式，即设定一利益成果的数值(横坐标的某一点)，询问决策者确定中值概率 P_0，求出相应利益成果的效用值，即得到坐标中的一个点；再确定第二个横坐标点，询问求出相应 P_0，又获得第二个坐标点，继续重复过程，直至获得数点后连成曲线，即获得此决策者的效用函数曲线；另一种方法是，对各类效用曲线给出一近似数学模型，根据具体的一次决策，确定出几个参数，即可得到此次决策的效用函数，这里的几个参数一般可建立一组方程组求得，而方程组的建立有的根据问题的特征值(如利益效果范围的起点和终点)来求得。有的学者经过调查、分析和统计，建立了图 2-8-3 中 A、B、C 三种曲线的数学模型。

$$u(x)=\begin{cases}1-\dfrac{x-br}{a-b}, & B\text{曲线} \quad (2\text{-}8\text{-}16)\\[2ex] \dfrac{x-a}{b-a}, & A\text{曲线} \quad (2\text{-}8\text{-}17)\\[2ex] \dfrac{x-ar}{b-a}, & C\text{曲线} \quad (2\text{-}8\text{-}18)\end{cases}$$

式中，a、b、r 为相关参数。

而冯·诺伊曼的新效用理论，认为大多数人是不愿冒风险的，即偏于图 2-8-3 中的 D 曲线型效用函数。此类效用函数的数学表达式为

$$u(x)=\alpha+\beta\ln(x+\theta) \tag{2-8-19}$$

式中，α 、β 为相关参数。

2.8.2　安全经济投入最优化原则

安全经济投入最优化准则有两种：一种是安全经济的投入最低，另一种是安全经济的效益最大。前者是求“最低消耗”，后者是讲“最大效益”。

1. 安全经济投入最低消耗原则

由上面的分析可知，安全涉及两种经济消耗：事故损失和安全成本。两者之和表明了人类的安全经济负担总量，可以用安全负担函数 C 表示：

$$B(S)=L(S)+C(S) \tag{2-8-20}$$

$B(S)$ 反映了安全经济总消耗，如图 2-8-4 所示。

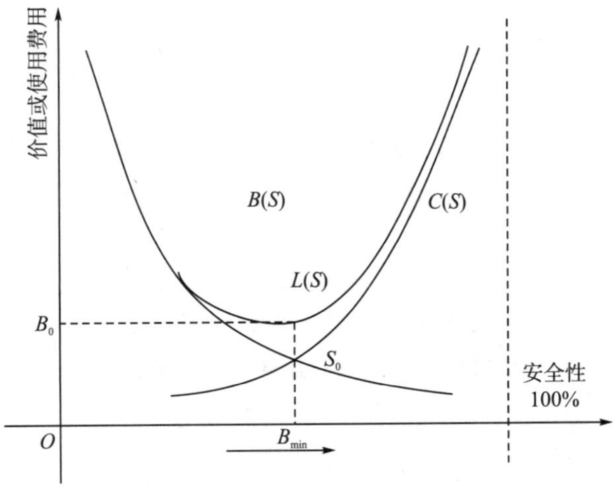

图 2-8-4　安全负担系数

安全经济最优化的一个目标就是使 $B(S)$ 取最小值。由图 2-8-4 可以看出，在 S_0 处有 $B_{\min}$，而 S_0 可由式(2-8-21)求得：

$$\mathrm{d}B(S)/\mathrm{d}S=0 \tag{2-8-21}$$

2. 安全经济的效益最大原则

安全效益函数 $E(S)$ 表达了安全效益的规律。由图 2-8-5 可以看出，S_0 点处有 $E_{\max}$，此时的 S_0 点可由式(2-8-22)求得：

$$\mathrm{d}E(S)/\mathrm{d}S=0 \tag{2-8-22}$$

由图 2-8-5 对安全效益可做如下分析：

(1) 在 S_1、S_2 两点处，无安全效益，即说明系统安全性偏低或较高，安全的总体效益均不高。

(2)根据“最大效益”原则，可将安全性取值划分为三个范围(图 2-8-5)。① $S < S_1$，投入小，但损失大，综合效益差，需要改善系统安全性，提高安全效益；② S 在 $S_1 \sim S_2$，接近 S_0 点有较好的安全综合效益，是优选范围；③ $S > S_2$，损失小，安全成本高，综合效益也较差，需要力求保持安全性，提高安全科技水平，降低成本，改善综合效益。

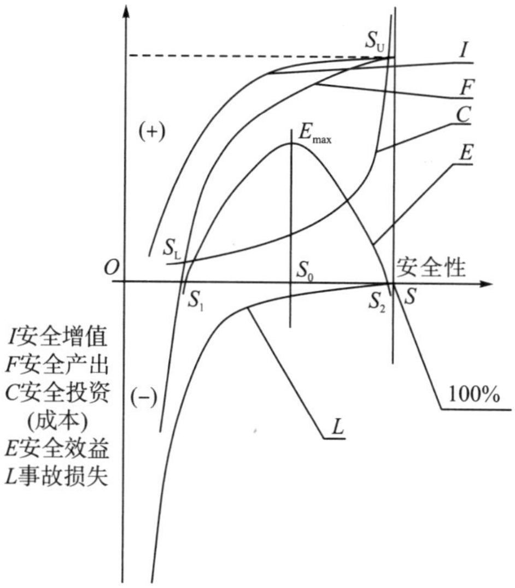

图 2-8-5　安全成本函数及效益函数

2.8.3　安全分析

1. 安全成本分析

安全的功能函数反映了安全系统输出状况。显然，提高或改变安全性，需要投入(输入)，即付出代价或成本。并且安全性要求越大，需要成本越高。从理论上讲，要达到 100%的安全(绝对安全)，所需投入趋于无穷大。由此可推出安全的成本函数 $C(S)$：

$$C(S) = C\exp[c/(1-S)] + C_0, \quad C > 0, C_0 < 0 \tag{2-8-23}$$

安全成本曲线见图 2-8-5，从图中可以看出：

(1)实现系统的初步安全(较小的安全度)，所需成本是较小的。随 S 的提高，成本随之增大，并且递增率越来越大；当 S 趋向 100%时，成本趋于无穷大。

(2)当 S 达到接近 100%的某一点 S_U 时，会使安全的功能与所耗成本相抵消，使系统毫无效益。这是社会所不期望的。

2. 安全效益分析

$F(S)$ 函数与 $C(S)$ 函数之差就是安全效益，用安全效益函数 $E(S)$ 来表达：

$$E(S) = F(S) - C(S) \tag{2-8-24}$$

$E(S)$ 曲线可见图 2-8-5，可以看出：在 S_0 点 $E(S)$ 取得最大值。

S_L 和 S_U 是安全经济盈亏点，它们决定了 S 的理论上下限。从图 2-8-5 可以看出：在 S_0 点附近，能取得最佳安全效益。由于 S 从 $S_0-\Delta S$ 增至 S_0 时，成本增值 C_1 大大小于功能增值 F_1，因此当 $S<S_0$ 时，提高 S 是值得的；当 S 从 S_0 增至 $S_0+\Delta S$ 时，成本 C_2 确定数倍于功能增值 F_2，因而 $S>S_0$ 后，增加 S 就显得不合算了。

2.8.4　决策方法

1. "利益-成本"分析决策方法

基本的思路是：

(1) 计算安全方案的效果，即

$$\text{安全方案的效果} R = \text{事故损失期望} U \times \text{事故概率} P \tag{2-8-25}$$

(2) 计算安全方案的利益，即

$$\text{安全方案的利益} B = R_0 - R_1 \tag{2-8-26}$$

(3) 计算安全的效益，即

$$\text{安全效益} E = B / C \tag{2-8-27}$$

C 是安全方案的投资。这样，安全方案的优选决策步骤如下：

(1) 有关危险分析技术，如故障树分析(fault tree analysis，FTA)技术，计算系统原始状态下的事故发生概率 P_0。

(2) 用有关危险分析技术，分别计算出各种安全措施方案实施后的系统事故发生概率 $P_1(i)$，$i=1,2,\cdots$。

(3) 在事故损失期望 U 已知(通过调查统计、分析获得的情况下，计算安全措施前的系统事故后果(状况)：

$$R_0 = U \times P_0 \tag{2-8-28}$$

(4) 计算出各种安全措施方案实施后的系统事故效果：

$$R_1(i) = U \times P_1(i) \tag{2-8-29}$$

(5) 计算系统各种安全措施实施后的安全利益：

$$B(i) = R_0 - R_1(i) \tag{2-8-30}$$

(6) 计算系统各种安全措施实施后的安全效益：

$$E(i) = B(i) / C(i) \tag{2-8-31}$$

(7) 根据 $E(i)$ 值进行方案优选：

$$\text{最优方案} —— \max E(i) \tag{2-8-32}$$

2. 安全投资的风险决策

风险决策也称为概率决策，是一种在估计出措施利益的基础上，考虑到利益实现的可能性大小，进行利益期望值的预测，以此预测值作为决策的依据。具体技术步骤如下：

(1) 计算出各方案的各种利益 B_{ij} (第 j 种方案的第 i 种利益)。

(2) 计算出各利益实现的概率(可能性大小) P_i。

(3) 计算各方案的利益(共有 m 种利益)期望 $E(B)_i$：

$$E(B)_i = \frac{1}{m}\sum_{i=1}^{m} P_i B_{ij} \tag{2-8-33}$$

(4) 进行方案优选：

$$\text{最优方案——} \max[E(B)_i] \tag{2-8-34}$$

3. 安全投资的综合评分决策法

这种方法基于加权评分理论，根据影响评价和决策因素的重要性，以及反映其综合评价指标的模型，设计出对各参数的定分规则，然后依照给定的评价模型和程序，对实际问题进行评分，最后给出决策结论。

4. 投资合理度求算的诺模图方法

上述计算过程可以用诺模图的方法来实现，其技术步骤如下：

(1) 根据图 2-8-6 中的事故发生可能性、危险作业性和事故可能后果确定出危险性分级。

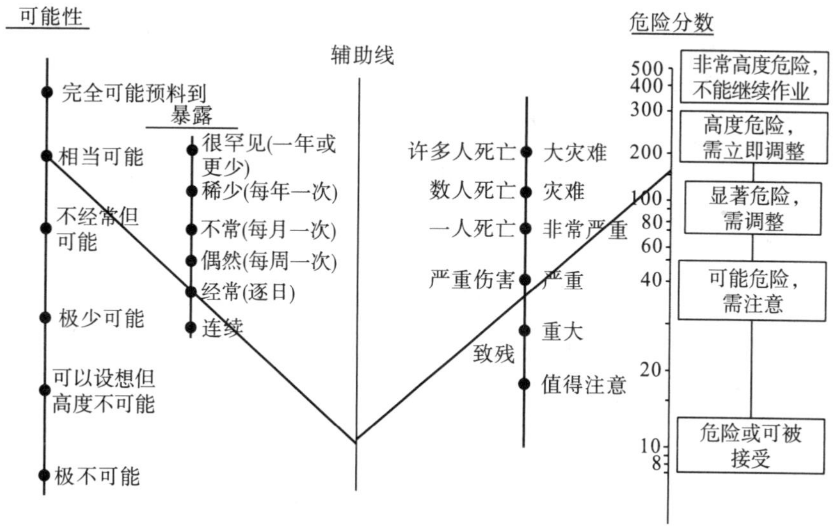

图 2-8-6　危险性评价诺模图

(2) 把危险分级结果代入图 2-8-7，根据危险分级、措施的可能纠正效果和投资强度确定投资合理性，从而做出投资的“很合理”、“合理”和“不太合理”三种决策。

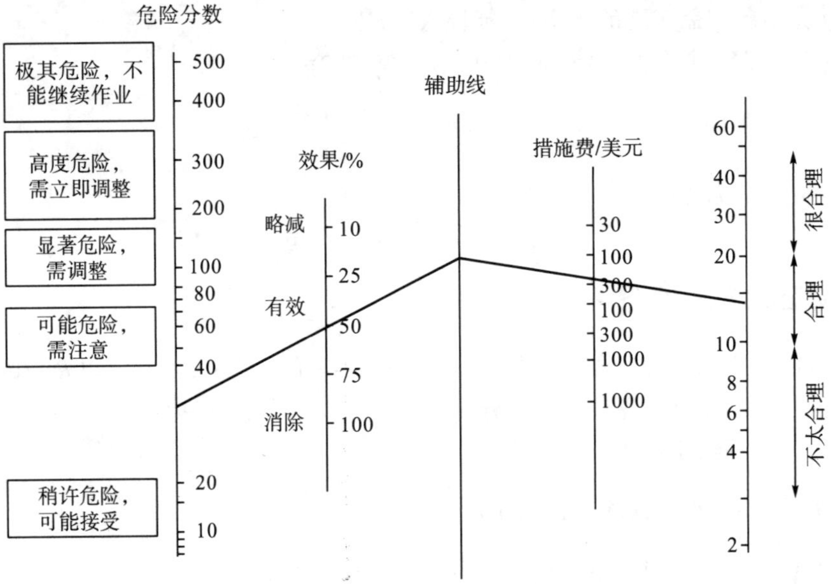

图 2-8-7　投资效果合理性决策诺模图

5. 安全投资的模糊决策方法

设所考虑问题的目标和约束都是线性函数，那么这个问题就属于模糊线性规划所考虑的问题。线性规划问题的数学模型如下。

在约束条件

$$C:\begin{cases} Ax \leqslant B \\ x \geqslant 0 \end{cases}$$

下，求目标函数 M 的最大值，即 $M_{\max}$。

其中，A、B 分别为 n 维和 m 维向量，A 为 $m\times n$ 矩阵。

如果约束条件可以有某种伸缩，即“模糊”约束，如将“$\leqslant b$”改为“大致$\leqslant b$”，便可得到线性规划问题的变形——模糊线性规划。这样，将“大致$\leqslant b$”记为“$<b$”，即得，在模糊约束

$$C:\begin{cases} Ax < b \\ x > 0 \end{cases}$$

下，求目标函数 M 的最大值 $M_{\max}=ax$。

同理，可得出求目标函数 M 最小的模糊数学模型为：在模糊约束

$$C:\begin{cases} Ax < b \\ x > 0 \end{cases}$$

下，求目标函数 M 的最小值 $M_{\min}=ax$。

在一个企业的安全投资中，可以概括为两项投资，即非安全项目投资 x_1 和安全项目投资 x_2。设 x_1、x_2 为两种投资的值，在模糊约束条件为

$$C:\begin{cases} a_1x_1 + a_2x_2 < b_1 & (2\text{-}8\text{-}35) \\ a_3x_3 + a_4x_4 < b_2 & (2\text{-}8\text{-}36) \\ a_5x_1 + a_6x_3 < b_3 & (2\text{-}8\text{-}37) \\ x_1 \geqslant 0,\quad x_2 \geqslant 0 & (2\text{-}8\text{-}38) \end{cases}$$

下，使目标函数

$$M = a_1x_1 + a_{11}x_2 \tag{2-8-39}$$

为最大，即 $M_{\max}$ 。同理，在模糊约束条件

$$C:\begin{cases} a_1x_1 + a_2x_2 > b_1 & (2\text{-}8\text{-}40) \\ a_1x_1 + a_4x_2 > b_2 & (2\text{-}8\text{-}41) \\ a_5x_1 + a_6x_2 > b_3 & (2\text{-}8\text{-}42) \\ x_1 \geqslant 0,\quad x_2 \geqslant 0 & (2\text{-}8\text{-}43) \end{cases}$$

下，使目标函数

$$M = a_1x_1 + a_{11}x_2 \tag{2-8-44}$$

为最小，即 $M_{\min}$ 。

上述公式中，a_i 、a_{11}、b_i 均为常数。

设 d_i 为增量或减量，当 b_i 增加到 $b_i + d_i$ 时，能增加的隶属度为 M_i（d_i），$d_i \geqslant 0$。当 b_i 减小到 $b_i - d_i$ 时，能减小的隶属度为 M_i（d_i），$|d_i| \geqslant 0$。

为了定义模糊约束条件的隶属度，对式(2-8-35)～式(2-8-44)的右侧所容许增加或减少的量 d 都作同样的考虑，即

$$M_1(d) = M_2(d) = \cdots = M_i(d) \tag{2-8-45}$$

且

$$M_i(d) = 1 - 0.2d_i \geqslant 0 \tag{2-8-46}$$

最大、最小标准化的目标函数分别为

$$M(x_1, x_2) = (1/M_{\max}) \times (a_1x_1 + a_{11}x_{11}) \tag{2-8-47}$$

$$M(x_1, x_2) = (1/M_{\min}) \times (a_1x_1 + a_{11}x_{11}) \tag{2-8-48}$$

精度为

$$|\varepsilon k| = |ak - Mk(u)| \leqslant \varepsilon \tag{2-8-49}$$

第 3 章　公路隧道照明的主要影响因素

影响公路隧道照明的主要因素有环境、车辆、交通、驾驶者、管理、灯具和隧道土建结构 7 个方面，本章就其如何产生影响、相互间的关系、减少不利影响的措施进行分析与阐述，为隧道公路照明理论的研究和应用奠定基础。

3.1　概　　述

公路隧道照明的影响因素包括客观影响因素与主观影响因素，本章仅阐述客观影响因素。

若以隧道照明计算涉及的参数作为主要影响因素，且以 X 表示其集合，则有

$$X=(h,L,w,\psi,q,v,L_{20},\eta,\phi,M,\mu) \tag{3-1-1}$$

式中，h 为隧道洞口净高，m；L 为隧道长度，m；w 为隧道宽度，m；ψ 为隧道纵坡；q 为高峰小时设计交通量，辆/(h·ln)；v 为设计速度，km/h；L_{20} 为一年中第 75 个最大洞外亮度，cd/m²；η 为灯具光通量利用系数；ϕ 为灯具额定光通量，lm/W；M 为养护系数；μ 为亮度系数。

事实上，上述因素并未包含完隧道照明的主要影响因素。是否属于主要影响因素，实际上主要受经济条件、隧道照明容许交通风险所决定。例如，经济条件较好，洞外环境质量无差异，则照明的交通风险就不存在；又如，容许的交通风险很大，照明的交通风险则会是次要因素。因此，虽然国内外隧道照明未涉及照明的约束条件，但是这两个因素无疑是最大的约束条件。

若以 Y 表示约束条件的集合，则

$$Y=(y_e,R_D) \tag{3-1-2}$$

式中，y_e 为经济约束条件；R_D 为容许的照明决定的交通风险。

y_e、R_D 无疑也是照明的主要影响因素。若以 X_f 表示照明主要影响因素的集合，则

$$X_f=(X_{fp},\ X_{fv},\ X_{fr},\ L_{20},\ R_D,\ X_{ftj},\ X_{fye},\ L) \tag{3-1-3}$$

式中，X_{fp} 为人的因素(本章指驾驶者)；X_{fv} 为车辆因素；L_{20} 为环境因素；X_{fye} 为经济条件；X_{ftj} 为交通流特征，包括设计交通量和交通速度(国内)，也可包括大货车比例(国外)；L 为隧道长度，m。

上述诸多影响因素，有些是“显因素”，如人、车、路的因素，有些是“隐因素”，如 L_{20}，其又受很多因素的影响，有些因素目前国内外的成果中都甚少涉及，如经济约束条件、交通风险等。本章对这些因素如何影响隧道照明进行阐述。

3.2 驾　驶　者

在构成道路交通系统的诸多因素中，人是道路交通系统中最重要的、不可缺少的组成因素，而驾驶者又是这一因素的重要组成部分。驾驶者对交通的影响主要表现在心态和体态两个方面。

3.2.1 心态

常见的驾驶心态主要有以下两种类型。

1. 疲劳和厌倦心理

当驾驶者在执行行车任务的过程中，长时间应付不测事态和急速变化的环境，其精力始终处于高度集中状态，会自然表现出积极的适度紧张情绪，心理素质就会发生明显的变化，正是在这种适度紧张的心理下进行长时间或长距离驾驶车辆时，影响最大的是与驾驶者直接有关的身体机能和心脏活动能力，造成生理和心理失调，在这种不良心理状态下行车首先会使驾驶者头脑不清醒，反应迟钝，注意力不集中，不能准确判断和迅速处置各种异常情况；其次是四肢酸懒，哈欠连天，动作的准确率明显下降，行动迟缓，手脚不听使唤；再次是情绪低沉，烦躁不安，对自己所从事的工作有厌倦心理，心理情绪常常不能在正常运行状态下。总之，这种情形下，驾驶者的心理活动效能低下，开起车来精神萎靡、视野狭窄、思维模糊、反应迟钝、动作缓慢。正是因为这样，国内外对于特长隧道，都通过各种手段，改善隧道内的行车环境，以便降低交通风险，这和高速公路设计中长直线有最大限度是同样的道理。

2. 恐慌和焦躁心理

驾驶者在日常生活中难免会遇到一些不顺心的事情，心情也会随之发生变化，特别是在行车时，驾驶者要受到外界的、人为的和出乎意料的各种因素的影响，这些因素会使驾驶者心理发生变化。例如，车内环境变化会引起驾驶者情绪不稳定；道路平坦会诱发驾驶者驾驶单调形成道路催眠；弯曲道路由于车辆连续转弯使驾驶者产生厌烦心情；车辆拥挤和堵车会使驾驶者产生急躁情绪；遇交通事故会使驾驶者产生恐慌心理。由于各类心理的重复出现会诱发驾驶者心理反应的严重改变，出现急躁、松懈、麻痹、骄傲、自卑、精神过分紧张，这些心理在驾驶者面对实际或想象中的危险时会产生不同的情感。

3.2.2 体态

体态是指身体的姿势、形态，在此引申为驾驶过程中驾驶者对外界环境做出的一系列感知、反应和判断。在行车过程中，驾驶者需要对各种与行车安全密切相关的信息迅速做出判断处理，其基本过程包括感知、判断、动作，这一系列过程称为生理反应特性，其包括反应时间以及反应的正确性、灵活性和准确性。长时间驾驶，会带来注意力、反应敏捷度下降，甚至操作失误从而造成交通事故。

3.2.3 驾驶者视力恢复时间

当外界光照环境发生剧烈变化时，人眼需要一定的时间来适应光环境的变化，这一时间就是视力恢复时间。实践证明，车辆驶入隧道或驶出隧道后，光照强度的剧烈变化，导致驾驶者产生的视觉恢复期是驾驶者视觉条件最差的时候。

驾驶者于隧道出入口处所需要的视力恢复时间，与隧道洞外照度和洞内照度之差存在密切联系，即

$$T = f[E_{out} - E_{in}] \tag{3-2-1}$$

式中，T 为驾驶者于隧道出入口处所需要的视力恢复时间，s。

利用眼动仪可以进行驾驶者驾车穿越隧道过程中瞳孔直径观测试验。以车辆行驶至隧道引入段起点处瞳孔直径开始增大，到车辆驶至隧道基本段起点处瞳孔直径停止增大并趋于稳定所经历的时间作为驾驶者视力恢复时间。通过对试验数据的统计分析，可以得到驾驶者于隧道出入口处所需要的视力恢复时间与隧道洞外、洞内照度差的关系，如图 3-2-1 和图 3-2-2 所示。

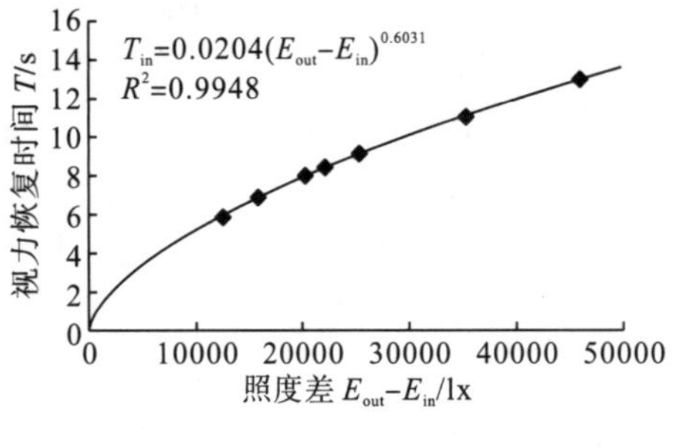

图 3-2-1 隧道入口驾驶者视力恢复时间与照度差关系曲线

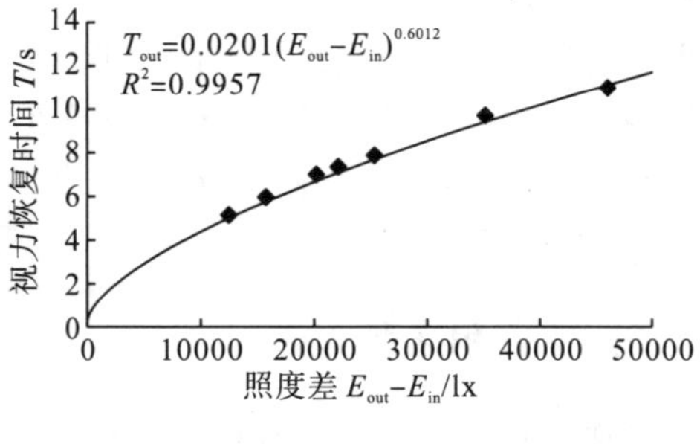

图 3-2-2 隧道出口驾驶者视力恢复时间与照度差关系曲线

构建的公路隧道入口和出口驾驶者视力恢复时间与照度关系模型如下：

$$T_{in} = 0.0204\left(E_{out} - E_{in}\right)^{0.6031} \tag{3-2-2}$$

$$T_{out} = 0.0201\left(E_{out} - E_{in}\right)^{0.6012} \tag{3-2-3}$$

式中，T_{in} 为驾驶者于隧道入口处所需要的视力恢复时间，s；T_{out} 为驾驶者于隧道出口处所需要的视力恢复时间，s。

3.3 车 辆

车辆作为隧道照明系统的服务及研究对象，影响着隧道照明系统的设计、施工及运营管理。车辆参数中隧道照明系统的影响因素主要有车辆类型、设计车辆尺寸、车辆组成和车辆装载。

3.3.1 车辆类型

根据用途，车辆可以分为客运车辆、货运车辆和特殊车辆。如表 3-3-1 所示，客运车辆根据载客人数可以分为小客车、中型客车、大型客车和公共汽车；货运车辆根据载货吨数可以分为微型货车、中型货车、大型货车和汽车列车；特殊车辆主要有消防车、救护车等。

表 3-3-1 车辆类型及其特征

车辆类型		具体特征
客运车辆	小客车	指 9 座及其以下的客运车辆
	中型客车	指 10 座及以上 19 座以下的客运车辆
	大型客车	指在城市之间运行的 19 座及以上的客运车辆
	公共汽车	指城市内可供乘客乘坐、站立、频繁上下车的客运车辆
货运车辆	微型货车	指荷载吨数 2t 及以下的货运车辆
	中型货车	指荷载吨数 2t 以上 7t 及以下的货运车辆
	大型货车	指荷载吨数 7t 以上 20t 及以下的货运车辆
	汽车列车	指荷载吨数 20t 以上的货运车辆，包含拖挂车、铰接货车等
特殊车辆	消防车	指用于灭火、消防救援或其他紧急用途的救援车辆
	救护车	指接载病员从伤病现场到医院，或作为转院服务的车辆

3.3.2 设计车辆尺寸

设计车辆尺寸是指公路及其附属设施设计所采用的代表车型的车身长度、车身宽度、车身高度以及轴距等参数，直接影响着道路及其附属设施建筑的净空及道路线形，同时间接影响着隧道照明系统。根据《公路工程技术标准》(JTG B01—2014) 对公路设计所采用的设计车辆尺寸规定，设计车辆外廓尺寸如表 3-3-2 所示。

表 3-3-2　设计车辆尺寸

车辆类型	总长/m	总宽/m	总高/m	前悬/m	轴距/m	后悬/m
小客车	6	1.8	2	0.8	3.8	1.4
大型客车	13.7	2.55	4	2.6	6.5 + 1.5	3.1
铰接客车	18	2.5	4	1.7	5.8 + 6.7	3.8
载重汽车	12	2.5	4	1.5	6.5	4
铰接列车	18.1	2.55	4	1.5	3.3 + 11	2.3

3.3.3　车辆组成

车辆组成即不同车辆类型占总交通量的比例，也称为交通组成。由于混合车流中车辆间存在着车身尺寸和动力特性的差异，对不同交通组成的交通流，其特性也存在着显著差异，其隧道照明环境需求也不同。例如，以铰接列车为主的交通流和以小客车为主的交通流，其通行能力、交通流速度、交通流密度以及自由行驶、受干扰时的行驶和跟踪行驶的临界交通量等参数都存在着显著差异，隧道照明环境需求也不相同。因此，隧道照明应该反映车辆组成的影响。

车辆组成影响交通流的形态，同时也影响行车的安全性。混合车辆的交通流和单一车辆的交通流，其平均速度的均方差也存在显著差异，均方差越大，安全性越低，越容易发生交通事故。

3.3.4　车辆装载

隧道照明应考虑车辆装载的影响。载有泥沙的车辆在经过隧道时，洒落的泥沙得不到及时的清理，在长时间的作用及高速驶过的汽车引起的气流下，将会导致大量微细固体颗粒物(烟尘)悬浮在洞内空间，往往不能及时迅速消散，形成烟雾，吸收和散射汽车头灯和照明灯具发出的光，使隧道内部能见度降低，此外还容易致使隧道灯灯罩表面附着污垢，影响照明效率。

3.4　道　　路

3.4.1　线形

隧道的线形主要影响照明灯具的布置方式以及照明灯具的功率。直线隧道视距条件好，曲线隧道视距差，需要的照明灯具数量多。

隧道线形主要包含平面线形和纵面线形。根据《公路隧道设计细则》(JTG/T D70—2010)的隧道线形设计相关规定可知，平面线形的确定应该综合考虑隧道的地形地质条件、洞口接线、隧道通风、车辆运行安全及施工条件等因素，并且不宜采用超高平曲线或加宽断面的平曲线，并且隧道不设超高的圆曲线最小半径应符合表 3-4-1 的规定。受特殊条件限制需设超高的平曲线时，其超高值应符合表 3-4-2 的规定进行停车视距与会车视距验算，以保证驾驶者在紧急情况下有充分的时间迅速停车，避免交通事故。

表 3-4-1　不设超高的圆曲线最小半径(单位：m)

路拱占比/%	设计速度						
	120km/h	100km/h	80km/h	60km/h	40km/h	30km/h	20km/h
≤2	5500	4000	2500	1500	600	350	150
>2	7500	5250	3350	1900	800	450	200

表 3-4-2　公路停车视距与会车视距

公路等级	设计速度/(km/h)	停车视距/m	会车视距/m
高速公路、一级公路	120	210	—
	100	160	—
	80	110	—
	60	75	—
二、三、四级公路	80	110	220
	60	75	150
	40	40	80
	30	30	60
	20	20	40

隧道纵面线形设计应以行车安全、排水、通风、防灾为基础，并根据施工期间的排水、出渣、材料运输等要求确定。隧道内应尽量设置缓坡，并且最小纵坡不应小于 0.3%，特长、长隧道最大纵坡宜在 2.5%以下，中、短隧道最大纵坡宜在 3%以下。隧道内纵坡变化处应设置大半径竖曲线平缓过渡，以保证驾驶者有足够的视线，边坡点的凸形、凹形竖曲线最小半径和最小长度应符合表 3-4-3 的规定。

表 3-4-3　竖曲线最小半径和最小长度

设计速度/(km/h)		120	100	80	60	40	30	20
凸形竖曲线半径/m	一般值	17000	10000	4500	2000	700	400	200
	极限值	11000	6500	3000	1400	450	250	100
凹形竖曲线半径/m	一般值	6000	4500	3000	1500	700	400	200
	极限值	4000	3000	2000	1000	450	250	100
竖曲线长度/m		100	85	70	50	35	25	20

在进行隧道照明系统的设计、施工及运营管理过程中，隧道线形影响隧道照明灯具的布置位置、方式和间隔以及照明灯具的功率。根据《公路隧道照明设计细则》

(JTG/T D70/2-01—2014)的相关规定，如果隧道中间段位于平曲线，在平曲线半径不小于1000m的曲线段，照明灯具可参照直线段布置。在曲线半径小于1000m的曲线段，当采用两侧布灯方式时，宜采用对称布置；当采用中线侧偏布灯方式时，照明灯具应沿曲线外侧布置，间距宜为直线段照明灯具间距的50%～70%，半径越小布灯间距应越小；中间段在方向曲线段时，宜在固定的一侧设置灯具；若有视线障碍，则宜在曲线外侧增设灯具。而隧道的纵面线形不仅影响照明灯具的布置方式、灯具安装角度以及隧道养护系数等，而且影响照明的停车视距。隧道纵面线形与停车视距的关系如表3-4-4所示。

表3-4-4　隧道纵面线形与停车视距关系表(单位：m)

设计速度/(km/h)	纵坡坡度/%								
	−4	−3	−2	−1	0	1	2	3	4
120	260	245	232	221	210	202	193	186	179
100	179	173	168	163	158	154	149	145	142
80	112	110	106	103	100	98	95	93	90
60	62	60	58	57	56	55	54	53	52
40	29	28	27	27	26	26	25	25	25
20～30	20	20	20	20	20	20	20	20	20

3.4.2　相邻隧道间的距离

因隧道间的距离不同，隧道可分为独立隧道、连续隧道与毗邻隧道。对于毗邻隧道，由于隧道间的间距较短，在进行隧道照明设计时应考虑光折减，处理方式主要有三种。

1)按连续隧道进行设计

此时照明灯具最多，用电量最大，因为2个入口、2个出口和2个过渡段的照明，而这3个段落的用电量是最大的。

2)采用棚洞按1个隧道进行设计

此时入口段、出口段和过渡段的照明用电都减少了50%，虽然基本段照明有所增加，但基本段单位长度用电量不足入口段的5%，故照明投入与照明费用大大减少。

3)采用横梁将两个隧道连接按1个隧道进行设计

在2个隧道之间，采用横梁连接，横梁上搭盖藤类植物，则2个隧道之间的照明可以完全取消，是最节能的选择方式。

3.4.3　路面

隧道路面有沥青路面与水泥混凝土路面。路面类型对运营的影响，体现在安全与节能两个方面。据统计与分析，沥青路面的安全性比水泥混凝土路面要好，隧道内噪声小且行驶舒适，但发生火灾后，沥青路面易造成污染，不利于救灾与逃生，而水泥混凝土路面不存在发生火灾时产生污染的问题，但正常工况时，隧道内的噪声大，舒适性较差；从节能来讲，水泥混凝土路面具有很强的优势，平均亮度与平均照度之间的换算关系沥青路面为 15～22lx/(cd·m^2)，水泥混凝土路面为 10～13lx/(cd·m^2)，按平均值计算，水泥混凝土路面比沥青路面要节能 61%。因此，提高路面的反射性，如在隧道内铺装彩色沥青路面，是隧道照明节能的有效途径之一。隧道路面设计应依据道路等级、交通繁重程度、路基承载能力、当地环境条件、材料供应情况、气候条件、施工条件、全寿命周期费用分析和资金筹措等因素，综合选择道路路面类型、路面结构层次和厚度。并且隧道路面除应有足够的强度和耐久性，符合路面的抗滑、耐磨、排水及平整度等技术条件，还应具有较好的耐火性能，满足低噪声和防眩光等方面的要求。并且在隧道路面设计时应提高路面的反射率，采用光反射率较大的材料及结构类型。

隧道常用路面面层类型及适用条件如表 3-4-5 所示。

表 3-4-5　隧道常用路面面层类型及适用条件

水泥混凝土路面	复合式路面	适用条件
横缝设传力杆的普通混凝土 连续配筋混凝土 钢纤维混凝土	沥青混合料上面层＋连续配筋混凝土 沥青混合料上面层＋横缝设传力杆的普通混凝土	高速公路、一级公路
钢纤维混凝土 连续配筋混凝土	沥青混合料上面层＋连续配筋混凝土 沥青混合料上面层＋横缝设传力杆的普通混凝土	特重交通的高速公路
普通混凝土 碾压混凝土	沥青混合料上面层＋普通混凝土 沥青混合料上面层＋碾压混凝土	二级及二级以下公路

路面对照明的影响，体现在反射系数的大小，其表示隧道内某区域面积上的平均亮度与平均照度的换算关系，路面反射系数与路面材料、灯具安装位置和灯具安装角度等有关。

路面反射系数可用单位面积内的路面平均水平照度除以路面平均亮度来得到，可用下列表达式进行计算：

$$F = \frac{E_{\mathrm{av}}}{L_{\mathrm{av}}}$$

式中，F 为路面反射系数；E_{av} 为路面平均水平照度；L_{av} 为路面平均亮度。

3.4.4　墙面

隧道墙面对运营的影响，主要体现在行车的舒适性与对照明效果的影响两个方面。隧道内的墙面和路面，本身为隧道的障碍提供背景，墙面的反射性越好，来自墙壁光的反射越能增加道路的照明度。未装饰的隧道墙面，由于不吸能与反射性较差，洞内噪声较大，照到墙面的光线反射到路面上少，光通量的利用率低，能耗大。因此，提高墙壁的反射性是照明节能的措施之一，但在进行墙面装饰时，应遵守吸能好、反射强、易清洗、价格低并避免玻璃化以防止交通车辆灯闪烁不利于安全的原则。

关于隧道的沿程摩阻系数，其一般可取0.015～0.025，但究竟多大，需要由隧道内壁的粗糙程度来决定，即由隧道衬砌装饰情况来决定。摩阻系数取值的大小直接影响风机的配置情况和运营费用，从隧道运营安全与节能方面考虑应十分重视隧道沿程摩阻系数取值，选取合适的隧道装饰。

隧道墙面设计应力求实现安全、经济、美观、实用的效果。不仅考虑提高照明效果，营造良好的隧道内视觉环境，吸收隧道内的噪声等因素，而且应满足隧道防火要求。常用的隧道墙面装饰材料及其特点如表3-4-6所示。

表3-4-6　常用隧道内壁装饰材料及其特点

材料	特点	
	优点	缺点
块状混凝土	衬砌表面不需特殊处理	表面粗糙，易污染，不易清洗，光线反射效果较差
饰面板、镶板等致密材料	不易污染，清洗效果好，板后空间有利于吸收噪声，光线反射效果好	要求衬砌平整
瓷砖	表面光滑易清洗，光线反射效果好	没有吸声降噪作用，要求衬砌平整
油漆	比混凝土易清洗	对衬砌表面要求很高，需压光、平整，浸湿的油漆损坏很快，没有吸声降噪作用
防火涂料	具有较好的耐高温和耐火性	表面粗糙，易污染，不易清洗，光线反射效果差

隧道墙面起到满足驾驶者的视觉适应性和视觉诱导性的作用，并且隧道墙面亮度作为隧道内背景亮度的组成部分，根据《公路隧道照明设计细则》（JTG/T D70/2-01—2014）相关条文，隧道两侧墙面2m高范围内的平均亮度不宜低于路面平均亮度的60%。隧道墙面的反射性越好，来自墙面的反射光越能增加道路的照明度，从而提高隧道照明节能效果。而未装饰的隧道墙面吸能性与反射性较差，故隧道内噪声较大，并且光通量利用率低、能耗大。提高隧道墙面的反射性是照明节能的有效措施之一，所以在进行隧道墙面装饰时应选择吸能好、反射强、易清洗、价格低并能避免玻璃化的装饰材料。

3.4.5　隧道横断面

公路隧道横断面参数直接决定着隧道照明系统的投资费用、运营管理费用等。公路隧道横断面参数主要包括隧道净高与隧道净宽，隧道净高和隧道净宽的大小直接决定了照明区域面积的大小，以及照明灯具的布置方式和位置，影响隧道照明系统的配置与规模。隧道照明的布灯方式主要有中间单排布灯、两侧对称布灯、两侧交错布灯、单排中偏侧布灯等，不同的布灯方式对应的照明灯具数量及其性能规格参数各不相同。而且不同的隧道横断面、不同的布灯方式所要求的纵向光束角和横向光束角也不同，运营能耗也不同。此外，由于照到路面上的光通量与照明的高度成反比，因此大断面中间布灯时，由于灯具与隧道路面距离较大，有效光通量会减小，运营电耗会增加。公路隧道结构横断面参数影响隧道照明系统的布灯方式及位置、照明灯具的数量及其规格参数、灯具的配光要求等，公路隧道结构横断面设计应符合《公路工程技术标准》(JTG B01—2014)第 3.6.1 条、第 8.0.3 条规定，在建筑限界内不得有任何部件侵入。高速公路及一级公路等单向行车的公路隧道横断面的建筑限界几何形状应按图 3-4-1 所示进行设计，相关参数设计应符合表 3-4-7 的规定。

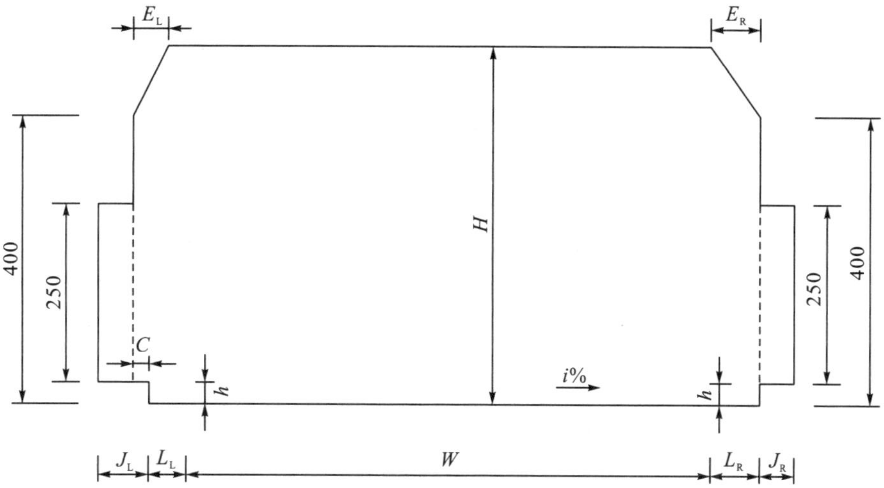

图 3-4-1　单向行车公路隧道建筑限界(单位：cm)

H-建筑限界高度，$H=5m$；*W*-行车道宽度；L_L-左侧侧向宽度；L_R-右侧侧向宽度；*C*-余宽；J_L-左侧检修道宽度；J_R-右侧检修道宽度；*h*-检修道或人行道高度；E_L-建筑限界左顶角宽度，$E_L=L_L$；E_R-建筑限界右顶角宽度，当 $L_R \leqslant 1m$ 时，$E_R=L_R$；当 $L_R > 1m$ 时，$E_R=1m$

表 3-4-7　单向行车公路隧道建筑限界横断面组成最小宽度(单位：m)

设计速度/(km/h)	行车道宽度 W	侧向宽度		余宽 C	检修道宽度		隧道建筑衔接宽度
		左侧(L_L)	右侧(L_R)		左侧(J_L)	右侧(J_R)	
120	3.75×2	0.75	1.25	0.50	1.00	1.00	11.50
100	3.75×2	0.75	1.00	0.25	0.75	1.00	11.00
80	3.75×2	0.50	0.75	0.25	0.75	0.75	10.25
60	3.50×2	0.50	0.75	0.25	0.75	0.75	9.75

注：(1)三车道和四车道隧道除增加车道数以外，其他宽度同此表；增加车道的宽度不得小于 3.5m。

(2)左侧检修道宽度包括余宽。

二级公路、三级公路及四级公路等双向行车的公路隧道，其建筑限界几何形状应按图 3-4-2 所示进行设计，最小宽度应符合表 3-4-8 的规定。

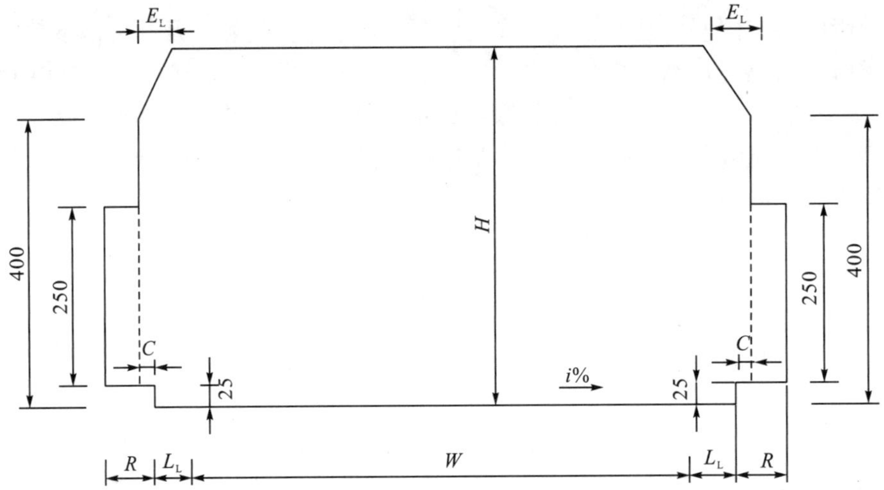

图 3-4-2 双向行车公路隧道建筑限界(单位：cm)

H-建筑限界高度；W-行车道宽度；L_L-左侧侧向宽度(相对于行车方向)；

C-余宽；R-人行道宽度；E_L-建筑限界左顶角宽度，$E_L = L_L$

表 3-4-8 双向行车公路隧道建筑限界横断面组成最小宽度(单位：m)

设计速度/(km/h)	行车道宽度 W	左侧侧向宽度 L_L	余宽 C	人行道宽度 R	隧道建筑限界净宽	
					设人行道	不设人行道
80	3.75×2	0.75	0.25	1.00	11.00	—
60	3.50×2	0.50	0.25	1.00	10.00	—
40	3.50×2	0.25	0.25	0.75	9.00	—
30	3.50×2	0.25	0.25	—	—	7.5
20	3.00×2	0.50	0.25	—	—	7.5

注：(1)人行道宽度包括余宽。

(2)建筑限界高度：二级公路 5.0m；三、四级公路 4.5m。

(3)三、四级公路隧道宜结合隧道长度、未来公路等级提高等因素拟定建筑限界。

(4)城市道路隧道的人行道宽度应参照现行《城市道路工程设计规范》(CJJ 37—2012)相关规定的人行道可能通行能力与地域折减系数的规定设置。

3.4.6 洞门形式参数

隧道洞门形式可根据所处地形地质条件、自然环境、人文特点等设计为墙式洞门或明洞式洞门。墙式洞门可分为端墙式洞门、翼墙式洞门和柱墙式洞门。明洞式洞门又可分为削竹式洞门、喇叭式洞门和棚洞式洞门。墙式洞门适用于地形较为陡峭、偏压较大或横断面地形复杂条件下的洞口，明洞式洞门适用于地形平缓、山体稳定或单侧边坡较高等地形条件下的洞口。

隧道洞门形式主要影响隧道照明的洞外亮度以及出入口照明灯具的数量和布置位置。采用削竹式洞门时，其洞外亮度低于端墙式洞门，如削竹式洞门隧道洞外亮度通常在

2500cd/m^2 左右，端墙式洞门隧道洞外亮度通常在 3000cd/m^2 左右，即使隧道洞口处于微丘地段即 20°视场范围内天空面积百分比较高也是如此，因此隧道洞门形式宜采用削竹式洞门形式。而且采用削竹式洞门时，自然光可直接射入隧道内一段距离，隧道出入口一定距离内不需要布置照明灯具，而且隧道出入口处照明灯具的数量和功率远高于相同距离的基本段照明灯具的数量和功率，因此削竹式洞门的节能效果优于端墙式洞门。然而，端墙式洞门可采用反射率小于 0.17 的装饰材料进行墙面暗化处理以减弱“黑洞效应”。除此之外，采取隧道洞口种植常青树、前置洞口工法、零仰坡开挖以及大面积绿化洞口等措施也能有效降低隧道洞外亮度。

综上所述，公路隧道土建结构参数是隧道照明系统咨询、设计及施工的重要依据。在隧道照明系统咨询、设计及施工之前，研究人员应通过广泛调研获取公路隧道土建结构的相关参数，如隧道平纵线形、隧道宽度、洞门形式、隧道长度、隧道路面、隧道墙面等参数，调研资料主要有电子文档、纸质文档、音频文件、图片文件和视频文件等。研究人员结合调研目的向相关部门及人员展开亲自面谈、电话询问、邮件询问等方式获得相关电子文档、纸质文档和音频文件等资料，通过实地调研相关隧道获得相关视频文件及图片文件，进而确定所需要公路隧道土建结构参数，并且确保数据的真实性、可靠性和准确性。

3.5　环　　境

环境包括洞内环境和洞外环境。环境因素的影响是指隧道洞内环境对隧道照明的影响、洞外环境对隧道照明的影响以及洞内外环境对照明的综合影响。

3.5.1　洞内环境

1. 定义

洞内环境是指隧道两端洞口所围成的隧道内部环境，其参数包括洞内空气质量、温度、湿度和烟雾。

洞内环境效果是洞内通风设施开启情况、洞内交通量的大小、车辆构成、速度和洞外环境综合作用的体现。

2. 影响

洞内空气质量影响司乘人员身体健康，温度、湿度和烟雾浓度影响照明灯具的正常使用，烟雾浓度直接影响照明效果。

无通风设施时，隧道内汽车行驶排出的废气难以消散，在隧道内形成较大的烟雾，其吸收汽车前灯发出的光线，使光线的传播发生散射现象，散射光在隧道内形成光幕，使照度降低，驾驶者识别前方障碍物的视觉能力下降。因此，通风设施的配置与通风设施的开启，对隧道照明影响很大。开启风机有利于排烟和降低湿度与温度，从而利于延长照明灯具的使用寿命。

3. 评价

《公路隧道通风设计细则》(JTG/T D70/2-02—2014)规定了烟雾浓度和CO浓度的要求，对于其他参数没有规定。鉴于空气质量直接影响人身健康，以下给出空气质量的评价方法。

在多种大气污染物同时存在条件下的空气质量可用空气质量指数I作为一种数学尺度来评价，I值兼顾到多种污染物的平均污染水平和某种污染物的危害程度(表3-5-1)，其表达式为

$$I=\sqrt{\max\left(\frac{C_i}{S_i}\right)\frac{1}{n}\sum_{i=1}^{n}\frac{C_i}{S_i}} \tag{3-5-1}$$

式中，C_i为空气中某种污染物的实测浓度；S_i为某种空气污染物环境质量标准；n为参与评价的污染物种类数目。

表3-5-1 空气质量的分级、I值与空气污染水平之间的关系表

空气质量分级	清洁	轻度污染	中等污染	严重污染	极度污染
I值	<0.6	0.6～1	1.1～1.9	2.0～2.8	>2.8

3.5.2 洞外环境

洞外环境是指隧道洞口以外的自然环境，其参数为洞外亮度L_{20}。洞外亮度L_{20}是指在接近段起点S处，距地面1.5m高正对洞口方向20°视场实测得到的平均亮度，如图3-5-1所示。CIE规定，对建设地全年的L_{20}从大到小进行排序，以第75个测试值作为L_{20}。

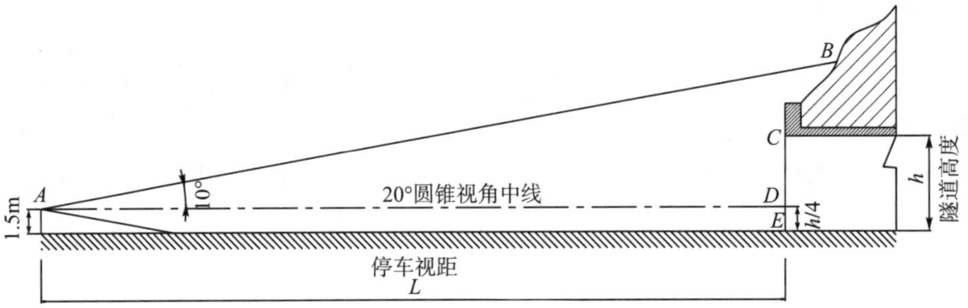

图3-5-1 洞外亮度L_{20}测试示意图

我国的相关规范规定，可采用黑度法进行L_{20}测定以确定入口段与过渡段的亮度标准，在CIE 2004版的《道路隧道和地下通道照明指南》中则建议采用光幕亮度法确定入口段亮度。

L_{20}是影响隧道照明最重要的参数之一，洞外亮度对隧道照明的影响很大。

2005年10月，Jim Degnan在*Roads and Bridges*上发表了“Lighting mountains”，文中

对俄勒冈州几十条隧道照明系统的改造做了详细的论述。在改造中，俄勒冈州利用 CIE 提出的 L_{seq}(等效光幕亮度)的方法来确定入口段的亮度，结果表明，它比用 L_{20} 确定的所需亮度低；日本东京湾海底隧道曾于设计中做过详细比较，在其他条件(包括车速)相同的情况下，如 L_{20} 分别设定为 4000cd/m^2 与 6000cd/m^2，则设备费相差 34%，年耗电量相差达 30%。

洞外亮度的大小决定了 L_{20} 的取值，当交通条件(车辆设计速度、高峰小时交通量以及交通组织等)一定时，L_{20} 的大小就决定了入口段的照明标准 L_{th}，而 L_{th} 不但决定了入口段的照明标准，同时也决定了过渡段的照明标准，入口段与过渡段又是隧道照明用电最多的段落，根据《公路隧道照明设计细则》(JTG/T D70/2-01—2014)，对于 60km/h 以上的设计车速，L_{th} 取值在 30～270cd/m^2，相差高达 9 倍。

因此，隧道洞口设计不当或照明设计的洞外亮度参数取值不当，不但会带来投资的增加，也会造成运营中能耗的巨大浪费。从运营管理角度来说，照明控制是根据洞外亮度、交通量、车流速度与交通工况进行控制，当洞外亮度低时，需要的照明少，当洞外亮度高时，就需要开较多的灯以满足行车的需要。由此可见，降低洞口亮度，可带来非常显著的节能效果。

可采取合适的减光措施降低洞外亮度实现节能。影响 L_{20} 大小的因素主要有洞外路面、洞门、洞外景观、广告和减光设施，洞外自然风速的大小也会影响洞内的环境质量。

1. 洞外路面

隧道洞口接近段宜铺设沥青混凝土路面、深暗色路面或彩色复合路面以降低隧道洞外亮度，有助于实现隧道洞口内外亮度的平滑过渡。

2. 洞门

隧道洞门的处理，在结构形式和饰面材料上都应该慎重考虑。结构受地形、地貌、地质的影响很大，回旋余地较小。在装饰材料方面，洞口端墙应尽量采用反射系数小(小于 0.2)、定向度低(低于 0.4)的漫反射或近似漫反射饰面材料(表 3-5-2)，如黑色面砖、黑色毛面大理石、黑灰色水磨石、菱苦土面层等。并且在实际应用中，应尽量禁止高定向度面层材料的使用。

表 3-5-2　饰面材料的反射比、定向度对隧道洞外亮度的影响

反射比	定向度	材料的反射性质	隧道洞外建构筑物的应用情况
20%以下			可用，可以有效降低隧道洞外亮度
20%～60%			可用，但是会造成较高的洞外亮度
60%以上			尽量不用
	0.9～1	定向反射	不可用
	0.7～0.9	扩散反射	尽量不用，某一方向有明显的高亮度
	0.4～0.7	扩散反射	勉强可用，某一方向有不明显的高亮度
	0.2～0.4	扩散反射	可用，基本不会出现某个方向的高亮度
	0～0.2	漫反射	可用，最为理想

挪威的研究结果表明，洞门外表做成深暗颜色可降低亮度 5%～7%，洞门外至少一个停车视距长的路面(100～150m)采用黑暗的颜色可降低亮度 12%～27%。

3. 洞外景观

隧道洞口的大面积绿化，不仅能够有效提升洞口景观的作用，还可以起到良好的遮阳减光的效果(图 3-5-2)。若在减光建筑两侧进行适当的垂直绿化，减光建筑的遮阳减光效果将会得到进一步提升。典型植被的反射系数如表 3-5-3 所示。

图 3-5-2　洞口绿化降低洞外亮度效果图

表 3-5-3　隧道洞外典型植被的反射系数

植被类型	佛甲草	结缕草	金叶女贞	小叶黄杨	海桐	杜鹃	红花檵木	小叶榕	红叶李
反射系数	0.085	0.053	0.102	0.089	0.063	0.061	0.045	0.067	0.055

挪威的研究结果也表明，植树和灌木可降低洞口亮度值 5%～7%。

4. 广告

隧道洞口区域应尽量避免设置巨大的广告牌，若无法避免，则广告牌应尽量选用反射系数小于 0.2、定向度小于 0.4 的漫反射材料，且远离视觉中心。

3.5.3　天气状况

作为洞外环境中重要影响因素，天气状况主要影响洞外亮度值的大小。天气状况的种类主要有晴、多云、阴、阵雨、雷阵雨、冰雹、雨夹雪、小雨、中雨、大雨、暴雨、大暴雨、特大暴雨、小雪、中雪、大雪、暴雪、雾、冻雨、沙尘暴、霾、霰等。在不同的天气状况条件下，隧道洞外亮度值也不一样，因此隧道内照明灯具的调光控制模式也应做相应改变。如《公路隧道照明设计细则》(JTG/T D70/2-01—2014)中对隧道白昼照明调光设计要求如下：加强照明应根据洞外亮度和交通量变化，进行入口段、过渡段和出口段的调光方案设计，可按表 3-5-4 所示进行调光分级组合。按不同季节、不同天气、交通量变化来调节隧道入口段、过渡段和出口段的亮度水平以使隧道内加强照明亮度适应于洞外亮度的变化，从而使得隧道照明更加科学合理，绿色节能。

表 3-5-4　调光分级表

季节及天气	调光分级	洞外亮度/(cd/m²)	交通量 N(辆/(h·ln))	
			单向交通	双向交通
夏季晴天	Ⅰ	L_{20}	≤350	≤180
	Ⅱ		350＜N＜1200	180＜N＜650
	Ⅲ		≥1200	≥650
其他季节晴天/夏季云天	Ⅳ	$0.5L_{20}$	≤350	≤180
	Ⅴ		350＜N＜1200	180＜N＜650
	Ⅵ		≥1200	≥650
其他季节云天/夏季阴天	Ⅶ	$0.25L_{20}$	≤350	≤180
	Ⅷ		350＜N＜1200	180＜N＜650
	Ⅸ		≥1200	≥650
其他季节阴天/重阴天	Ⅹ	$0.13L_{20}$	≤350	≤180
	Ⅺ		350＜N＜1200	180＜N＜650
	Ⅻ		≥1200	≥650

3.6　容许的交通风险

虽然国内外对于由隧道照明质量所确定的容许的交通风险未有规定，但事实上它是存在的。这个结论可以从国内外标准的内容中得出。

1. L_{20} 容许的交通风险

国内外隧道照明标准都采用了 L_{20} 这一参数，见其定义为一年中第 75 个最大洞外亮度值。从这里可以得出，全年中其余 74 个最大洞外亮度时的天气状况，隧道照明并不能满足洞内外亮度差产生的不利影响，在隧道照明的配置上是不满足的，存在交通风险。

2. 《高速公路隧道监控系统模式》容许的交通风险

《高速公路隧道监控系统模式》(GB/T 18567—2010)假定了隧道的交通事故率，行业标准应满足国家的要求，因此隧道照明应有容许的交通风险。

综上所述，隧道照明不可能保证任何车辆、任何时候、任何驾驶者在隧道内行驶时不存在交通风险，否则隧道照明的投资和运营费用将是无法承受的。

3.7 经 济 条 件

《公路隧道照明设计细则》(JTG/T D70/2-01—2014)对三、四级公路隧道是否设置隧道照明补充规定了“根据实际情况确定”。

事实上，无论哪类、哪级公路隧道，如何建设照明系统，都存在着“建得起”和“养得起”的问题。例如，高寒地区公路隧道，若经济条件差，容许的交通风险大，则不必考虑雪盲问题；若经济条件一般，容许的交通风险与相关标准中的规定相当，则可在一定程度上考虑雪盲问题；若经济条件好，隧道在路网中特别重要，就应考虑雪盲问题。

经济条件应该是隧道照明必不可缺的参数，我国地域辽阔，经济发展不平衡，有了这一参数，就能探讨三、四级公路隧道，高寒地区公路隧道等特殊情形如何设置隧道照明系统，本书将在后续章节阐述。

3.8 交通流特征

交通流特征包括交通组成、交通行为、交通量和计算行车速度。

3.8.1 交通组成

交通组成是指各种车型在交通流中所占的比例。

交通组成主要考虑货车对照明的影响。当大车与重载车多时，隧道内废气的排放量大，而车辆行驶过程中排放的大量微细固体颗粒物(烟尘)悬浮在洞内空间，往往不能及时迅速消散，形成烟雾，吸收和散射汽车头灯和照明灯具发出的光，使隧道内部能见度降低，导致所需隧道照明规模增大。

我国目前不考虑货车对照明的影响。事实上，由于货车的制动距离和货车自身的长度都大于小车，因此不考虑货车对照明的影响，会增大交通风险。

3.8.2 交通行为

交通行为是指受思想支配而表现出来的外表活动、行为举止。

交通行为可分为以下几种类型：

(1)单向交通自由行驶；

(2)单向交通跟踪行驶；

(3)单向交通超车行驶；

(4)双向交通自由行驶；

(5)双向交通跟踪行驶；

(6) 双向交通超车行驶。

不同的交通行为需要的安全视距不同，从而照明需求也不同，详细分析见第 5 章。

3.8.3 交通量

1. 定义

交通量是指单位时间内通过的车辆数，分析中常用到混合交通量和换算成小汽车的交通量，即

$$Q = \frac{N}{T} \tag{3-8-1}$$

式中，Q 为交通量，单位为辆/h、辆/min 或辆/d 等；N 为观测时段内通过的车辆数；T 为观测时段长度。

观测时段长度与车头时距具有如下关系：

$$T = \sum_{i=1}^{N} h_i \tag{3-8-2}$$

式中，h_i 为第 i-1 辆车与第 i 辆车的车头时距。

结合式(3-8-2)可得交通量与平均车头时距的关系为

$$Q = \frac{1}{\bar{h}} \tag{3-8-3}$$

式中，$\bar{h}$ 为平均车头时距。

交通量的调查方法主要有人工计数法、浮动车法、自动检测法和摄像法等，其中，自动检测仪器主要有感应线圈检测器、超声波检测器、雷达检测器等。

在实际应用中，由于应用的场景不同，交通量的统计检测也不同，主要有三种，包括平均日交通量、高峰小时交通量和设计小时交通量。

1) 平均日交通量

平均日交通量(ADT)是指某段时间内每天通过道路某一点、某一断面或某车道的平均交通量，其表达式为

$$\text{ADT} = \frac{1}{n}\sum_{i=1}^{n} Q_i \tag{3-8-4}$$

根据所取时间段长度可以将平均日交通量分为年平均日交通量(AADT)、月平均日交通(MADT)和周平均日交通量(WADT)。其中，年平均日交通量是道路交通设施规划、设计及运营管理的重要依据，其计算表达式为

$$\text{AADT} = \frac{1}{D}\sum_{i=1}^{D} Q_i \tag{3-8-5}$$

式中，D 为观测年总天数，一般取 365 天，闰年取 366 天。

2) 高峰小时交通量

城市道路的交通量呈马鞍形，交通量呈高峰状况的小时称为高峰小时，高峰小时内的

交通量称为高峰小时交通量。高峰小时交通量对城市道路隧道照明系统的设计及运营管理具有重要意义。

高峰小时交通量占全天交通量之比称为高峰小时流量比，其值一般在 8%～12%，它反映高峰小时交通量的集中程度。

t 分钟高峰小时系数（PHF_t）即高峰小时交通量与以高峰小时内某时段 t 内最大交通量持续一小时的交通量之比，其比值不仅反映了城市道路的高峰小时交通量的分布情况，而且能评价城市道路的交通拥堵情况，计算表达式为

$$PHF_t = \frac{\text{高峰小时交通量}}{(\text{时段}\ t\ \text{内统计最大交通量})\dfrac{60}{t}} \tag{3-8-6}$$

3）设计小时交通量

设计小时交通量是为了保证在规划期内道路能满足绝大多数车辆顺利通过而不造成严重阻塞，同时避免资源浪费及投资效益不高而确定的合适小时交通量。设计小时交通量通常取第 30 位最高小时交通量，第 30 位最高小时交通量就是将一年 365 天测得的 8760 个小时交通量从大到小按序排列后排在第 30 位的小时交通量。设计小时交通量是隧道照明系统设计及控制过程中重要的考量因素。

2. 影响

交通量是影响隧道照明的主要参数之一，设计交通量取值的大小直接影响服务水平、交通行为，同时也对照明系统规模和运营费用产生直接的影响。

以双车道单向交通为例，根据我国《公路隧道照明设计细则》（JTG/T D70/2-01—2014），设计交通量≥2400 辆/h 与设计交通量≤2400 辆/h 相比，入口段照明要多投入 40%的照明设施，而入口段照明功率一般占隧道照明总功率的 40%以上。换句话说，前者比后者运营费用至少高出 16%。

对于新建隧道，分期实施是解决这一问题的主要方法，应根据光源类型，决定如何进行分期。对于光效发展不大的光源，分期是否合理，主要影响初期投资的大小、资金的利用率和空载造成的电能额外消耗，初期时间太短，会造成过早更换变压器，反之则会造成变压器长期空载率太高，加大运营成本；对于光效发展较快的光源（光效增加的速度大于交通量增加需要的照明照度增加的速度），初期时间取光源的平均寿命时间比较合理，可以最大限度地提高初期投资的利用率，减少不必要的空载，降低运营成本。

3.8.4　计算行车速度

1. 定义

计算行车速度是指在一定安全度前提下，隧道照明系统能够保证行车安全的最大速度。

实际上，除了计算行车速度（也称为设计速度），实用中根据观测时间段及观测距离的长短可以将交通流速度分为瞬时速度、时间平均速度、区间平均速度。

1）瞬时速度

瞬时速度也称为即时速度、地点速度，即车辆通过道路某一点时的瞬时车速，其计算表达式为

$$V=\frac{\mathrm{d}x}{\mathrm{d}t}=\lim_{t_2-t_1\to 0}\frac{x_2-x_1}{t_2-t_1} \tag{3-8-7}$$

式中，x_1 和 x_2 分别为时刻 t_1 和 t_2 的车辆位置。

瞬时速度可采用人工测速法、雷达测速法、自动检测法、视频检测法等获得。

2）时间平均速度

时间平均速度即一定时间段内通过道路某断面的所有车辆的瞬时速度的算术平均值，其计算表达式为

$$\overline{V_{\mathrm{t}}}=\frac{1}{N}\sum_{i=1}^{N}V_i \tag{3-8-8}$$

式中，$\overline{V_{\mathrm{t}}}$ 为时间平均速度；V_i 为第 i 辆车的瞬时速度；N 为观测时间段内通过的车辆总数。

3）区间平均速度

区间平均速度是指在某一时刻道路某路段内所有车辆瞬时速度的算术平均值，其计算表达式为

$$\overline{V_{\mathrm{s}}}=\frac{\sum_{i=1}^{N}\Delta s_i}{\sum_{i=1}^{N}\Delta t_i} \tag{3-8-9}$$

式中，$\overline{V_{\mathrm{s}}}$ 为区间平均速度；Δs_i 为第 i 辆车所行驶的距离增量；Δt_i 为第 i 辆车所行驶的时间增量。

当观测路段长度 S 一定时，区间平均速度的计算表达式为

$$\overline{V_{\mathrm{s}}}=\frac{1}{\frac{1}{N}\sum_{i=1}^{N}\frac{1}{V_i}}=\frac{NS}{\sum_{i=1}^{N}t_i} \tag{3-8-10}$$

此时时间平均速度与区间平均速度之间存在如下换算关系：

$$\overline{V_{\mathrm{s}}}=\overline{V_{\mathrm{t}}}-\frac{\delta_{\mathrm{t}}^2}{\overline{V_{\mathrm{t}}}} \text{ 或 } \overline{V_{\mathrm{t}}}=\overline{V_{\mathrm{s}}}+\frac{\delta_{\mathrm{s}}^2}{\overline{V_{\mathrm{s}}}} \tag{3-8-11}$$

式中，δ_{t} 为时间平均速度观测值的均方差；δ_{s} 为区间平均速度观测值的均方差。

2. 影响

计算行车速度对公路隧道照明的影响，通过隧道内车辆的行驶速度不同对隧道内亮度要求也不同，为了提供准确的道路照明需求信息，车速的测量值也是对隧道照明系统进行调控的一个不可缺少的重要参数：其一，照明系统可以通过目前提供的车辆时速和方位，来判断下面该提供的灯具照度信息，以及该如何作业；其二也可以通过提供的车辆时速和

方位这些信息来验证能否符合调控需求。此外，计算行车速度在公路隧道照明中也是一个极为敏感的参数，车速的高低会影响驾驶者对隧道内亮度的适应快慢，随着车速的不断增加，隧道这样的特殊环境会使驾驶者的视界越来越窄，随着速度的增加，人眼产生的这种视界变窄的“运动效应”会越来越强烈，使得驾驶者难以看清近处和两侧的障碍物。为了保证驾驶者更好地适应，确定隧道内照明亮度也应考虑此因素。

计算行车速度是隧道照明系统最重要的参数之一，其影响主要体现在费用、安全和驾驶者视野范围三个方面。

1）计算行车速度与费用

计算行车速度在公路隧道照明中是一个极为敏感的参数，对整个照明系统的投资与营运电费影响很大。日本东京湾海底隧道曾做过详细比较，若其他参数相同，仅是车速由80km/h提高到100km/h，其结果照明设备费提高60%～61%，营运电耗提高63%～66%。

俄罗斯、日本等曾做过现场实测，在车辆进入洞口前，会很自然地降速，普遍下降30%左右，进洞后再行回升。作者2003年对重庆成渝高速公路中梁山隧道、缙云山隧道的调查也证实了上述结论。这一现象对隧道照明影响较大，故世界道路协会PIARC1995报告建议，凡通行货车的公路隧道，计算行车速度不超过80km/h。因此，在选用计算行车速度时应慎重。

2）计算行车速度与安全

试验表明，在干燥的水平路面上，时速为80km/h时制动距离约70m，时速为100km/h时制动距离101m，而时速为140km/h时制动距离达到173m，速度越快，事故风险越大。

美国运输部关于行车速度及速度限制的交通安全研究综合报告指出：交通事故发生概率或交通事故严重程度，通常会随着限速值的降低而减小，反之，随着限速值的增加，交通事故数量通常会增加，车速每增加1km/h，伤害交通事故的数量增加约3%，交通事故造成的后果通常会更严重(图3-8-1)，并且在高速公路上这一现象更为明显(表3-8-1)。

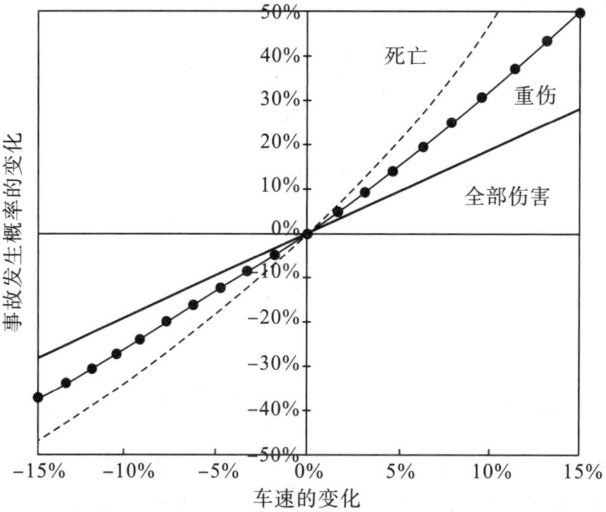

图3-8-1　车速变化对伤害事故的影响

表 3-8-1　限速值对交通事故的影响

参考文献	国家或州	限速变化情况	对速度和事故影响	参考文献	国家或州	速度值变化情况	对速度和事故的影响
限速值降低				限速值增加			
Nilsson	瑞典	110km/h ↓ 90km/h	速度 14km/h，死亡事故↓21%	Streff、Schultz	美国密歇根州	89～105km/h	乡间高速公路死亡和伤害事故明显增加
Engel	丹麦	60km/h↓ 50km/h	死亡事故↓24% 伤害事故↓9%	Pant、Adhami、Niehaus	美俄亥俄州	89～105km/h	伤害和物损交通事故增加
Peltola	英国	100km/h↓ 80km/h	速度↓4km/h 死亡事故↓14%	Sliogeris	澳大利亚	89～105km/h	伤害交通事故增加 25%
Sliogeris	澳大利亚	110km/h↓ 100km/h	伤害事故↓19%	Lave、Elias	美国 40 个州	89～105km/h	全国范围内致死率下降 3%～5%，40 个州中有 14 个州下降明显
Finch	瑞士	130km/h↓ 120km/h	速度↓5km/h 死亡事故↓12%	Lowe Safety Task Force	美国艾奥瓦州	89～105km/h	死亡交通事故增加 36%
Scharping	德国	60km/h↓ 50km/h	交通事故↓20%	Parker	美国密歇根州	各种增加	无明显变化
Newste、Mwllan	澳大利亚	↓5～20km/h	无明显变化	Newstead、Mullan	澳大利亚	提高 8～24km/h	事故增加 8%，限速由 60km/h 提高到 80km/h 时事故减少了 35%
Parker	美国 11 个州	↓5～20km/h	无明显变化	Parker	美国 22 个州	提高 8～24km/h	无明显变化
限速值增加							
Garber Grahan	美国 40 个州	88km/h↓ 104km/h	事故死亡人数↑15%，有 12 个州↓或无明显变化	Mcknight Kleinang tippets	美国	89～105km/h	死亡事故增加 20%，速度增加 48%

注：本表参考作者的专著《公路隧道节能技术》（2010 年人民交通出版社）。

3）计算行车速度与驾驶者视野范围

汽车速度越快，驾驶者反应的时间越长；车速越慢，反应的时间越短。因为车速越快，驾驶者的视野越窄，看不清视野以外的情况，使得自己的情绪处于紧张状态，导致反应时间变长。

对于视力为 1.2 的驾驶者，时速为 70km/h 时，视力下降到 0.7，视野范围为 60°、时速为 100km/h 时，视野范围则只有 40°。

3.9　隧 道 长 度

隧道长度是影响隧道照明系统的最主要因素之一，隧道照明设施数量与投资和隧道长度成正比。隧道越长，无疑照明系统投资与运营费用越大。设隧道共有 m 个照明段落，第 i 个段落长度为 L_i，需要照明的区域宽度相同且为 W，照明功率密度为 p_i（W/m^2），最

小功率密度为 p^*(W/m²)，段落 i 内 p_i 与 p^* 之比为 α_i，即

$$p_i=\alpha_i p^* \tag{3-9-1}$$

则整个隧道所需照明功率 P(W)为

$$P=Wp^*\sum\alpha_i L_i \tag{3-9-2}$$

对于中等以上长度的隧道，当 L_{20}、v、Q、路面反射系数和灯具相同时，其入口段、过渡段和出口段所需的照明功率是相同的，令其长度之和为 L_{rgc}(m)，功率密度为 p_{rgc}(W/m^2)，中间段功率密度为 p_{z}(W/m^2)，隧道长度为 L，p_{rgc} 与 p_{z} 之比为 α_{rgc}，则式(3-9-2)可改写为

$$P=Wp^*\alpha_{\mathrm{rgc}}\cdot L_{\mathrm{rgc}}+Wp^*(L-L_{\mathrm{rgc}}) \tag{3-9-3}$$

由式(3-9-3)可见，隧道照明功率与隧道长度成正比，与隧道需要照明的区域成正比。

设 y 为隧道入口段、过渡段和出口段照明功率之和与中间段照明功率之比，即

$$y=\frac{Wp^*(L-L_{\mathrm{rgc}})}{Wp^*\alpha_{\mathrm{rgc}}\cdot L_{\mathrm{rgc}}} \tag{3-9-4}$$

或者

$$y=\frac{1}{\alpha_{\mathrm{rgc}}}\left(\frac{L}{L_{\mathrm{rgc}}}-1\right) \tag{3-9-5}$$

由式(3-9-5)可以得出，若 $y>1$，则中间段照明耗电易大于其他段落用电量之和，若 $y<1$，则反之，式(3-9-5)也是分析中间段是否应该进行照明控制的依据。

3.10　灯　　具

隧道照明灯具有球形发光(即散射光光源)与定向发光(如 LED 照明光源、光纤照明)两种类型。

灯具是影响隧道照明的主要参数之一，本节主要阐述评价灯具的指标和如何选取照明灯具。

3.10.1　评价指标

1. 光通量

光通量是光源在单位时间内发出的光量，即辐射功率(或辐射通量)能够被人眼视觉系统所感受到的那部分有效当量。光通量的符号为 Φ，单位为流明(lm)。根据光谱辐射通量 $\Phi(\lambda)$，由式(3-10-1)可确定光通量：

$$\Phi=K_{\mathrm{m}}\int_{380}^{780}\Phi(\lambda)\cdot V(\lambda)\mathrm{d}\lambda \tag{3-10-1}$$

式中，$V(\lambda)$为相对光谱光视效率；K_{m} 为辐射的光谱光视效能的最大值，lm/W，1977 年由国际计量委员会确定 K_{m} 值为 683lm/W(人眼可见光的波长 $\lambda_{\mathrm{m}}=555\mathrm{nm}$)。

2. 发光强度

发光强度为光源在给定方向上的发光强度，是该光源在该方向的立体角元 $\mathrm{d}\Omega$ 内传输的光通量 $\mathrm{d}\Phi$ 除以该立体角元，即

$$I=\frac{\mathrm{d}\Phi}{\mathrm{d}\Omega} \tag{3-10-2}$$

发光强度的单位是坎德拉(cd)，1cd = 1lm/1sr。空间各个方向的光强之和就是光通量。

3. 光亮度

光源发光表面上某一点处的亮度是该面元 $\mathrm{d}S$ 在给定方向上的发光强度除以该面元在垂直于给定方向的平面上的正投影面积($\mathrm{cd/m^2}$)，即

$$L=\frac{\mathrm{d}I}{\mathrm{d}S\cdot\cos\theta} \tag{3-10-3}$$

4. 光照度

表面上一点的照度是入射在包含该点面元上的光通量 $\mathrm{d}\Phi$ 除以该面元面积 $\mathrm{d}S$，即

$$E=\frac{\mathrm{d}\Phi}{\mathrm{d}S} \tag{3-10-4}$$

单位为 lx。

5. 显色性

太阳光和白炽灯均辐射连续光谱，在可见光的波长范围(380～780nm)内，包含着红、橙、黄、绿、青、蓝、紫等各种色光。物体在太阳光和白炽灯的照射下，显示出它的真实颜色，但当物体在非连续光谱的气体放电灯的照射下，颜色就会有不同程度的失真。光源对物体真实颜色的呈现程度称为光源的显色性。

为了对光源的显色性进行定量评价，引入显色指数的概念。以标准光源为准，将其显色指数定为 100，其余光源的显色指数均低于 100。显色指数用 Ra 表示，Ra 值越大，光源的显色性越好。

6. 色温

光源色温、照度的高低变化及组成，不但影响人的视觉偏好，而且影响空间的氛围。在不同照度的环境下，应运用不同色温的光源，才能获得舒适的照明效果。

将一标准黑体加热，温度升高到一定程度时颜色开始由深红—浅红—橙黄—白—蓝，逐渐改变，某光源与黑体的颜色相同时，将黑体当时的热力学温度称为该光源的色温，其以单位 K 来表示。

光源色温不同，驾驶者的心情也不同，不同环境的色温，以及色温、照度与驾驶者心情的关系分别如表 3-10-1 和表 3-10-2 所示。

表 3-10-1　不同光源环境的相关色温

光源	色温/K	光源	色温/K
北方晴空	8000～8500	高压汞灯	3450～3750
阴天	6500～7500	暖色荧光灯	2500～3000
夏日正午阳光	5500	卤素灯	3000
金属卤化物灯	4000～4600	钨丝灯	2700
下午日光	4000	高压钠灯	1950～2250
冷色荧光灯	4000～5000	蜡烛光	2000

表 3-10-2　色温、照度与驾驶者心情的关系

照度/lx	暖色(色温小于 3300K)	中间色(色温为 3300～5000K)	冷色(色温大于 5000K)
＜500	舒适	自然	清冷
500～2000	刺激	舒适	自然
＞2000	闷热	刺激	舒适

3.10.2　灯具选择

1. 隧道照明灯具的主要类型与特点

隧道照明中一般选用的光源主要有荧光灯、高压钠灯、低压钠灯和高压汞灯，一些新型光源，如电磁感应灯、LED 灯等也开始在隧道中进行应用。

1) 低压钠灯

低压钠灯光效高于其他光源，但是它的显色性差，使用寿命短。

2) 高压汞灯

高压汞灯是利用汞放电时产生的高气压获得可见光的电光源，由荧光泡壳和放电管两部分组成。它的光效与普通荧光灯差不多，使用寿命却比较长。缺点是显色性差些，发出蓝绿色的光，缺少红色成分，除照到绿色物体上，其他多呈灰暗色，而且不能瞬时启动，吸引蚊虫，不能调光。

3) 高压钠灯

高压钠灯具有高效、节能、光通量高、透雾性强、光色柔和、寿命长等优点，是目前公路隧道照明中使用最多的光源。

4) 紧凑型荧光灯

紧凑型荧光灯光效比普通荧光灯高 5%，光效和寿命均为普通白炽灯的 5 倍以上，加

之显色性高，在城市隧道中也有使用，功率因数达到 0.98，谐波失真总量小于 10%，灯的寿命提高到 10000h。

5) 金属卤化物灯

金属卤化物灯又称金属卤素灯，发出纯白色光，显色指数为 65～90，光效为 80～100lm/W，平均寿命 8000～20000h，用汞量仅为汞灯的 1/10，对环境污染非常小，在相同照度下，比荧光灯节能 30%。

6) 电磁感应灯

高频无极灯又称高频等离子体无极放电灯，或高频等离子体放电无极灯，主要特点是无灯丝或电极，其采用了有源功率因数补偿(功率因数 $\eta \geqslant 0.98$)，在电源电压大范围变动(160～265V)下恒压供电，输出稳定的光通量，由于灯泡的发光涂层为三基色粉，发光柔和，也使眩光大大降低。其光效≥60lm/W、显色性≥80、寿命≥5 万 h、无频闪(工作频率 2.65MHz)、真环保(不含液态汞)、可调光(调光范围 30%～100%)、可立即启动和再启动。在江西九景高速公路雁列山隧道的使用效果如表 3-10-3 所示。

表 3-10-3　驾驶者照明效果调查结果

调查项目	效果评价	选择的人数	占总数比例/%
光线强弱对比(感觉)	电磁感应灯强	172	89.12
	钠灯强	16	8.29
	二者差不多	5	2.59
安全性对比	电磁感应灯强	171	88.60
	钠灯强	15	7.77
	二者差不多	7	3.63
总体效果	电磁感应灯强	165	85.49
	钠灯强	22	11.40
	二者差不多	6	3.11

7) 陶瓷金属卤化物灯

陶瓷金属卤化物灯是将金属卤化物灯的石英放电管改成陶瓷材料的放电管的金属卤化物灯，光电性能一致性和稳定性较好，光效为 90lm/W，显色指数为 83，有效寿命达 12000h。其性能优于一般金属卤化物灯。

8) 白光 LED 灯

白光 LED 灯具有光效高、显色性高、电压低、电流小、亮度高、寿命长(50000～100000h)、响应快速、运行成本低等优点，但是推广使用中还存在光通量有待进一步提高、散热不好、成本过高等问题。

常用隧道照明光源性能对比如表 3-10-4 所示。

表 3-10-4　常用隧道照明光源性能汇总表

光源种类	光效/(lm/W)	显色指数 Ra	色温/K	平均寿命/h
高压钠灯	100～120	23/60/85	1950/2200/2500	24000
低压钠灯	200	23	1750	28000
金属卤化物灯	75～95	65～92	3000/4500/5600	6000～20000
高压汞灯	50	45	3300～4300	6000
紧凑型荧光灯	60	85	全系列	8000
电磁感应灯	55～70	85	3000～4000	40000～80000
白光 LED 灯	107～114	90	6400	100000

注：光效未考虑灯具的利用系数。

2. 隧道照明灯具比选指标

隧道内环境差、污染大，清洗隧道墙壁的表面需要用到的化学溶剂、加压的热水流以及机械清洗设备都可能对隧道的照明系统产生有害作用。对隧道照明光源比选，可从安全、环保、可靠、经济、高效及维护管理 6 个方面进行，为了提高评价的可操作性，将这些指标分为定性指标和定量指标。

1)定性指标

定性指标用于照明灯具是否满足工程需要的基本性能分析，主要包括安全性(适应的最高温度是否满足消防要求)、电网的适应性(电压与频率范围)、环境适应性(防护与防腐等级)、环保性(发光体有毒气体的排放量及电磁辐射、废旧灯具和光源的可回收性)和维护管理的可操作与方便性(包括光源的可控性——在运营过程中，是否能根据气候、交通量、速度、交通工况的实时状态进行照明控制，以及油烟与灰尘的免黏附能力)。

2)定量指标

定量指标主要包括灯具效能、色温、平均寿命、单价和光源的显色性。

(1)灯具效能。灯具效能是指隧道照明灯具照射到需要照明区域，每耗能 1W 时实际得到的流明数。灯具效能越大，耗能越小。

(2)色温。隧道照明灯具的色温一般不应大于 5000K。

(3)平均寿命。灯具的平均寿命是指在一定的环境与应用条件下，灯具连续工作到保留 70%光通量的平均无故障持续时间。

(4)单价。单价是指隧道照明灯具照射到需要照明区域每流明的价格。

(5)光源的显色性。显色性是光源对物体颜色的显现程度，用显色指数 Ra 表示。目前，对照度与显色性的关系的研究结果表明，从视觉心理角度来看，在相同照度下，显色性好的光源比显色性差的光源在感觉上要亮。因此，采用显色指数较高的光源照明时，可以适当降低照度标准。

3. 隧道照明灯具的比选方法

隧道照明灯具的比选方法有定性比选和定量比选两种。定量计算包括照明经济性计算和照明系统全寿命周期成本估算等。照明经济性计算主要是计算各个照明方式的初次设备投资费、寿命周期内用电费用和维护费用。

1) 单个灯具投资经济性计算

为了计算灯具的经济性，必须采用一些适当的比较单位，这里比较单位取为$C_{光源}$(元)，即光源在额定寿命(经济寿命，以下相同)期内，每单位时间和单位光通量所需要的照明费用。$C_{光源}$的计算公式为

$$C_{光源}=\frac{P+C_L}{\Phi \cdot T} \tag{3-10-5}$$

式中，C_L为灯具单价，元/只；Φ为灯具光源光通量，lm；T为灯具寿命，h；P为灯具寿命周期内消耗的电费，元。P的计算公式为

$$P=\frac{(W_L+W_B)\cdot T}{1000}\rho \tag{3-10-6}$$

式中，W_L为光源输入功率，W；W_B为镇流器或变压器损失功率，W；ρ为电费单价，元/(kW·h)。

2) 照明系统灯具的经济性

影响灯具经济性的因素有很多，包含使用照明灯具的数量、灯具的单价、灯具装配线的单价、折旧年数、灯具清扫费单价、灯具所耗电费等。因此，在比较灯具的经济性时，必须将上述因素一起考虑，灯具产生单位光通量每月所需的照明费用为

$$C_{灯具}=\frac{C_a\cdot t+C_c}{\Phi_0(1-gt/2)\cdot t} \tag{3-10-7}$$

式中，C_a为灯具的折旧费、灯具所耗电费、灯具价格费，元/月；C_c为平均每清扫一次所需费用；t为清扫周期，月；Φ_0为光源初始光通量，lm；g为由于污染灯具输出光通量减光的比例，月$^{-1}$。由式(3-10-7)可知，t和g是一对矛盾的变量，在灯具寿命周期内，要求得到尽量多的光通量而花最少的费用。图 3-10-1 为灯具清扫周期与光输出比例的关系，可以看出，增加清扫次数就可以增加光通量的输出，但也会增加费用。

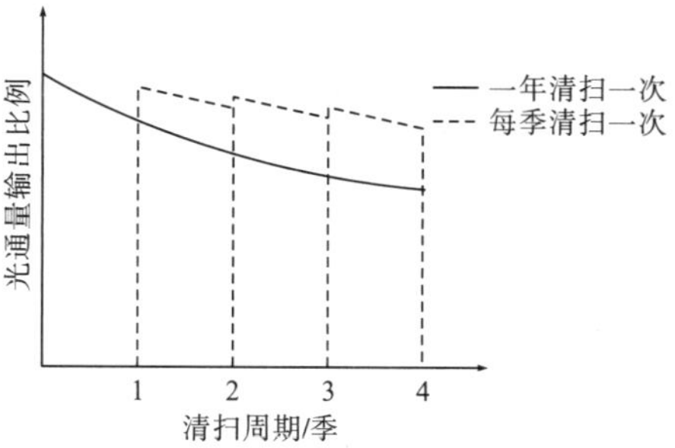

图 3-10-1　灯具清扫周期与光通量输出比例的关系

在求清扫周期时需将 $C_{灯具}$ 对 t 求导，并令其等于零，得

$$\mathrm{d}C_{灯具}/\mathrm{d}t=0,\quad t^2+2\frac{C_c}{C_a}\cdot t-2\frac{C_c}{C_a g}=0 \tag{3-10-8}$$

因其中第二项的值相当小，可省略，从而得

$$t=\sqrt{2C_c/(C_a g)} \tag{3-10-9}$$

式中，光通量下降比例 g 可实测得出或查表得到，它与使用地周围环境条件和灯具形式有关，对一般近似计算，可取开启式灯具 $g=0.024$，密封式照明 $g=0.020$。

式(3-10-7)表明，若清扫人工费用 C_c 很低，并且与每月所需的照明费 C_a 相差很多，则清扫周期 t 可短些；反之，清扫周期则应长些。污染严重时 g 值大些，清扫周期也应短些。可见，低于或高于用式(3-10-7)求出的 t 值，都是不经济的。

3.11 辅助照明

辅助照明是近几年发展起来的。虽然早在 2003 年就有国外产品引入我国，但并未形成系统和产业，特别是交通运输公路隧道亮化工程的实施，极大地改善了隧道内行车视觉环境，对降低交通事故、减少事故危害和逃生救援，都有非常重要的作用。

辅助照明在隧道照明设置中，对照明亮度和均质度的共同点忽略不计，其可分为视线诱导、墙面亮化和景观照明三种类型。

3.11.1 视线诱导

视线诱导包括反光环、反光标线、反光道灯、LED 诱导灯、墙面反光方向标线等。《公路隧道发光型诱导设施》(JT/T 820—2011)、《道路交通标志和标线 第 4 部分：作业区》(GB 5768.4—2017)等对于如何设置视线诱导设施已有规定，在此不再赘述。

3.11.2 墙面亮化

墙面亮化包括反光型与发光型两种类型。反光型以隧道灯和汽车灯为光源。通过提高墙面的反射系数，改善隧道的光环境。发光型目前主要采用蓄能发光材料，当隧道内试验断电且无应急电源时，隧道墙面涂装的蓄能发光材料提供的亮度可有效减少交通事故，特别是三、四级公路隧道，由于一般都无设置照明系统，墙面涂装蓄能发光材料可显著改善行车环境。

3.11.3 景观照明

景观照明最早见于挪威莱尔多公路隧道，我国设置景观照明的第一座隧道是世界规模

第一、长度第二(全长 18.02km)的秦岭终南山隧道。整座隧道设置了三处景观带，对于减少驾驶行车的心理压力、降低交通事故风险，起到了良好的作用。

3.12 管　理

管理主要包括灯具维护和照明控制两个方面。

3.12.1 灯具维护

隧道照明设施只有在良好的维护条件下才能连续和有效地运行。运行维护是指在照明系统投入使用后，为了使其达到预期寿命和最佳照明状态而采取的一系列的人为保养措施，维护不当会导致光源光通量下降、灯泡损坏，使得照明水平和质量降低，如图 3-12-1 所示。

所有的照明系统一旦投入使用，伴随的就是光的衰减，这是因为灰尘附着在光源和灯具表面而降低了其透射和反射能力，如果不及时对照明灯具进行维护，其照明效果就会不断下降，进而隧道路面的可视度也会下降，就会产生安全隐患；而且光的衰减一般不会被立刻注意到，因为它是逐步发生的，但问题会随着时间的积累而产生，因此设计周全的维护程序和维护方案，定期对照明系统进行维护是非常重要的。维护时要正确而彻底地清洁灯具表面，保证隧道所需的照明水平，使设备安全运行，确保行车安全。

进行照明系统维护，应确定合理的维护周期、建立完善的隧道照明运营维护管理制度并及时更换隧道照明灯具。对达到额定使用寿命的光源电器进行及时更换，以免其在超出额定寿命的低光通量、高能耗情况下运行，确保照明质量，避免电能浪费。

灯具维护是否科学，对灯具的影响主要体现在三个方面。

图 3-12-1　隧道内墙壁污染情况图

1. 平均寿命

任何一种灯具都不可能有一个精确规定的寿命，灯具何时损坏也无法预知，因为灯具的寿命和镇流器的型式、工作电压、开关频率、大气温度、点燃位置、机械振动的严重性都有直接的关系。为了对灯具的使用寿命有一个大体估计，灯具制造厂商在实验室控制条件下，采取对标准灯具进行点燃的试验，得到某种指定类型灯具的“损坏率曲线”，每一条曲线表示在不断增加点燃的时间中，灯具损坏率达到50%时所点燃的寿命，称为灯具的平均寿命。

2. 光通量衰减

灯具在使用过程中，随着时间的推移，光源产生的光通量会逐渐衰减，光源的类型不同，灯光光通量衰减也有所区别。和灯具损坏一样，在实际运行条件下确定灯具的光通量衰减也是很难的，灯具制造厂商也只能在实验室控制条件下确定某些灯具的光通量的衰减曲线。设计者在进行隧道照明系统维护设计时应根据光源制造厂商试验得到的表格或曲线来确定隧道照明光源的更换时间。

灯具的污垢程度也是光通量衰减的重要参数之一。随着光源使用时间的加长，灯具、镜头、折射物以及反光镜上都会沉积大量灰尘，来自光源的灯光就会被这些灰尘堆积物分散(称为灰尘递减)，路面照射亮度随之也会受到衰减。一般来说，光源材料的性能越好，对塑料或玻璃器具、镜头、灯具反光镜的定期清洗投资越大，光源灰尘递减越小，反之则越大。

3. 灯具老化

灯具的老化表现在反射器和镜面反射性能的逐渐衰退或者透明罩因腐蚀和变色造成的透光率的损失。自然，这种效果与灯具品种和其使用的材料有关。灯具老化造成的光输出损失是不能靠清洗来恢复的，对于一个封闭型的高质量灯具，它的光输出下降平均值应按每年 1%计算。

事实上，有专门的参数反映灯具的衰减，这就是灯具的养护系数 K，是指灯具在工作了一段时间后，其产生的光输出与刚开始工作时光输出的比值，又称为光衰减系数(light loss factor，LLF)。路灯的养护系数首先与光源的光衰减(lamp lumen depreciation，LLD)有关；其次与灯具上由于灰尘的进入和堆积造成的光衰减(luminaire dirt depreciation，LDD)有关，并与设备因素(equipment factor，EF)及隧道表面(隧道壁和顶棚)的反射递减有关。简化处理，可用 LLD 乘以 LDD 得出 LLF，即

$$\mathrm{LLF} = \mathrm{LLD} \times \mathrm{LDD} \tag{3-12-1}$$

式中，LDD 可由灯具的防护等级 IP 值、环境的污染情况，以及灯具的清洁频率等因素得出经验值，见表 3-12-1 和表 3-12-2。

表 3-12-1　光衰减系数

光源类型	工作时间				
	4kh	6kh	8kh	10kh	12kh
高压钠灯	0.98	0.97	0.94	0.91	0.90
金属卤化物灯	0.82	0.78	0.76	0.74	0.73
高压汞灯	0.87	0.83	0.80	0.78	0.76
低压钠灯	0.98	0.96	0.93	0.90	0.87
三基色直管荧光灯	0.95	0.94	0.93	0.92	0.91
卤粉直管荧光灯	0.82	0.78	0.74	0.72	0.71
紧凑型荧光灯	0.91	0.88	0.86	0.85	0.84

表 3-12-2　LDD 和 IP 值的关系

清洁间隔/月	不同防尘和污染情况下的光衰减系数								
	最低 IP2 污染状况			最低 IP5 污染状况			最低 IP6 污染状况		
	高	中	低	高	中	低	高	中	低
12	0.53	0.62	0.82	0.89	0.90	0.92	0.91	0.92	0.93
18	0.48	0.58	0.80	0.87	0.88	0.91	0.90	0.91	0.92
24	0.45	0.56	0.79	0.84	0.86	0.90	0.88	0.89	0.91
36	0.42	0.53	0.78	0.76	0.82	0.88	0.83	0.87	0.90

3.12.2　照明控制

隧道照明控制是指依据洞外亮度，开启和关闭相应数量的照明灯具，使其既能满足安全行车的需要，又有利于节能的控制措施。照明控制是驾驶者在隧道内行车安全和舒适驾驶的重要保障。

在照明设计时：一方面，考虑到光源在寿命的末期，其发出的光通量还应能满足照明的需求，故隧道照明的初装亮度比实际需要亮度会高出 42.8%～66.7%；另一方面，由于隧道照明主要是为了解决白天人们进入隧道时光线由明到暗和出隧道时由暗到明的适应过程，而隧道外光线的强度，一年四季、一日十几个小时是不断变化的，故照明控制具有较大的节能空间。

照明控制不科学的情况比比皆是，如图 3-12-2 和图 3-12-3 所示。

照明控制是保证隧道照明系统高效运行的重要手段。照明控制方式有实时控制、时序控制和手动控制三种。

图 3-12-2　隧道内白天照明控制效果图(不科学，太暗)

图 3-12-3　隧道内夜间照明控制效果图(不科学，太亮)

1. 实时控制

根据隧道洞外、洞内设置的亮度检测器和车辆检测器的检测值，包括洞内外亮度、行车时速、交通量等参数的实测值，通过计算机系统对这些实测值分析对比后，由照明控制器自动控制各个照明回路的开关，实时调节洞内的照明系统，使洞内的照明亮度与外界自然光的亮度相适应，以使驾驶者能够适应隧道内外亮度的差异。这种方式是隧道照明控制最为有效的一种方式，既可以满足行车安全的需要，又能达到节约能源的目的。

2. 时序控制

事先对隧道洞内外的亮度值按年、月、周、日进行实测，然后将这些实测值编制成程序，并输入计算机，以这些值为参照依据由计算机自动调节控制洞内照明灯具。这种控制方法用于决策控制的参数是历史统计数据，没有结合实际天气的瞬时变化，存在比较大的误差，有时会出现电能浪费或照明亮度不足等问题，所以这种时序控制是在亮度检测系统或实时控制程序出现故障时才转入执行的控制方案。采用时序控制方式时，照明控制系统应具有远程修改时序设置的功能。

3. 手动控制

隧道照明控制系统还应设置手动控制功能，它是由人工根据不同的时段以及天气变化情况，而开关不同的照明配电回路。它的启用一般是在遇到火灾等紧急情况或遇到自动控制出现故障或检修等特殊情况时，通过隧道管理站或上一级管理机构远程手动遥控，或者在隧道变电所(站)进行现场手动控制。手动控制方式一般用于公路等级较低、隧道长度较短、照明级别相对较少的隧道照明系统。

不同的控制方式，适应于不同的交通工况与隧道等级。此外，应用节能控制设备，主要包括调光控制设备与调压控制设备，也是照明控制的重要手段，这两种方式分别在厦门海沧隧道、四川华蓥山隧道得到良好的应用，根据四川省节能技术服务中心的检测报告，调压控制可节能 29.8%。

第 4 章　公路隧道交通的时空成像与照明功率密度

本章给出针对隧道照明，白天与夜间的定义，根据隧道的分类，通过阐述每类隧道遇到的交通现象、交通特点、照明特点和行车风险与疏散救援特点，展现隧道照明的时空成像以及隧道照明应解决的问题、照明系统构成、照明段落划分及各照明段落功率密度。

4.1　概　　述

隧道照明是要解决白天的光适应问题，设置的照明系统的投资与运营费用应该与经济条件相适应。这就需要知道：

(1) 白天与夜间的概念；

(2) 照明服务于交通，不同的隧道交通有何特点；

(3) 照明系统的构成；

(4) 照明段落如何划分以便车辆能够适应从洞外的亮环境到洞内的暗环境；

(5) 照明到底用多少电，各照明段落单位长度用电有何区别。

本章主要阐述上述问题，本节仅论述白天与夜间的概念。

大多数道路路段都不进行照明，人们在夜间行驶时也没有感觉到不能满足行车需求；有些隧道不设置隧道照明也能满足行车需求，有些隧道不设置隧道照明，就容易产生交通事故，这些现象，说明白天与夜间的定义对隧道照明的重要性。

事实上，隧道照明的系统配置是按照白天和夜间根据不同功能隧道的行车需求分别进行设计的，而照明的对象是隧道内的行人或者车辆，因此讨论隧道照明的白天与夜间的概念，应该分别从行人和车辆的交通需求进行分析。

(1) 白天的一般定义。

白天的定义可以说是日升与日落之间或从黎明到黑夜之间的时间。从天亮算起，直到天黑，这段时间都属于白天，也可以说一天中有日光的这一段时间。这个定义可以看成白天与夜间的模糊定义。

(2) 行人交通白天的定义。

行人交通白天的定义可以通过分析行人的步行需求来得知。

一般来说，亮度越大，可辨识距离越长，视线越好，辨识同样长的距离需要的时间越短。对于行人交通，需要的最低亮度和行人的速度、每步行走的距离、人的反应时间以及人的反应时间内的辨识距离相关。

设人的步行速度为$v_{人}$ (m/s)，每步的步行距离为$d_{人}$ (m)，人的反应时间为$t_{人反}$ (s)，

则行人每步需要的时间$t_{步}$ (s) 为

$$t_{步} = d_{人} / v_{人} \tag{4-1-1}$$

设外部环境提供的亮度在人的反应时间内可辨识距离为$d_{照}$ (m)，则行人交通白天与夜间的分界线应同时满足式(4-1-2)和式(4-1-3)的要求：

$$d_{照} > d_{人} \tag{4-1-2}$$

$$t_{人反} < t_{步} \tag{4-1-3}$$

一般来说，人的步行速度为 1.2m/s，步距为 0.6m，反应时间为 0.1～0.5s，因此，式 (4-1-3) 一般都能满足。

(3) 汽车交通白天的定义。

对于隧道内行驶的车辆，白天照明是为了减少驾驶者刚进入隧道时的光不适应和出隧道后的光不适应，也就是进洞的“黑洞效应”和出洞的“白洞效应”；夜间照明是为了满足隧道内行车视距的基本需求，是通过照明控制，少开灯来满足交通需求与能源节约。从这个角度出发，针对行驶的车辆，白天的概念和洞外亮度、洞内亮度、人的视觉适应性特征相关。

目前，对白天与夜间的区分，从满足隧道照明视觉的适应性来考虑，尚没有明确的定义。要给出明确的定义，需要把照度和白天与夜间联系起来。

实际上，可以根据《公路隧道照明设计细则》(JTG/T D70/2-01—2014) 的规定，分析汽车交通白天的定义，这样做可以避免应用中的法律风险。

根据《公路隧道照明设计细则》(JTG/T D70/2-01—2014)，有三个参数和白天与夜间的区分相关。

(1) 照明控制的调光控制系数。

当洞外亮度大于 $0.13L_{20}$ 时，按白天进行调光控制，当洞外亮度小于 $0.13L_{20}$ 时，按夜间进行调光控制，因此 $0.13L_{20}$ 是白天与夜间的分界点。

(2) 照明设计的光过渡系数。

这一系数一般取不大于 1/3，换句话说，上游的光亮度与紧邻的下游的光亮度之比不大于 1/3 被认为能满足视觉的适应性。

(3) 照明设计误差。

当照明设计误差小于 25%时，不进行重新设计，也就是说，光亮度变化不超过 25%时，被认为能满足视觉的适应性。

分析以上三个参数，可以得到两点结论：

(1) 光过渡系数是个可变值，有一个范围。

这个结论可以从光过渡系数和照明设计误差得出，其变化范围为 1/4～1/3，只要满足光过渡不大于 1/4，则可满足视觉的适应性。

(2) 白天与夜间的区分点是个固定值，与隧道的设计车速无关。

这个结论可以从调光控制系数得出。

但是，分界点的这一确定方法，还有值得商榷的地方。

例如，若 $L_{20} = 5000$cd，交通量 $Q \geqslant 2400$ 辆/h，当洞外亮度为 650cd 时，按照《公路

隧道照明设计细则》(JTG/T D70/2-01—2014)，这时可以认为是夜间，可以采用夜间照明模式，不需要进行调光控制，人们进入隧道后，视觉应该是适应的。然而，由于这时处于白天和夜间的分界点，按白天照明应该也适应。这时，若按白天进行控制，隧道入口段、过渡段1(已不需要过渡段2，原来的过渡段2转化为中间段)、中间段、出口段的要求亮度分别为22.75cd、6.825cd、4.5cd、22.5cd，在视觉上，驾驶者尚能适应，若按夜间控制，则洞内亮度要求全部为4.5cd，也就是说，驾驶者从650cd的洞外环境，进入4.5cd的洞内环境，再从4.5cd的洞内环境，进入650cd的洞外环境，这时光过渡系数为650/4.5 = 144.44，远远大于光过渡系数和照明设计误差规定的1/4～1/3，显然在视觉上驾驶者是不适应的。

鉴于此，可以假设存在某一临界洞外亮度L_c，以其作为白天与夜间的分界点，无论是按白天进行控制，还是按夜间进行控制，只要驾驶者是在隧道的设计速度范围内行驶，在视觉上，其都能适应。基于此，白天与夜间的分界点可以定义如下：白天与夜间的分界点是指驾驶者以不大于隧道的设计速度行驶时，无论是按照白天进行隧道照明控制，还是按照夜间进行隧道照明控制，在视觉上驾驶者都能适应的亮度临界值。

根据上述定义，可以用下述步骤来确定白天与夜间的分界点：

(1)确定中间段照明所需的最大亮度$L_{中max}$和最小亮度$L_{中min}$。

(2)确定入口段需要的最小亮度$L_{入}$，其取值范围为$L_{中min}/k$～$L_{中max}/k$，其中k为入口段照明亮度折减系数，k的大小与隧道照明的设计速度相关。

(3)确定光过渡系数R_c。根据上述分析，可以取$R_c = 1.25$。

(4)确定白天与夜间的分界点范围。

由于处于白天与夜间的分界点时，无论是按照白天进行隧道照明控制，还是按照夜间进行隧道照明控制，在视觉上驾驶者都能适应，这时隧道照明段落只有入口段照明、基本段照明和出口段照明，而出口段照明和白天与夜间的分界点无关，因此L_c的大小只和中间段的需要照明亮度和入口段需要的照明亮度相关。换句话说，确定L_c的大小，就是当洞外亮度为L_c时，确定的入口段亮度和中间段亮度之比应该满足光过渡系数或者照明设计误差。因此，L_c可按下列公式计算：

$$L_{cmax} = R_c L_{中max} / k \tag{4-1-4}$$

$$L_{cmin} = R_c L_{中min} / k \tag{4-1-5}$$

L_c的范围应该是$R_c L_{中min}/k$～$R_c L_{中max}/k$。

式(4-1-4)和式(4-1-5)中，L_{cmax}是L_c的最大值，L_{cmin}是L_c的最小值，L_c之所以是个范围而不是唯一的值，是因为基本段的照明需求在改变。例如，若k=0.035，R_c=1.25，当中间段亮度为1cd、4.5cd、9cd时，白天与夜间的分界点分别为28.57cd、128.57cd和257.14cd；又如，若k=0.035，R_c=1.25，中间段亮度正常交通量时为4.5cd，稀少交通量时为2.5cd，则白天与夜间的分界点分别为128.57cd和71.42cd，当洞外亮度为128.57～71.42cd时，无论交通量多大，中间段亮度只能为4.5cd，否则可能会产生光过渡不适应，只有当洞外亮度降到71.42cd时，才可以执行夜间稀少交通量控制模式。

白天与夜间的分界点没有一个固定值，是一个范围，这是因为不同功能与等级的隧道，其入口段亮度折减系数不同、照明设计速度不同、中间段亮度需求不同，但光适应的效果相同。有了这一定义，就能使隧道照明控制的光过渡更合理，减少光过渡的不适应性。

4.2　短隧道照明的时空成像

4.2.1　短隧道的定义

对于短隧道，国内外没有统一的定义。

CIE 规范 CIE 2004 对短隧道按照光线通透率进行了分类，根据照明的要求，确定短隧道长度的界限值。

通透率是指在隧道入口前一个停车视距的主车道位置，驾驶者在 1.5m 高度看到的隧道出口面积占隧道入口面积的百分比。通透率主要由隧道平曲线及停车视距确定，停车视距由隧道纵坡、设计车速和路面摩擦系数确定。

根据光线通透率将短隧道分为几何短隧道和光学短隧道。几何短隧道是指驾驶者从隧道入口前的停车视距不能完全看到出口的短隧道，光学短隧道是指驾驶者能从隧道入口前的停车视距完全看到出口的短隧道。

根据隧道的平曲线大小可将短隧道分为直线短隧道和曲线短隧道。直线短隧道是指平曲线半径大于等于 1500m 的短隧道，曲线短隧道是指平曲线半径小于 1500m 的公路短隧道。

根据 CIE 2004 的规定，25m 以下的隧道不需要照明；25～75m 的隧道是否照明取决于出口的通透性、交通量等因素，即使照明，也只需要入口区域正常照明水平的 50%；75～125m 的隧道需要照明，根据出口的通透性、交通量等因素，照明水平为入口区域正常照明水平的 50%～100%。换句话说，CIE 2004 认为长度为 25～125m 的隧道为短隧道。

在我国，《公路隧道设计规范 第二册 交通工程与附属设施》(JTG D70/2—2014)将长度为 100～500m 的隧道称为短隧道。

4.2.2　短隧道照明的交通现象

大多数人都有在短隧道行车的经历，隧道的线形特征、交通特征、光环境特征不同，感觉也不同，短隧道可能有照明系统，也可能没有照明系统，主要有以下 8 种情况。

1. 无照明单向交通直线隧道

在这种情况下行车，问题主要发生在白天。驾驶者从很亮的洞外环境进入黑暗的隧道时，眼睛很不适应，最初看不见任何东西，会产生眩光、眼睛发黑的现象，短暂时间内一片漆黑，若前方有车，则可能发生尾撞。经过一定时间后，视觉敏感度才逐渐增高，能逐渐看见在暗处的物体，这种现象也就是暗适应。由表 4-2-1 可见，要避免尾撞需要的停车时距随车型和车速的不同而不同，货车比小车需要的停车时距要大，总的来说，停车时距在 3.6～6.48s，而视觉恢复需要数秒时间，完全恢复则时间更长(图 4-2-1)。

表 4-2-1　停车时距与停车视距的关系

设计速度/(km/h)	停车视距/m	货车停车视距/m	停车时距/s	货车停车时距/s
100	160	180	5.76	6.48
80	110	125	4.95	5.625
60	75	85	4.5	5.1
40	40	50	3.6	4.5

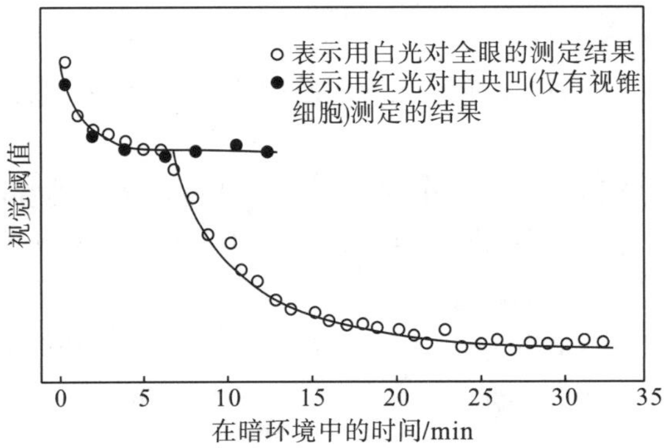

图 4-2-1　视觉恢复曲线

进入隧道后，由于隧道较短，行驶时间不会超过 0.5min，视觉的暗适应尚未完全恢复，又快要离开隧道，开始从暗环境进入明环境，不同的是明适应的进程很快，通常在几秒内即可完成。

2. 无照明单向交通曲线隧道

无照明单向交通曲线隧道同样会遇到无照明单向交通直线隧道的暗适应和明适应的问题。所不同的是，直线短隧道视距开阔，汽车大灯有助于识别一定范围的障碍物，而曲线隧道使得可辨识距离显著下降，与无照明单向交通直线隧道相比，其行车的风险系数更高。

3. 有照明单向交通直线隧道

有照明单向交通直线隧道同样会遇到暗适应和明适应的问题。与无照明单向交通直线隧道相比，所不同的是，其暗适应和明适应的问题没有无照明时程度那么严重。但是，由于照明费用较高，常常会遇到灯具不开、照明控制与洞外亮度不匹配造成的照度不足，因此驾驶者会感觉到在此隧道里行车有心理压力。

4. 有照明单向交通曲线隧道

有照明单向交通曲线隧道同样会遇到有照明单向交通直线隧道的问题。与有照明单向交通直线隧道相比，所不同的是，其视距范围减小，危险系数增大，若能采用一些交通工程措施，如墙壁贴瓷砖进行视线诱导，则可大大降低安全风险。

5. 无照明双向交通直线隧道

无照明双向交通直线隧道同样会遇到无照明单向交通直线隧道的问题，所不同的是，无照明双向交通直线隧道不仅有尾撞的危险，还有正面碰撞的危险，控制行车安全的辨识距离，是会车距离而不是停车距离。

6. 无照明双向交通曲线隧道

无照明双向交通曲线隧道同样会遇到无照明双向交通直线隧道的问题，所不同的是，曲线隧道使得可辨识距离显著下降，与无照明双向交通直线隧道相比，其行车的风险系数更高。

7. 有照明双向交通直线隧道

有照明双向交通直线隧道同样会遇到无照明双向交通直线隧道的问题，所不同的是，其明适应与暗适应造成的行车风险有所降低。

8. 有照明双向交通曲线隧道

有照明双向交通曲线隧道同样会遇到有照明双向交通直线隧道的问题，所不同的是，由于其可辨识距离缩短，行车风险有所增加。

4.2.3　短隧道的特点

总体来说，若交通量、隧道长度、洞外亮度、洞口净高和纵断面线形相同，则在短隧道内行车，其安全风险从高到低依次为无照明双向交通曲线隧道、无照明双向交通直线隧道、无照明单向交通曲线隧道、无照明单向交通直线隧道、有照明双向交通曲线隧道、有照明双向交通直线隧道、有照明单向交通曲线隧道和有照明单向交通直线隧道，其他主要特点如下。

1. 洞外环境影响大

由于洞外日光的投射，隧道洞口以内一定范围内会有较高亮度，隧道洞口的投射自然光有利于减少行车的不舒服性和提高行车的安全性。因此，隧道洞口的形式至关重要，端墙式洞门的自然光对洞内照明的影响较小，削竹式洞门的自然光对洞内照明的影响较大，因此应尽量采用削竹式洞门。

2. 黑框效应

在隧道出入口的外部，白天自然光的照度可达 1000001x；而隧道内，在无照明的情况下，除隧道口有几十勒克斯的自然光照度，洞内几乎一片漆黑，如果有照明，也不会超过 2000lx。如果没有照明或照明亮度不足，隧道较长时，在洞口处有黑洞穴一样的感觉，即“黑洞效应”；如果隧道较短，则好似要通过一个黑暗的框子一样，即“黑框效应”。

3. 视觉适应滞后

汽车由亮的外部环境进入隧道后，即使隧道内不太暗，但由于洞内外亮度的较大差异，要经过一定时间才能够看清楚隧道内部的情况，即“视觉适应滞后”。

4. 基本视觉问题

隧道内部与一般道路不同，其为一个相对狭小的封闭空间，当汽车在该空间高速行驶时，虽然行驶时间较短，但也会给人较强的压抑感；同时，由于交通流排出的废气在隧道内会形成烟雾，烟雾可将汽车灯头和电光照明器发出的光吸收及散射，从而降低了隧道内的能见度，所以即使是在晚上，若隧道内没有灯光，行驶的感觉与在其他路段行驶也完全是不一样的。

5. 隧道出口的亮洞效应

由于视觉基本适应了洞内的暗环境，短时间又需适应洞外的亮环境，出现极强的眩光，让司乘人员感觉十分不舒服，也就是亮洞效应；在夜间与白天正好相反，会形成黑洞效应。这种现象在双向交通隧道中，由于隧道两端都是按照入口段进行照明设计的，因此表现更为明显。

6. 车辆类型与行车方向对安全性影响大

货车的停车视距长但视野开阔，小车的停车视距短但视野受限，单向交通主要担心尾撞，双向交通除了尾撞还会出现正面碰撞，超车时单向交通需要的停车距离比双向交通需要的停车距离要小得多，这些特点构成了不同的安全风险和照明需求。

7. 隧道线形是视距的制约因素

隧道的平面线形和纵断面线形影响着视野范围，特别是平面线形，直线时仅受前方车辆的影响，而曲线隧道视野受限，安全风险增加。

8. 照明是主要用电设施

短隧道一般均采用自然通风，无机械通风设施，隧道的用电主要体现在照明系统中。

9. 穿越时间短

根据短隧道的定义，其长度小于 500m，穿越时间一般不会超过 0.5min，见表 4-2-2。

表 4-2-2　不同速度与距离时在隧道内的行驶时间（单位：s）

设计速度/(km/h)	距离				
	100m	500m	1000m	3000m	5000m
100	3.6	18	36	108	180
80	4.5	22.5	45	135	225
60	6	30	60	180	300
40	9	45	90	270	450

10. 处理交通异常速度快

由于隧道短的特点，交通事故或火灾时，短隧道中的逃生救援比长隧道更容易，处理交通异常速度快。

11. 一般无中间段照明

隧道照明入口段长度与停车视距及隧道净空高度相关。我国《公路工程技术标准》(JTG B01—2014)规定的停车视距如表 4-2-1 所示，不考虑隧道纵坡和隧道净空高度的影响时，不同照明段落组合最小长度见表 4-2-3。隧道照明段落一般都包括过渡段 2(若隧道足够长)，甚至还有过渡段 3。因此，由表 4-2-3 可见，短隧道照明一般无中间段照明。

表 4-2-3　不同照明段落组合最小长度(单位：m)

交通类型	车型	道路组成	设计速度			
			100km/h	80km/h	60km/h	40km/h
单向交通	小车	仅有入口段	220	170	135	100
		有过渡段 1	326	242	199	126
		有过渡段 1 和过渡段 2	437	331	266	170
		有过渡段 1、过渡段 2 和过渡段 3	604	464	366	237
	货车	仅有入口段	240	190	155	120
		有过渡段 1	346	262	219	146
		有过渡段 1 和过渡段 2	457	351	286	190
		有过渡段 1、过渡段 2 和过渡段 3	624	484	386	257
双向交通	小车	仅有入口段	320	220	150	80
		有过渡段 1	426	292	214	106
		有过渡段 1 和过渡段 2	537	381	281	150
		有过渡段 1、过渡段 2 和过渡段 3	704	514	381	217
	货车	仅有入口段	360	250	170	100
		有过渡段 1	466	322	234	126
		有过渡段 1 和过渡段 2	577	411	301	170
		有过渡段 1、过渡段 2 和过渡段 3	744	544	401	237

上述这些现象均会对驾驶者的视觉、生理以及驾驶行为产生影响；在隧道中同时还会产生管状视觉现象和闪烁现象等，这些现象也均会对驾驶者产生影响，会使驾驶者产生心理上的不适应感，从而对安全运营产生隐患，也使得照明需求截然不同。

4.3　中等长度隧道照明的时空成像

4.2 节主要论述了短隧道的定义、交通现象与特点，中等长度隧道在交通现象和特点方面与短隧道有很多类似的地方，本节主要论述其不同点。

4.3.1　中等长度隧道的定义

根据我国的《公路隧道设计规范》(JTG D70—2004)，将长度为500～1000m的隧道称为中等长度隧道。

4.3.2　中等长度隧道照明的交通现象

中等长度隧道一般都配置有照明系统，因此主要有以下四种情况：

(1) 有照明单向交通直线隧道；

(2) 有照明单向交通曲线隧道；

(3) 有照明双向交通直线隧道；

(4) 有照明双向交通曲线隧道。

在中等长度隧道内行车，遇到的交通现象与短隧道有照明系统的情况类似，同样会遇到明适应、暗适应、有恐惧感想尽快脱离隧道的现象。所不同的是，在中等长度隧道中明适应与暗适应的不舒服性会有所降低，但由于隧道长度较长，所以驾驶者的心理压力要比在短隧道内行车大，操作失误和安全风险会有所增加。

4.3.3　中等长度隧道的特点

中等长度隧道具有短隧道的特点1～8，即洞外环境影响大、黑框效应、视觉适应滞后、基本视觉问题、隧道出口的亮洞效应、车辆类型与行车方向对安全性影响大、隧道线形是视距的制约因素以及照明是主要用电设施。其不同点主要表现在灯具布设上，由表4-2-3可见，与短隧道相比，所不同的是：

(1) 当单向交通时，若设计速度小于100km/h或设计速度为100km/h且设计车辆是小车，则中等长度隧道有足够的长度布设照明系统的过渡段；若设计速度为100km/h且有过渡段3，则可能不足以布设过渡段3。

(2) 当双向交通时，若没有过渡段3，则在设计速度不大于80km/h时，有中间段照明，否则可能长度不足以布设中间段照明；若有过渡段3，则在设计速度不大于60km/h时，有中间段照明，否则可能长度不足以布设中间段照明。

(3) 发生异常时，较难疏散。

4.4　长隧道照明的时空成像

4.4.1　长隧道的定义

根据我国的《公路隧道设计规范》(JTG D70—2004)，将长度为1000～3000m的隧道称为长隧道。

4.4.2　长隧道照明的交通现象

长隧道都配置有照明系统，在长隧道内行车，也会遇到明适应、暗适应、有恐惧感想尽快脱离隧道的问题。所不同的是：

(1) 由于隧道长度较长，因此驾驶者的心理压力要比在中等隧道内行车大。

(2) 由于有足够的长度布设中间段照明，故有足够的视觉光适应时间，在隧道的中间段行车，基本不存在视觉不舒服的问题。

(3) 由于隧道较长，废气对灯具的污染现象严重，会使照明亮度降低，特别是为了省电，不开风机而交通量又较大或货车较多时，会使驾驶者感觉到亮度不足而影响正常行车。

4.4.3　长隧道的特点

长度隧道具有短隧道的特点 1～7，即洞外环境影响大、黑框效应、视觉适应滞后、基本视觉问题、隧道出口的亮洞效应、车辆类型与行车方向对安全性影响大、隧道线形是视距的制约因素。其不同点在于：

(1) 长隧道一定有中间段照明。

(2) 在长隧道内行车比在中等长度隧道内行车心理压力更大。

(3) 长隧道发生火灾等交通异常时更难疏散处置。

(4) 废气对隧道照明影响大。

(5) 通风与照明是主要用电设施。

4.5　特长隧道照明的时空成像

4.5.1　特长隧道的定义

根据我国的《公路隧道设计规范》(JTG D70—2004)，长度为 3000m 以上的隧道称为特长隧道。

4.5.2　特长隧道照明的交通现象

特长隧道都配置有照明系统，在特长隧道内行车，遇到的交通现象与长隧道类似，同样会遇到明适应、暗适应、有恐惧感想尽快脱离隧道的现象。所不同的是，由于隧道长度大于 3000m，所以在特长隧道内行车，除了驾驶者的心理压力要比在长隧道内行车大，还会感觉到景色单调，产生心里烦闷与焦躁的感觉。由于暗适应的时间较长，驾驶者适应了暗环境，因此隧道的部分段落照明亮度可以降低，以达到既安全又节能的目的。

4.5.3　特长隧道的特点

特长隧道也具有短隧道的特点 1～7，即洞外环境影响大、黑框效应、视觉适应滞后、基本视觉问题、隧道出口的亮洞效应、车辆类型与行车方向对安全性影响大、隧道线形是视距的制约因素，也具有长隧道通风与照明是主要用电设施、废气对隧道照明影响大的特点。与长隧道相比，其不同点在于：

(1) 曲线隧道虽然不利于看清更远的障碍物，但若设置于隧道的中间段且平曲线半径较大，却有利于减小景色单调的感觉。

(2) 通风是隧道用电的主要设施。

(3) 由表 4-2-3 可见，驾驶者在隧道内行驶时间在 108s 以上，白天在隧道较暗环境行驶时间较长，已经适应了暗环境，中间段照明在适应暗环境后还可以降低。

(4) 在特长隧道内行车比在长隧道内行车心理压力更大。

(5) 特长隧道发生火灾等交通异常时最难疏散处理。

4.6　隧道照明涉及的主要设施

4.6.1　照明灯具

常用的隧道照明灯具主要有 LED 灯、高压钠灯及日光灯。

公路隧道采用的灯具主要是 LED 灯和高压钠灯。随着行业标准和地方标准的颁布，不但新建隧道大量采用 LED 灯，而且很多隧道照明改造时也采用 LED 灯。从性价比来说，LED 灯的性价比最高，但应用中常出现灯具型号选择不科学的问题。实际上，LED 灯的选择关键有两点：

(1) 隧道照明灯的配光要和照明设计方案相匹配，也就是说，纵向光束角与布灯的纵向间距相匹配，横向光束角与隧道的横断面相匹配，要保证能照到隧道墙壁不低于 2m 高的地方，且亮度满足要求。

(2) 实际光效要最大，也就是说，灯具照到路面上单位面积所需要消耗的电能最小。

做到了这两点，就能选择到经济高效的 LED 照明灯具。

对于城市隧道，以上三种形式的灯具都有应用，所不同的是，大多数城市隧道照明都要考虑行人的需求，而公路隧道大多数不考虑行人的照明需求。

4.6.2　传输设施

1. 光传输设施

光传输设施主要包括导光管、反射板和光纤三种类型。通过导光管或者反射板进行照明，在国内外都有成功应用的案例，这两种形式的导光材料，都是采用太阳光直接照明，既经济又舒适，但其应用受到很多限制，关键是光的传输距离不够远，同时又受隧道朝向的限制，不适用于长隧道。光纤传输的光衰减相对要小点，是业内一直关注的一个研究领域，其受隧道朝向的限制小，能适应较长的隧道，一些省份专门委托相关研究单位进行了研究，但由于导光光纤比较贵，而且聚光设施和尾灯等关键设施还不够成熟与稳定，目前在国内外还没有成功应用的案例。

2. 电传输设施

电缆是用来传输电(磁)能、信息和实现电磁能转换的线材产品，广义的电线电缆也简称为电缆，狭义的电缆是指绝缘电缆。电缆主要包括：

(1) 裸电线。常见的有钢绞线(GJ)、钢芯铝绞线(LGJ)、铝包钢绞线(LBGJ)等；

(2) 漆包线。主要有缩聚漆包线、聚氨酯漆包线、聚酯亚胺/聚酰胺复合漆包线。

(3) 电力电缆。常见的有塑料电缆(含四种：VV、VLV、VV22、VLV22)、高中低压交联电缆(含四种：YJV、YJLV、YJV22、YJLV22，电压有 0.6/1kV、8.7/10kV、26/35kV、66/110kV 等)。在隧道外场大多采用的是电力电缆，其又可以分为阻燃电缆和耐火电缆。阻燃电缆是指在规定试验条件下试样被燃烧，在撤去试验火源后火焰的蔓延仅在限定范围内，残焰或残灼在限定时间内能自行熄灭的电缆。其根本特性是：在火灾情况下有可能被烧坏而不能运行，但可阻止火势的蔓延。通俗地讲，电线万一失火，能够把燃烧限制在局部范围内，不产生蔓延，保住其他各种设备，避免造成更大的损失；耐火电缆是指在火焰燃烧情况下能够保持一定时间安全运行的电缆。我国国家标准《电线电缆燃烧试验方法 第 6 部分 电线电缆耐火特性试验方法》(GB 12666.6—2008)将耐火试验分 A、B 两种级别，A 级火焰温度 950～1000℃，持续供火时间 90min，B 级火焰温度 750～800℃，持续供火时间 90min。

(4) 电气装备用电线电缆。常见的有塑料线(BV、BLV、BVR、BVVB、BLVVB 等，俗称布电线，家用)和控制电缆(KVV、KVV22、KVVP2、KVVP 等，用于电器间的电路连接与控制)。

3. 信号传输线

信号传输线有平行双导线、平行多导线、同轴线、带状线，以及工作于准横电磁波模式(TEM 模)的微带线等，其传输方式主要有：

(1) 基带传输。基带传输是最基本的数据传输方式，即按数据波的原样，不包含任何调制，在数字通信的信道上直接传送数据。基带传输不适于传输语音、图像等信息。

(2) 频带传输。频带传输是一种采用调制、解调技术的传输形式。在发送端，采用调制手段，对数字信号进行某种变换，将代表数据的二进制“1”和“0”，变换成具有一定频带范围的模拟信号，以适应在模拟信道上传输；在接收端，通过解调手段进行相反变换，把模拟的调制信号复原为“1”或“0”。

(3) 载波传输。通信的最终目的是远距离传递信息，虽然基带数字信号可以在传输距离不远的情况下直接传送，但如果要远距离传输，特别是在无线或光纤信道上传输，则必须经过调制将信号频谱搬移到高频处才能在信道中传输。为了使数字信号在有限带宽的高频信道中传输，必须对数字信号进行载波调制。

(4) 异步传输模式(ATM)。ATM 支持多媒体通信，包括数据、语音和视频信号等数字化信息的传输与交换，按需分配带宽，具有低延迟特性，速率可达数采样点每秒，是一种将时分交换与统计复用融为一体的、面向连接并且分组长度固定的高速传输模式。

4.6.3　控制设施

1. 硬件

隧道照明硬件控制设施包括中心级控制设施和现场级控制设施。中心级控制设施比较简单，与监控中心的设施共用，一般不设置专用设施。现场级控制设施相对多一点，而且和设计及采用的光源相关。

1) 采用散射光光源

采用散射光的光源主要有：

(1) 洞外亮度测试仪。

(2) 灯具开启控制设施，与监控、闭路电视监视、通风、车道指示灯控制等共用。

(3) 洞内亮度测试仪，仅当照明控制采用反馈控制时才设置。

2) 采用 LED 定向光光源

采用 LED 定向光的光源主要有：

(1) 灯具电源，大多数设计方案都采用灯具的电源作为照明控制的载体。

(2) 无线信号收发器，仅当照明控制采用无线控制时才设置。

(3) 集中供电控制器，仅当不设置灯具独立电源时才设置。

(4) 洞外亮度测试仪。

(5) 洞内亮度测试仪，仅当照明控制采用反馈控制时才设置。

2. 软件

照明控制软件设置在监控中心计算机内，当控制软件硬件化后，可设置在监控中心，也可以设置在现场。

总之，隧道照明控制与其他隧道机电系统密切相关，图 4-6-1 给出了隧道照明控制系统的基本架构，详细的论述见后面的章节。未来的发展与现代技术及装备的发展密切相关，基于云技术和手机终端的智慧隧道照明是未来的发展趋势。

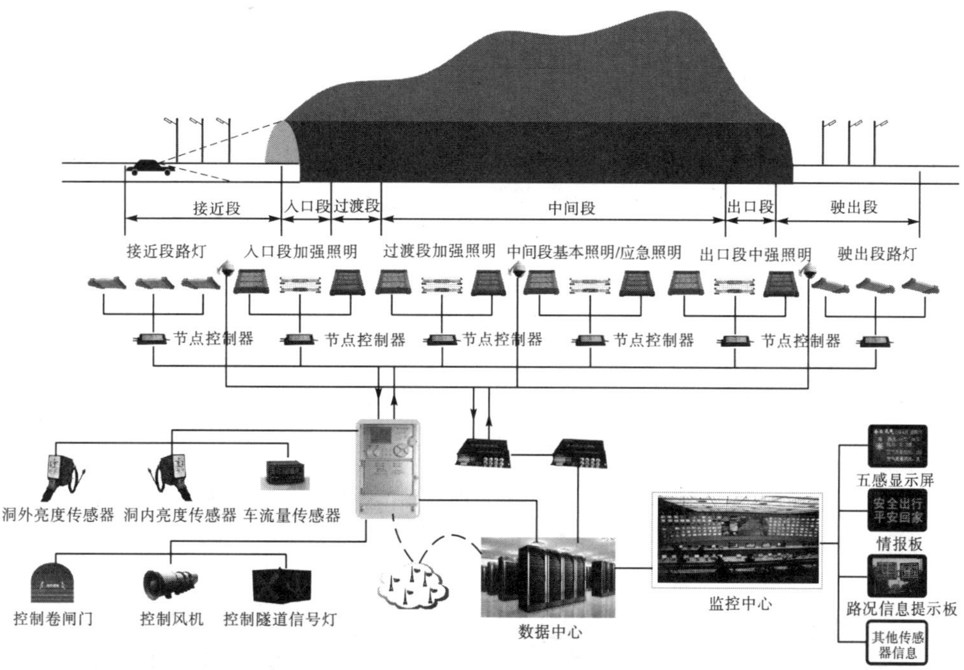

图 4-6-1　隧道照明控制系统的基本架构

4.6.4　辅助照明

1. 夜光材料

夜光材料分为自发光型和蓄光型两种。自发光型夜光材料的基本成分为放射性材料，不需要从外部吸收能量，可持续发光，不仅黑夜，白天也是如此。正是因为含有放射性物质，所以在使用时受到较大的限制，废弃后的处理也是一大问题。蓄光型夜光材料很少含有放射性物质，没有使用上的限制，但它们要靠吸收外部的光能才能发光，而且要储备足够的光能才能保证持续发光。蓄光型夜光材料的另一个缺陷是辉度不够。例如，以前一直使用硫化锌作为余辉型荧光体，但其发光时间太短，辉度也不够。掺入放射性同位素钷 147 后，发光的效果是理想了，却不符合环境保护的要求。

2. 诱导设施

诱导设施包括自发光诱导设施和反射发光诱导设施。诱导设施有利于驾驶者看清路面边界，减少碰撞隧道墙壁的交通事故，同时也有利于发生火灾时的行人逃生。

反射发光诱导设施一般采用反射道钉，其具有价格低的优势，但隧道环境恶劣，烟雾大，灰尘多，使用一段时间后，反光效果会降低，清洗工作量大；自发光诱导设施一般采用 LED 诱导灯，其便于控制，受油烟、灰尘的影响小，但价格高，而且不同厂家的价格相差很大，其原因在于，有的 LED 诱导灯罩面具有抗压、耐高温的特点，有的并不具备这些特点，应用中应根据功能需求合理选择。

4.6.5 景观照明

景观照明是指既有照明功能，又兼有艺术装饰和美化环境功能的照明工程。对于特长公路隧道和重要的城市隧道，设置景观照明具有一定的必要性。

对于特长公路隧道，景观照明通过不同的灯光和图案变化，可以将特长隧道演化成几个短隧道，具有缓解驾驶者视觉疲劳、消除驾驶者的焦虑情绪和压抑心理、减少驾驶者眼疲劳的作用，达到减少交通事故、行车舒服的目的。景观点的设置，一般间隔 4～6km，设置长度不小于 25m。国内外都有成功的案例。国内最早设置景观照明的隧道是世界上第一座最长的双洞高速公路隧道——秦岭终南山隧道，见图 4-6-2。

对于城市隧道，景观照明通过不同的灯光、图案或者文字，在提高行车舒适性和隧道行车安全的同时，还兼顾提高城市形象，展现城市功能定位、界域划分、产业特征等功能，一般设置在景观大道、旅游区等地域，如上海外滩隧道，见图 4-6-3。

图 4-6-2　秦岭终南山公路隧道照明

图 4-6-3　上海外滩隧道景观照明

景观照明需要鉴赏和品味，艺术则需要深思的直觉感悟。景观照明艺术必须透过光和照明，才能产生生命力。照明可以改变环境的外观，艺术性的照明灯光和色彩，构成动态和静态的光、声、色的景观，更显示出景观庭园灯具的小品化、雕塑化、时装化，给大自然环境的点缀。随着人们思想意识、生活方式的不断改变，灯具、光源、材料、风格与设计方式都发生很大的变化。在选择适宜光源时，除了经济因素，还要从整个光环境效果及材料的质感可靠性考虑，即注重自然环境与照明统一性。

4.7 隧道照明需要解决的问题

以上阐述了在不同类别公路隧道行车时遇到的交通现象和特点，由此可见，进行公路隧道照明是必要的。

实际上，在 20 世纪 50 年代中期以前，隧道照明技术一直不为人们所注意。自 50 年代中期起，由于隧道交通量日增，车速也迅速提高，行车安全逐渐成为一个问题并日趋突出，人们开始认识到在隧道里随意、简单地安上一些灯并不能解决问题。在车辆驶到离隧道洞口不远处，驾驶者所见仍只是黑乎乎的一片，无法发觉并辨明隧道洞口处的障碍物。1957 年英国 J.M.Waldram 首先指出这种现象的危险性和严重性，并着手对之进行研究，且形象地称其为"黑洞效应"；而在隧道出口附近，驾驶者突然面对一个明亮的洞口，就会产生"白洞效应"，白洞效应的结果是使洞口附近前车背后的小型车常难以被发现、视认，容易发生车祸；此外，由于隧道是半封闭体，驾驶者在隧道内行驶有恐惧感，在隧道入口一般都会减速行驶，然后加速，这两个现象也被挪威等国家的研究成果和作者对我国部分隧道 1003 个驾驶者的调查及重庆—成都的高速公路中梁山隧道、缙云山隧道的车速调查所证实，同时，隧道运营照明费用较高，很多隧道运营公司为了节约照明支出，不开灯或少开灯，有的因此而发生交通事故，产生民事纠纷。因此，隧道照明主要解决以下几个方面的问题。

1. 进入隧道和出隧道的视觉适应性

解决"黑洞效应"与"白洞效应"(图 4-7-1)问题，其基本原理是使驾驶者视觉的动态适应性曲线尽量与洞内外亮度的变化曲线相匹配，减小或消除驾驶者对隧道内外道路因光线的明暗而引起视觉上的差异，目的是确保在白天和夜间行驶的车辆以设计速度能够安全地接近、穿越和通过隧道，且司乘人员具有的安全度和舒适程度应不亚于隧道毗连的明线路段。

图 4-7-1　隧道"白洞效应"

2. 隧道内行车安全的基本亮度需求

虽然隧道内行车宽度与路段相同，但由于不像路段全线设有紧急停车带，隧道内空间狭窄，故车辆为避路面障碍物碰撞隧道墙壁、追尾等事故时有发生，甚至造成火灾。因此，设置隧道照明，保证驾驶者能看清路面障碍物，有利于行车安全。然而，如何确定隧道照明的亮度需求，不仅仅是技术问题，也是社会问题，既涉及隧道内允许发生的事故率，也涉及经济发展水平和允许的工程投资。

3. 减少驾驶者在隧道内行车的心理压抑感和视觉疲劳

通过对隧道墙壁照明，使驾驶者明了周围的行车环境，有利于提高行车安全性。除此以外，还应减少驾驶者在隧道内行车的心理压抑感以及视觉疲劳。虽然我国的公路隧道交通发展较晚，但发展很快，隧道数量居世界第一，毗邻隧道、隧道群在高速公路中比比皆是，这就形成了新的问题——视觉疲劳，不断地从明环境到暗环境再到明环境，极易造成交通事故。这两个问题对于特长隧道尤为重要，如何通过视觉变换，如隧道洞顶设置景观带、缓解眼睛疲劳和心理紧张等，降低事故次数和事故的危害程度，同时保证工程投资和运营费用增加不显著，是提高行车安全性的关键。

4. 新型照明系统

隧道照明系统随着新材料、新光源的发展而发展。新型照明系统包括新光源引起的隧道照明变革、材料革新引起的隧道照明变革和布灯方式创新引起的隧道照明变革。

1) 新光源引起的隧道照明变革

随着 LED 技术的发展，LED 隧道照明在我国已经广泛应用，我国是世界上使用 LED 隧道照明最多的国家，很多省份也出台了 LED 隧道照明的设计、施工、产品与运营标准，无论是新建隧道，还是隧道照明改造工程，基本上都采用了 LED 照明。目前，LED 隧道照明技术基本成熟，但设计技术成熟度不够，相同的隧道照明工程，在满足标准的条件下，设计方案相差很大，工程投资差异甚至超过 20%，设计技术有待提高和标准化、规范化。

2) 材料革新引起的隧道照明变革

采用自然光进行隧道照明一直是隧道照明工程师的梦想。随着光纤技术的发展，用于自然光导光光纤产品国产化程度在不断提高，价格也在不断降低，使得这一梦想不久就会变成现实。但是基于自然光的新型隧道照明系统还有很多问题需要解决：

(1) 导光材料的光衰减问题。需要解决不同的导光材料、不同的导光材料结构，其光传导随着光强度的变化规律，随着使用时间光传导的衰减规律，为照明设计和维护管理提供科学依据。

(2) 自然光与人工光相结合的设计问题。需要解决自然光照明尾灯的布灯方法，包括设置间距与设置高度。此外，还应解决人工光照明布灯与自然光照明尾灯设置的结合问题。

(3) 自然光与人工光相结合的照明控制问题。主要应解决人工照明灯具的开启条件，包括正常工况和异常工况的照明控制问题。

(4) 自然光照明的经济性问题。采用导光光纤进行隧道照明，应研究导光光纤的有效传输距离与洞外亮度的关系，研究隧道内能用自然光照明的时间与洞外亮度的关系，研究导光光纤的有效传输距离与工程投资的关系，并从全寿命周期的角度分析采用导光光纤、导光管、遮光棚以及采用人工光照明的性价比和适应条件。

(5) 自然光照明的标准化性问题。应制定自然光隧道照明的设计标准、产品标准、施工验收标准和运营控制规范，促进行业进步和自然光隧道照明的推广应用。

总之，自然光与人工光结合的隧道照明系统开发，是很有前景的项目，无论是经济性，还是社会效益，都是非常显著的。

3) 布灯方式创新引起的隧道照明变革

传统的隧道照明布灯都是设置在 5.2m 以上的高度，如图 4-7-2 所示。

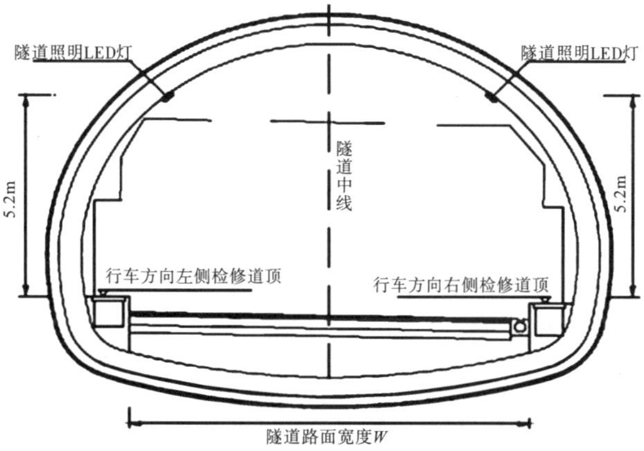

图 4-7-2　隧道照明双侧布灯传统安装高度(5.2m)示意图

根据光学定律，照到路面上的亮度与距离的平方成反比，即

$$E=\frac{cL}{r^2} \tag{4-7-1}$$

式中，E 为照度；c 为光速；L 为发光强度；r 为光源至被照射物体表面的距离。

由式(4-7-1)可见，当照明灯具的安装高度为 3m 和安装高度为 5.2m 时，这两种情况在理论上亮度比为 1∶3，降低照明灯具的高度，会极大地节约投资并减少运营成本。降低布灯高度是一种全新的布灯方式，可以称为“低位照明”。

低位照明需要的照明区域、低位照明安装高度以及低位照明的纵向光束角与横向光束角如图 4-7-3～图 4-7-5 所示。

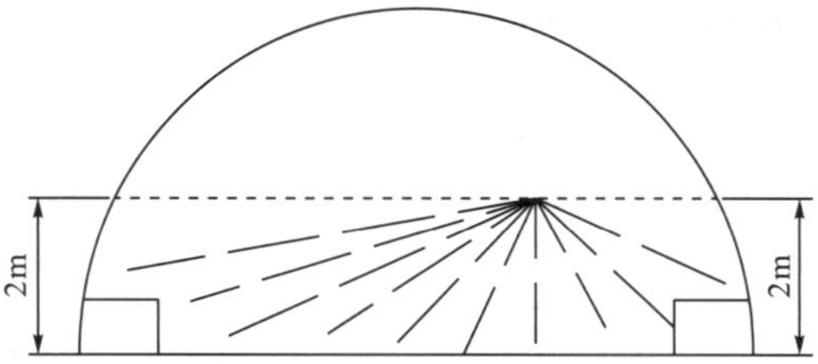

图 4-7-3　低位照明需要的照明区域

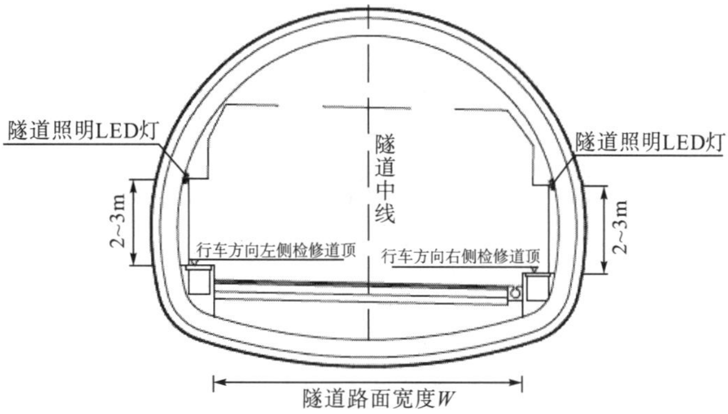

图 4-7-4　低位照明安装高度示意图

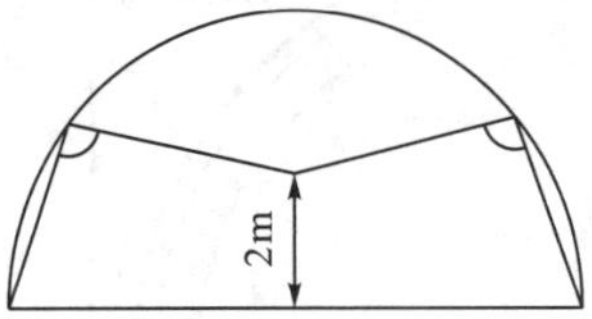

(a) 横向光束角

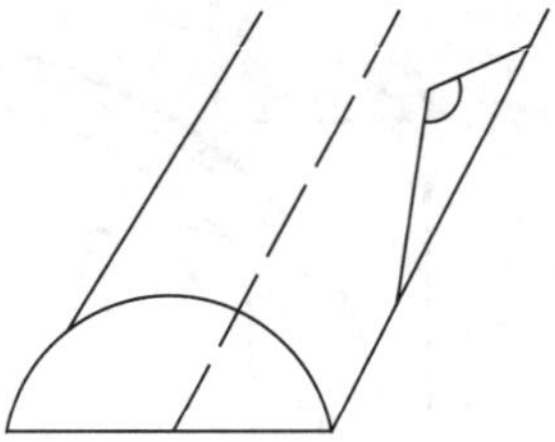

(b) 纵向光束角

图 4-7-5　低位照明的横向光束角与纵向光束角

低位照明的适应性和光源及照明方式有关。对于散射光光源，低位照明的适应性较强；对于定向照明，低位照明的效果和照明方式以及照明灯具的配光关系很大，处置不好可能会造成眩光，影响行车安全。

有两种方式可以减少眩光：

(1)开发适合于低位照明的专用灯具。对于 LED 隧道照明灯，采用低位照明时，逆光照明方式一般不适应。应根据照明方式，结合布灯间距和灯具的功率，研究如何进行配光，既能提高光通量的利用率，又能满足行车安全的需求。此外，也可以开发专用的低位照明灯具面板，如曲面面板等，虽然光能有一定的损失，但总体光效既得到提高，又可以减少眩光，图 4-7-6 的旋转式照明灯具就可以方便地调整光线的照射区域，达到节能的效果。图中数字见 2018 年度交通运输重大科技创新成果入库成果“可调式隧道照明布灯系统”。

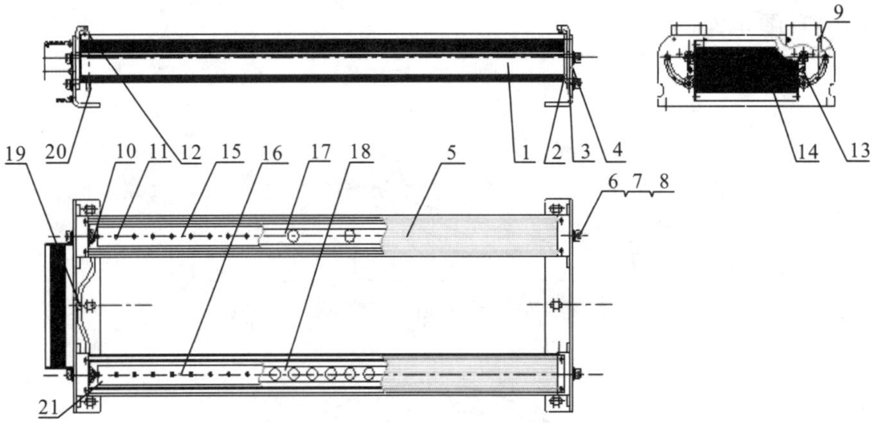

图 4-7-6　旋转式低位照明灯具

(2)将照明灯具安装在隧道墙壁内。将照明灯具安装在隧道墙壁内，可以称为内置安装法，是低位照明最适合的安装方式，其对光源没有特殊要求，施工和维护也非常方便，更换灯具或者清洗灯具面板，都不需要封闭隧道，既能有效地降低眩光，又能达到提高光效的目的。

内置安装法具有功能性照明与景观照明合二为一的优势。如果仅为实现功能性照明，其可以形成光带，照明亮度的均匀度是任何安装方式都无法比拟的；当要兼顾景观照明时，特别是城市隧道，可以实现功能照明灯具与景观照明灯具一体化安装与控制，使得景观照明灯具兼顾功能照明的作用。

然而，这种布灯方式不适合隧道墙壁比较薄的隧道，如水下沉管隧道，或者小间距隧道，仅适合于山岭隧道或地下钻爆法施工的隧道。

在我国，广东、江西、陕西、云南等地都进行了低位照明的应用示范，取得良好的效果，照明如图 4-7-7 所示。

图 4-7-7　低位照明效果图

在美国，连接萨姆纳(Sumner)和卡拉汉(Callahan)的隧道中也采用了低位照明，如图 4-7-8 所示，这条隧道是连接罗根国际机场的主要高速公路。这完全是一种全新的设计理念，它既满足了隧道照明中防振的机械强度要求，又可以保持长效的使用寿命和维护途径，充分结合了隧道照明中的各项技术要求。

图 4-7-8　马萨诸塞州波士顿的萨姆纳和卡拉汉隧道照明

5. 节能灯具与系统开发

隧道照明节能灯具是指与某一参考灯具相比，光效更高的灯具。国际上在进行隧道照明节能的碳交易中，将高压钠灯作为对比对象。之所以选择高压钠灯作为对比对象，是因为高压钠灯在隧道照明应用的时间最长，可靠性高，价格也比较低。

目前，LED 隧道照明灯具已经基本成熟，需要开发的新型隧道照明节能灯具与系统，主要是光纤自然光照明灯具与系统(图 4-7-9)，其主要应解决以下问题。

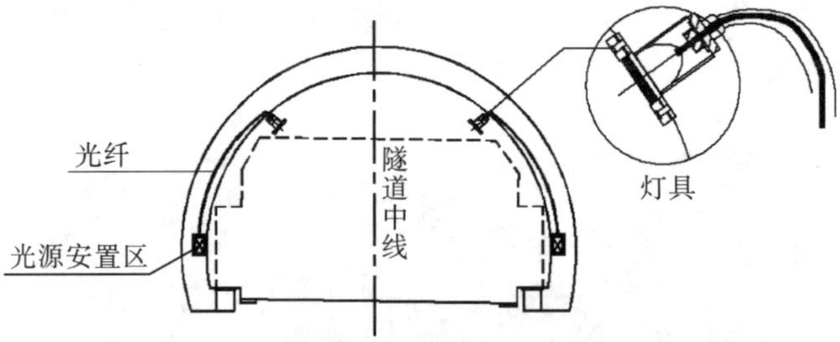

图 4-7-9　光纤隧道灯的应用方案断面图

1) 发光器

发光器装置包括光源、反射器、紫外线(UV)滤光器和红外线(IR)滤光器以及旋转式玻璃色盘(选配件)，根据其内部所配光源不同，一般分成卤钨灯系列和金卤灯系列两种。其中卤钨灯光源功率一般为 50W 或 75W，输入电压为交流 12V(装置自带电源变压器)，适用于博物馆或展览馆等对温湿度及紫外线、红外线有特殊控制要求的场所；金卤灯光源功率一般为 150W 或 200W，输入电压为交流 220V，适用于建筑物轮廓照明及立面照明等光亮度要求较高的场所。根据防护等级的不同，发光器装置一般分成室内型和室外型两种。旋转式玻璃色盘最多可配成八种颜色自动变换。该装置可由计算机按设定程序变化控制，也可由音响系统输出的音频信号同步控制。该装置自带电源插头，适用的电源为交流 220V、50Hz。

2) 发光导体

发光导体一般由塑料、玻璃纤维束或单根塑料纤维构成，考虑到传输过程中的光衰减，其长度一般不超过 30m，但可通过系统串联解决。常见的发光导体有以下两种：一是点发光光纤，外覆非常薄的塑料或玻璃纤维涂层，防止光线外泄，其外有一层不透明的衬层和一层塑料、橡胶或金属丝制的耐热、抗紫外线保护套(用于保护和支撑光纤)，分室内型及室外防水型两种，均需配有发光终端附件；二是线发光光纤，采用特殊结构，其外有一层透明的衬层和一层耐热、抗紫外线的 PVC 透明保护套，其外径规格有 8mm、1lmm 及 15mm 三种，分室内标准型及室外防水型两种，均需配有不发光终端附件。

3) 终端附件

无论是点发光光纤还是线发光光纤，其末端均需配置终端附件。根据点发光光纤和线发光光纤的不同发光特点，有如下两种类型的终端附件：一是发光终端附件，配置在点发光光纤终端的各类反射式或直射式类似于灯具的发光附件，有筒灯型、配透镜型(可聚光或发散光)、地面专用型以及水下型；二是不发光终端附件，配置在线发光光纤终端，为不透明密闭型封套。

6. 辅助照明材料和装备开发及其对功能性照明的作用

辅助照明主要包括以下类型：

(1) 反光诱导，包括反光诱导道钉、轮廓标、墙壁反光涂料和反光标线等。

(2) 有源主动发光诱导，主要是 LED 诱导灯。

(3) 无源自发光诱导，主要是蓄能材料。

近几年，辅助照明在隧道中的应用越来越多。辅助照明设置的原理和目的与功能性照明相同，都是通过亮化障碍物、亮化行车环境来提高行车安全性。设置辅助照明可以显著提高路面亮度的均匀性，但是均匀度提高能否降低亮度需求，是一个值得研究的问题，也是回答复合照明的作用的关键。

7. 特殊区域照明

特殊区域指的是高寒、高海拔地区。目前，对于高寒、高海拔地区的隧道照明问题鲜有研究，一些冠之高寒、高海拔地区隧道照明的课题，都没有真正结合高寒、高海拔地区的特点来研究解决实际需要解决的问题。在隧道照明方面，高寒、高海拔地区的气候影响主要体现在对洞外亮度和灯具的影响方面。

在洞外亮度方面，一般地区的洞外亮度为 3000cd，而高寒、高海拔地区可以达到 15000cd 以上。洞口暗化降低洞外亮度的措施，在高寒、高海拔地区的冬季毫无效果。白花花的雪盲现象和结冰路面，对行车安全产生极大影响。设计中洞外亮度如何取值，洞口环境如何暗化，既满足行车安全，又兼顾经济性，是值得研究的问题。

在照明灯具方面，环境温度在零下 25℃是常有的现象，这就使得灯具的性能要求高，满足的不是民用产品标准，而是军用产品标准，所以应该开发高寒、高海拔地区专用隧道照明灯具。

除了以上问题，在理论与试验上，还应研究以下几点：

(1) 隧道照明光场与视觉特性的关系。

(2) 视觉特性对安全可辨识距离的影响。

(3) 可辨识距离与亮度的关系。

(4) 不同交通行为的安全可辨识距离。

(5) 照明光场变化量与视觉适应性的耦合。

(6) 照明光场变化频率与视觉适应性的耦合。

(7) 隧道照明采样参数与控制参数的耦合。

(8) 基于视觉需求的隧道照明光场变化控制策略。

(9) 隧道照明自适应控制系统耦合算法。

4.8　隧道照明的基本思路

解决隧道照明问题，应从理论、试验和实现三个方面来解决。

理论方面的探讨，将在第 5 章和第 6 章进行阐述，试验方面主要引用已有成果，实现方面包括如何划分照明段落以便视觉适应、如何进行照明质量的评价、如何设计与控制，后两个方面在后续的章节论述。本节主要阐述隧道照明系统的构成、如何解决照明的光过渡、照明的方式和照明质量评价。

4.8.1　隧道照明系统构成

隧道照明系统由光源、灯具、隧道墙壁和隧道路面四部分组成。

1. 光源

目前常用的隧道照明光源有高压钠灯、荧光灯、(金属、陶瓷)卤化物灯、LED 灯，LED 灯作为新型光源也开始在隧道中得到应用。光源与灯具形成主动发光体，不同的产品，其配光曲线、色温、显色指数、每瓦光效不同，因此节能效果与照明效果也不同。

2. 灯具

灯具对照明效果的影响很大，主要体现在灯具的反射特性，包括反射率和形成的光斑，光斑的大小、形状直接影响照明的均匀度。

3. 隧道墙壁

隧道墙壁的反射性对照明效果影响很大。目前，部分隧道墙壁已开始应用装饰材料。隧道墙壁装饰有利于通风与照明。综合考虑，隧道装饰材料应满足反射强、无眩光、吸能好、成本低、便清洗的要求。

4. 隧道路面

对于照明，隧道路面仅关心路面的光反射率的大小。

4.8.2　隧道照明段落划分

驾驶者白天在隧道内行驶的视觉变化特性，是隧道段落划分考虑的主要因素。国内外隧道照明段落划分，都是以 CIE 适应曲线 $L_{\mathrm{tr}} = L_{\mathrm{th}}(1.9+t)^{-1.4}$ 作为过渡段亮度与长度划分的依据。亮度级差越大，所需要的视觉适应时间越长。在速度确定的前提下，驾驶者的视觉系统处于变化状态下的行驶的距离较长。因此，隧道照明定义为五个照明段，如图 4-8-1 和图 4-8-2 所示。

1. 接近段照明

接近段是指与隧道入口紧紧相连的路段，在这段路上正在接近隧道洞口的驾驶者必须能够看到隧道内。从接近段路段上看，有几种因素影响隧道内路面的能见度。这包括入口段上的不足照明使驾驶者在接近段的位置看道路上的物体时，由于大气的漫射光减小洞内外道路上物体的亮度差，造成一种令人一时模糊看不清的眩光。

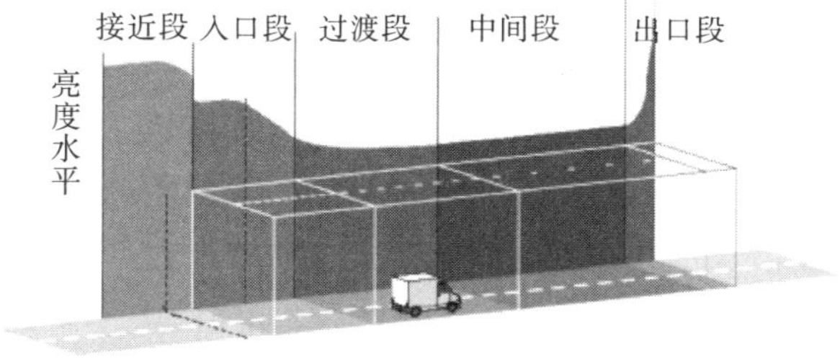

图 4-8-1　隧道照明段落图

图 4-8-2　隧道需要照明区域图

2. 入口段照明

入口段是进入隧道口后的第一段。入口段的照明应根据洞外驶近隧道洞口驾驶者的视觉对光线反应情况来确定，同时还取决于接近段的亮度状况。入口段的长度取决于设计的车辆行驶最大速度，且与该速度所对应的停车视距相等。这是因为在入口段的远端必须提供衬托观察物体的背景，使驾驶者从这个停车视距到进入隧道能看清楚这些物体。

3. 过渡段照明

过渡段是隧道内紧接入口段的一段。入口段末端及过渡段的照明强度降低到中间段的照明水平。这种变化是逐级完成的，以便驾驶者能够得到足以适应较低亮度的时间。过渡段长度根据设计的最大车速而定，且过渡段上的照明水平与入口段末端和中间段上的照明水平是有区别的。现行《公路隧道照明设计细则》(JTG/T D70/2-01—2014) 中过渡段分别由过渡段 1、过渡段 2 和过渡段 3 构成。

4. 中间段照明

中间段是在前进方向紧接过渡段洞内端的一段。中间段全段内的照明强度通常都保持在一个恒定不变的水平。根据行车速度，不允许过渡段上的亮度逐步减小而导致达到中间段属低亮度水平的完全黑暗状况，因此在白天为使中间段上具有令人满意的可见度，必须具备一定的照明水平。

5. 出口段照明

出口段是指隧道内接近出口行驶的驾驶者视觉受洞外光线影响的一段。白天在出口段，有关能见度和舒适度问题不是非常重要，因为位于出口段上的物体在明亮的出口背景衬托下，会显示出清晰的轮廓。

4.8.3 隧道照明方式

照明方式是根据显示对比系数 q_c 来定义的。显示对比系数是指路面亮度 L 和隧道某一特定地点的垂直亮度 E_v 之间的比值，即

$$q_c = L / E_v \tag{4-8-1}$$

根据显示对比系数来定义的隧道照明方法有三种：对称照明法、反向照明法和同向照明法。

1. 对称照明法

对称照明法是指光线沿交通流的同向和反向相同地落在障碍物上的照明。对称照明法的特征是所使用的光源关于交通流方向的法平面对称地发光。

2. 反向照明法

反向照明法是指光线沿交通流相反方向落在障碍物上的照明。反向照明法的特征是所使用的光源关于交通流方向的法平面不对称地发光，其最强的光线落在与交通流相反的方向。这个术语只涉及正常的交通流的方向。反向照明技术原理如图 4-8-3 所示。

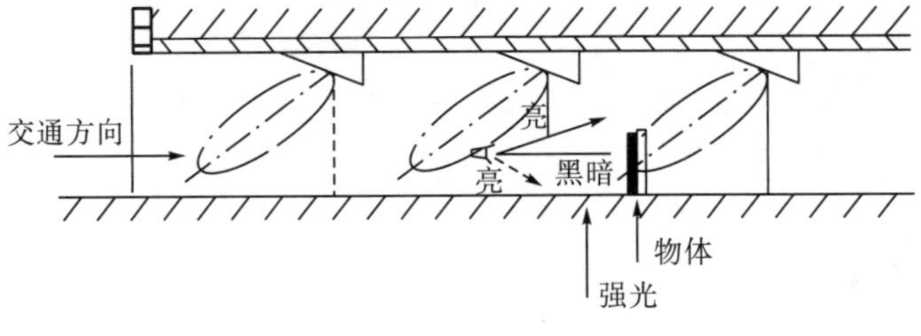

图 4-8-3 反向光照明技术原理图

3. 同向照明法

同向照明法是指光线沿交通流方向落在障碍物上的照明。同向照明法的特征是所使用的光源关于 90°/270°的平面（交通流方向的法平面）不对称地发光，其最强的光线落在与交通流相同的方向。

同向照明在国外基本不用，对称照明与反向照明比较见表 4-8-1。

表 4-8-1　对称照明与逆光照明的比较

<table>
<tr><th>比较项目</th><th>对称照明(常用方式)</th><th>反向照明</th></tr>
<tr><td>特征</td><td>在道路纵断面方向(车辆行进方向)上，灯具的配光大致对称，灯具安装在侧壁上</td><td>在道路纵断面方向(车辆行进方向)上，灯具的配光不对称，在 60°处出现光强峰值</td></tr>
<tr><td>图示</td><td>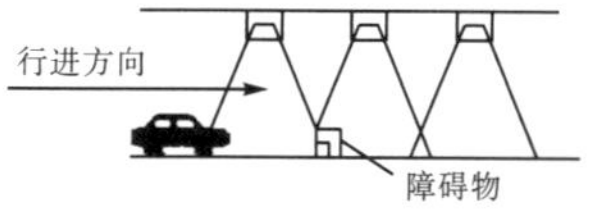
</td><td>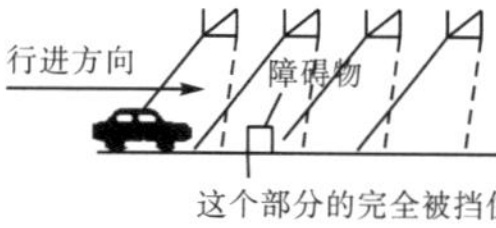
</td></tr>
<tr><td>道路纵断面方向的灯具配光</td><td>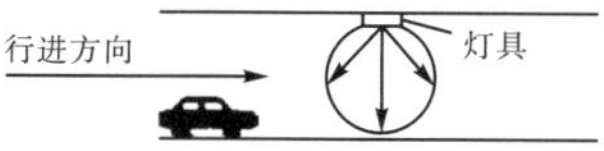
</td><td>
</td></tr>
<tr><td>道路横断面方向的灯具配光</td><td>在灯具的中心轴方向具有最大的光强
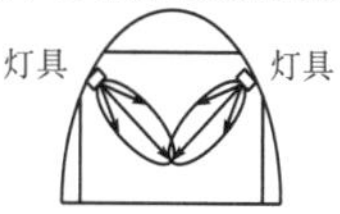
</td><td>在灯具的中心轴左右光强大致对称
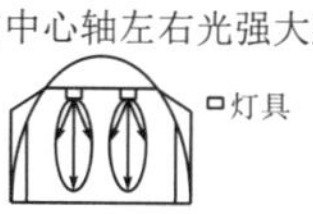
</td></tr>
</table>

除以上三种方式，还有一种特殊的光线投射照明方式，即反射照明。2005 年 5 月 9～11 日在上海召开的“2005 中国绿色照明国际会议暨 Right Light 6”上，挪威的照明专家 Per Ole Wanvik 介绍了挪威公路局在南部的 E18 线路上修建了一座长 2km 的两车道隧道，该隧道宽 10m，单向交通量在 2008 年隧道完工时将达到 10000 辆/天。根据这座隧道提出了三种照明方案，这三种方案有以下几个共同的特点：

(1) 一个主要的特点就是用比较明亮的混凝土来装饰隧道的墙壁，表面必须有很好的反射能力，并且易于清洗。在这种情况下，较少的照明也能提供足够的能见度。因为明亮的墙壁和拱顶的作用，在入口区域和过渡区域，较少的能量消耗也能使驾驶者很好地适应光线的变化。

(2) 明亮的隧道拱顶和墙壁能比明亮的路面更有效地使驾驶者适应亮度的变化，因为它们能提供更宽阔的视野，而且，因为它们覆盖了视野的上半部分，所以能很好地和隧道外部的明亮天空衔接。

(3) 由于对向车头灯之间的对照降低，照明设备和隧道拱顶及墙壁的对照也降低，因此眩光也减少。

(4) 另外一个共同点就是都使用 LED 灯作为诱导灯。LED 灯将安装在整个隧道的墙壁上，间隔 30m。此即日常的交通提供道路线形诱导，同时也作为逃生诱导标志。

三种方案的具体布置如下。

方案一：用 CDM(陶瓷金属卤化物灯)、LED 灯或日光等光源照亮隧道拱顶和墙壁，路面被从拱顶和墙壁反射的光线间接照亮，如图 4-8-4 所示。

方案二：在拱顶上安装反射板，与行车方向垂直。光源 CDM、LED 或者日光照射在反射板上，路面则由反射板、拱顶和墙壁的反射光线间接照亮，如图 4-8-5 所示。

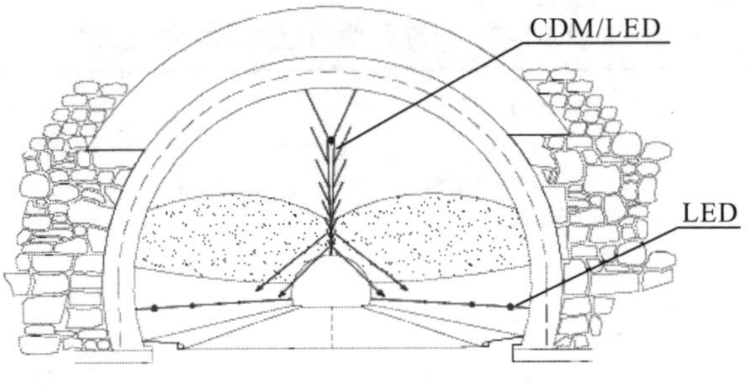

图 4-8-4　方案一照明示意图

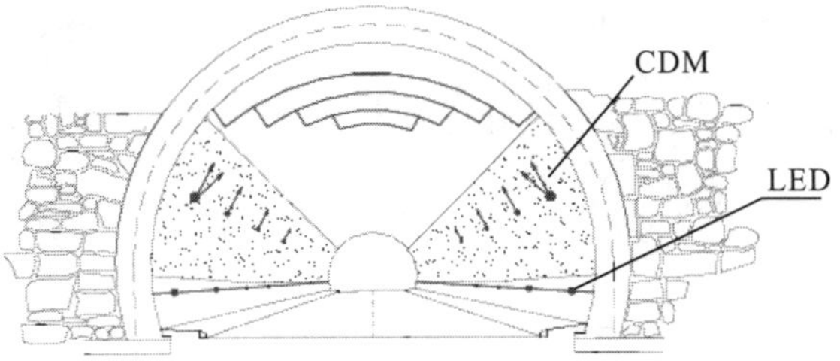

图 4-8-5　方案二照明示意图

方案三：同方案二一样，反射板安装在拱顶上。但是，反射板是透明的，而且通过反射板反射光线照亮，光源可能是 OLED(有机发光半导体)灯、LED 灯、CDM 或者日光，如图 4-8-6 所示。

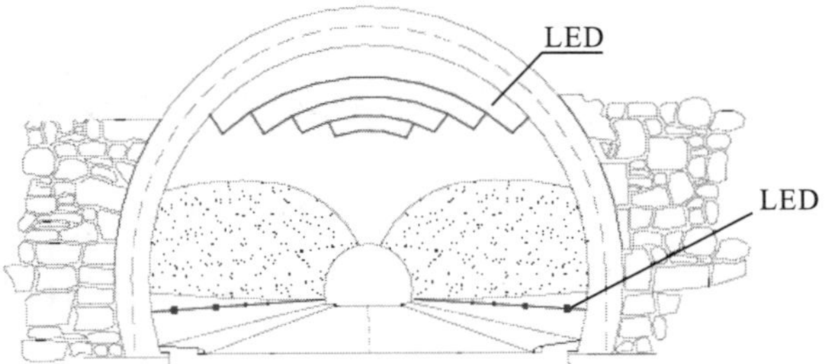

图 4-8-6　方案三照明示意图

对这三个方案相互之间进行了比较，也同传统的照明方案进行比较。这需要在实际隧道和实验室里进行一些测试。全规模的试验是在 E18 线上的 Fosskollen 隧道进行的，试验目的是比较隧道拱顶和墙壁的间接照明同传统的路面照明的外观。而间接照明在隧道墙壁上增设了 LED 诱导灯。

Fosskollen 隧道里的测试装置是建立在 CDM(70W/150W)照明的基础上的，3 个测试装置安装在隧道的两侧，间隔为 10m，距路面的高度为 2.8m。另外，在隧道两侧墙壁距路面 0.8m 的地方安装了 LED 诱导灯，间距为 47m。测试装置显示 LED 灯之间 47m 的间距太长，必须降到 25～30m。隧道的拱顶和墙壁在测试期间积满灰尘，因此光线反射很差。

然而，测试的效果仍然良好，结果是：

0.8cd/m^2——18lx（150W 的 CDM 光源）；

0.4cd/m^2——10lx（70W 的 CDM 光源）。

而且，照明的光线很平滑，视觉效果非常好。

由前面车辆的尾部频繁反射的光线通常被视为干扰。这些反射是由安装在拱顶上的灯具发出的直接光线引起的。如果隧道内设计的是间接照明系统，而且隧道表面的亮度较高，则这种干扰就可以避免。

经过测试表面，间接照明系统的耗电量不会超过传统照明的 60%，但是，实际上，间接照明的隧道在光线上有了很大的改进。基于此全规模测试技术，在实验室进行了方案二和方案三的测试。根据技术设计、经济性和维护因素，最后选择了方案二(图 4-8-7)。

图 4-8-7　传统照明与间接照明效果对比图

方案三中的透明金属板，要在一块光学性质良好和物理电阻较低的金属上获得足够的亮度，不论是在建造上还是在制造上，都要复杂得多。

在对用 CDM 和 LED 灯照射在反射板上的系统进行测试时发现，这两种光源都能满足要求。CDM 发出的光强仍然比 LED 灯要高，但是小规模的测试表明，建立在 LED 基础上的设备和反射体更加经济，而更容易和建筑物相适应。这个系统的效率比 CDM 高得多。

在测试基础上的计算表明，和传统的照明方案相比，间接照明系统节约的能源是相当高的。在入口区域的表面亮度将达到 400cd/m^2 左右，这足够满足挪威规范规定的行车速度（前灯开启）为 80km/h 时的亮度要求。

针对 LED 灯和 CDM 反射结合的全规模的试验即将展开，LED 灯和 CDM 的结合在需要泛光照明的隧道是非常有用的。这些测试的目的是验证是否可以把主要照明装置和应急照明都建立在 LED 灯的基础上。

4.8.4　隧道照明质量的评价

隧道照明质量评价包括评价指标与评价方法，本节主要列出评价指标的计算公式，评价方法不细介绍。

1. 照度

某一灯具在洞内路面计算点产生的水平照度可按式(4-8-2)计算：

$$E_{pi}=\frac{I_{\mathrm{cr}}}{H^2}\cos^3\gamma\frac{\varPhi}{1000}M \tag{4-8-2}$$

式中，E_{pi}为灯具在洞内路面计算点p产生的水平照度，lx；γ为p点对应的灯具光线入射角(°)；I_{cr}为灯具在计算点p的光强值(cd)，按灯具光强表取值；M为灯具的养护系数，无资料时可取0.6～0.7；$\varPhi$为灯具额定光通量，lm；H为灯具光源中心至路面的高度，m。

数个灯具在计算点所产生的照度可按式(4-8-3)计算：

$$E_p=\sum_{i=1}^{n}E_{pi} \tag{4-8-3}$$

式中，E_p为p点的水平照度，lx；n为灯具数量，计算时可取计算区域前后各一组灯，2～4个。

路面平均水平照度可按式(4-8-4)计算：

$$E_{\mathrm{av}}=\frac{\sum_{p=1}^{m}E_p}{m} \tag{4-8-4}$$

式中，E_{av}为路面平均水平照度，lx；m为计算区域内计算点的总数。

2. 亮度

亮度计算应满足下列条件：

(1)计算区域不小于灯具间距。

(2)观察点距计算区域取60～160m，距路面边缘为1/4路面宽，距路面高度1.5m。

(3)计算区域内纵向计算点间距不宜大于1.0m，横向计算点应不少于5点。

(4)计算灯具应包括计算区域前后各一组(2～4个)。

某灯具在路面计算点产生的亮度可按式(4-8-5)计算(图4-8-8)：

$$L_{pi}=\frac{I_{\mathrm{cr}}}{H^2}\cdot r(\beta,\gamma) \tag{4-8-5}$$

式中，L_{pi}为灯具i在计算点p产生的亮度，cd/m^2；$r(\beta,\gamma)$为简化亮度系数；β为观察面与光入射面之间的角度。

数个灯具在计算点产生的亮度可按式(4-8-6)计算：

$$L_p=\sum_{i=1}^{n}L_{pi} \tag{4-8-6}$$

式中，L_p为p点的亮度，cd/m^2。

计算区域内路面的平均亮度可按式(4-8-7)计算：

$$L_{\mathrm{av}}=\frac{\sum_{p=1}^{m}L_p}{m} \tag{4-8-7}$$

式中，L_{av}为计算区域内路面的平均亮度，cd/m^2。

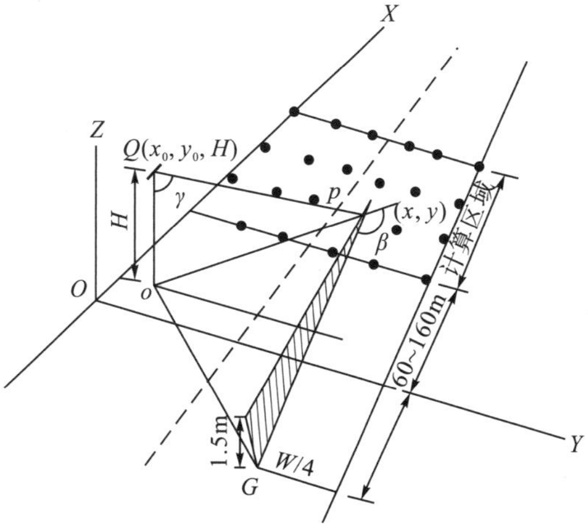

图 4-8-8　亮度计算示意图

3. 照度与亮度的换算

路面平均亮度与平均照度间的换算率，不仅与路面材料有关，还与路面的使用龄期有关，具体如图 4-8-9 所示。

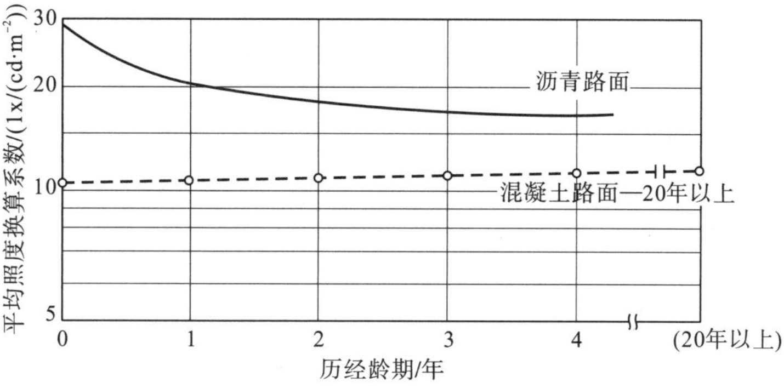

图 4-8-9　平均照度换算系数的历年变化

4. 均匀度

路面亮度总均匀度可按式(4-8-8)计算：

$$U_0 = \frac{L_{\min}}{L_{\mathrm{av}}} \tag{4-8-8}$$

式中，U_0 为路面亮度总均匀度；$L_{\min}$ 为计算区域内路面最小亮度，cd/m^2。

路面中线亮度纵向均匀度可按式(4-8-9)计算：

$$U_1 = \frac{L'_{\min}}{L'_{\max}} \tag{4-8-9}$$

式中，U_1 为路面亮度总均匀度；$L'_{\min}$ 为路面中线最小亮度，cd/m^2；$L'_{\max}$ 为路面中线最大亮度，cd/m^2。

5. 闪烁频率

驾驶汽车通过不同的空间区域时，亮度随之变化，眼睛会觉得有闪烁感，就像由于日光屏(包括遮阳屏和非遮阳屏)或单独设置的光源所产生的现象。在一些特定的情况下，这些闪烁会让人感到不舒适，有时还比较严重。

由闪烁效应引起的视觉上不舒适的程度依赖于以下几个方面：

(1)每秒钟内的亮度变化值(闪烁频率)；

(2)闪烁的总持续时间；

(3)一个单循环内的亮度差。

其中，(1)、(2)和(3)项依赖于车辆的行驶速度和亮度的分布范围；(3)项也和亮度测定仪的特性及亮度的分布空间有关。当一个区域内的亮度结束到另一个区域的亮度开始的中间段距离少于连续变化光线所需要的距离时，这种不舒适的闪烁光将会产生一个独立的频率，那么闪烁频率能够很容易地由行车速度除以灯具间距得到。

灯具布置闪烁频率可按式(4-8-10)计算：

$$f = v / s \tag{4-8-10}$$

式中，f为闪烁频率，Hz；v为设计车速，m/s；s为灯具布置间距，m。

通常来讲，闪烁频率低于 2.5Hz 或高于 15Hz 都是可以忽略的；当闪烁频率在 4～11Hz，并且持续时间超过 20s 以上时，不舒适感会让人无法形容。推荐认为，当持续时间超过 20s 时，安装相关的设备可以使频率分布在 4～11Hz 之外，尤其是当使用亮度值很高的小光源时。轻度坡度上采用高亮度值的光源(如长大隧道里采用的荧光管)通常会让人感到不适。考虑到高亮度的成分，推荐避免使用所有频率都低于闪烁频率的没有遮阳功能的日光屏。

6. 眩光

因为眩光降低了能见度，所以控制眩光是非常重要的。隧道照明必须考虑失能眩光和不舒适眩光的影响。

1)失能眩光

失能眩光的效果由阈值增量 TI 来衡量，在白天，入口段、过渡段和中间段的阈值增量 TI 必须小于 15%，而出口段白天的阈值增量没有严格限定，下面的公式可以用来计算 TI：

$$\mathrm{TI} = 65(L_{\mathrm{v}} / L_{\mathrm{r}}^{0.8}),\quad L_{\mathrm{r}} \leqslant 5\mathrm{cd/m^2} \tag{4-8-11}$$

$$\mathrm{TI} = 95(L_{\mathrm{v}} / L_{\mathrm{r}}^{1.05}),\quad L_{\mathrm{r}} > 5\mathrm{cd/m^2} \tag{4-8-12}$$

式中，L_{r}为道路表面的平均亮度值；L_{v}为等效光幕亮度，经验公式如下：

$$L_{\mathrm{v}} = k\sum_{i=1}^{n}\frac{E_{\mathrm{eye}i}}{\Theta_i^2} \tag{4-8-13}$$

式中，$E_{\mathrm{eye}i}$为由第 i 个眩光源在垂直于视线方向上的人眼视网膜上的照度，lx；Θ_i为视线

方向和第 i 个眩光源的光射入观察者眼睛方向的夹角，(°)；k 为年龄系数(为计算目的取为 10)；n 为眩光源总数。

L_v 是由相关区域内固定轴线在水平面以下 1°的视野范围内的所有灯具产生的光幕亮度。计算值应该基于一个初始计算值以及以汽车顶棚的视线以上 20°范围内的观察值为准。当前还没有办法给定一个精确的数值来限定过渡段的眩光。

2) 不舒适眩光

不舒适眩光用眩光指数 G 来衡量，是一个主观感受值，其标定依据如表 4-8-2 所示。

表 4-8-2　不舒适眩光指数的定标和主观评价的关系

眩光指数 G	眩光描述	主观评价
1	无法忍受的	感觉很坏
3	有干扰的	感觉不好
5	刚好容许的	感觉一般
7	令人满意的	感觉好
9	感觉不到的	感觉非常好

4.9　隧道各照明段落功率长度

4.9.1　入口段长度

隧道入口段分为入口段 1 和入口段 2，以 D_s 代表停车视距，h 代表洞口内净空高度，根据《公路隧道照明设计细则》，隧道入口段长度可按式(4-9-1)计算：

$$D_{th1}=D_{th2}=\frac{1}{2}[1.154D_s-(h-1.5)/\tan10°] \tag{4-9-1}$$

4.9.2　过渡段长度

以 L_{tr}、L_{in}、L_{th1} 分别表示过渡段、中间段和入口段的照明亮度，隧道过渡段照明适应曲线如式(4-9-2)所示：

$$L_{tr}=L_{th1}(1.9+t)^{-1.4} \tag{4-9-2}$$

以 v 表示设计速度，S 表示过渡段长度，在过渡段末端，其亮度与中间段亮度相等，由式(4-9-2)知：

$$L_{in}=L_{th1}\left(1.9+\frac{D_{tr}}{2}\right)^{-1.4} \tag{4-9-3}$$

解式(4-9-3)可得

$$D_{\text{tr}} = \left[\left(\frac{L_{\text{th1}}}{L_{\text{in}}} \right)^{\frac{1}{1.4}} - 1.9 \right] v \tag{4-9-4}$$

4.9.3　中间段长度

根据《公路隧道照明设计细则》，隧道出口段长度为60m，设隧道长度为D_{L}，中间段长度为D_{s}，则有

$$D_2 = D_{\text{L}} - \left\{ 1.154D_{\text{s}} - (h-1.5)/\tan 10^\circ + v\left[\left(\frac{L_{\text{th1}}}{L_{\text{in}}} \right)^{\frac{1}{1.4}} - 1.9 \right] + 60 \right\} \tag{4-9-5}$$

4.10　隧道各照明段落功率密度

设隧道横断面宽度不变，为 W(m)，灯具照到路面上的实际光效为 E(lm/W)，养护系数为M，照明段落 i 的亮度为L_i，长度为D_i，路面亮度系数为μ，该段落所需照明功率为P_i，则有如下关系。

照明段落 i 所需照明的面积S_i (m^2) 为

$$S_i = L_i(W_i + 4) \tag{4-10-1}$$

照明段落 i 所需照明功率 P_i (W) 为

$$P_i = S_i \mu L_i / (E \cdot M) \tag{4-10-2}$$

照明段落的照明功率亮度 I_i (W/m^2) 为

$$I_i = \frac{P_i}{S_i} \tag{4-10-3}$$

或者

$$I_i = \frac{\mu L_i}{EM} \tag{4-10-4}$$

若灯具光通量为ϕ (lm/W)，灯具光通量利用率为y，则

$$I_i = \frac{\mu y L_i}{\phi \eta M} \tag{4-10-5}$$

下面分别讨论各照明段落功率密度的计算方法。

4.10.1　入口段照明功率密度

根据《公路隧道照明设计细则》，入口段 2 为入口段 1 的一半，故

$$I_{\text{th2}} = \frac{\mu L_{\text{th1}}}{2EM} \tag{4-10-6}$$

以L_{th}表示入口段长度(m)，S_1、S_2分别为入口段 1、入口段 2 需照明的面积(cm^2)，

$S_1=S_2$，则入口段平均功率密度 I_{th} 为

$$I_{th}=\left(\frac{S_1\mu L_{th1}}{EM}+\frac{S_2\mu LL_{th1}}{2EM}\right)\Big/(S_1+S_2)$$
$$=\frac{3S_1\mu L_{th1}}{4EMS_1}$$

即

$$I_{th}=\frac{3\mu L_{th1}}{4EM} \tag{4-10-7}$$

4.10.2　过渡段照明功率密度

设在 d_x（m）内，过渡段亮度不变，则 d_x 内的照明面积 d_s（m^2）为

$$d_s=(W+4)d_x$$

d_s 内照明功率 d_p（W）为

$$d_p=\frac{\mu L_i d_s}{EM}$$

设 d_x 于 x 处，由式(4-9-3)可知：

$$L_i=L_{th1}\left(1.9+\frac{x}{v}\right)^{-1.4}$$

则过渡段所需照明功率 P_{tr}（W）为

$$P_{tr}=\int_0^{D_{tr}}L_{th1}\left(1.9+\frac{x}{v}\right)^{-1.4}\mu(W+4)d_x/(EM) \tag{4-10-8}$$

对式(4-10-8)积分可得

$$P_{tr}=\frac{\mu v(W+4)L_{th1}}{0.4EM}\left[1.9^{-0.4}-\left(1.9+\frac{D_{tr}}{v}\right)^{-0.4}\right]$$
$$=\frac{\mu v(W+4)L_{th1}}{0.4EM}\left[1.9^{-0.4}-\left(\frac{L_{th}}{L_{in}}\right)^{-\frac{0.4}{1.4}}\right] \tag{4-10-9}$$

过渡段照明面积 S_{tr} 为

$$S_{tr}=D_{tr}(W+4) \tag{4-10-10}$$

将式(4-9-3)代入式(4-10-10)可得

$$S_{tr}=(W+4)v\left[\left(\frac{L_{tr1}}{L_{in}}\right)^{\frac{1}{1.4}}-1.9\right] \tag{4-10-11}$$

故过渡段照明功率密度 I_{tr} 为(lm/m²)

$$I_{tr}=\frac{P_{tr}}{S_{tr}}$$

即

$$I_{\mathrm{tr}}=\frac{\mu L_{\mathrm{th1}}}{0.4EM}\left[1.9^{-0.4}-\left(\frac{L_{\mathrm{th1}}}{L_{\mathrm{in}}}\right)^{-0.4}\right]\Bigg/\left[\left(\frac{L_{\mathrm{th1}}}{L_{\mathrm{in}}}\right)^{\frac{1}{1.4}}-1.9\right] \tag{4-10-12}$$

4.10.3　出口段功率密度

根据《公路隧道照明设计细则》，出口段长为 60m，分为各 30m 的两段，其亮度分别为

$$L_{\mathrm{e1}}=3L_{\mathrm{in}} \tag{4-10-13}$$

$$L_{\mathrm{e2}}=5L_{\mathrm{in}} \tag{4-10-14}$$

由式(4-10-13)可得出口段照明功率密度 I_{te}(lm/m²)为

$$I_{\mathrm{te}}=\frac{90\mu L_{\mathrm{in}}(W+4)}{EM}+\frac{150\mu L_{\mathrm{in}}(W+4)}{EM}\Big/\left[(W+4)\cdot 60\right]$$

即

$$I_{\mathrm{te}}=\frac{4\mu L_{\mathrm{in}}}{EM} \tag{4-10-15}$$

4.10.4　中间段功率密度

设隧道中间段长度需照明面积为 S_2，则

$$S_2=(W+4)\left\{D_{\mathrm{L}}-\left\{1.154D_{\mathrm{s}}-(h-1.5)/\tan 10^{\circ}+v\left[\left(\frac{L_{\mathrm{th1}}}{L_{\mathrm{in}}}\right)^{\frac{1}{1.4}}-1.9\right]+60\right\}\right\} \tag{4-10-16}$$

中间段照明功率 P_2(W)为

$$P_2=\frac{S_2\mu L_{\mathrm{in}}}{EM} \tag{4-10-17}$$

根据定义，中间段照明功率密度 I_2 可由式(4-10-18)计算：

$$I_2=\frac{\mu L_{\mathrm{in}}}{EM} \tag{4-10-18}$$

本节得出的功率密度计算公式是计算照明所需总功率的基础。根据以上公式可以计算隧道照明总功率。

4.11　相对功率密度比

相对功率密度比是指某个照明段落功率密度与其他照明段落功率密度之比。根据定义，以中间段照明功率密度为基准，令第 i 个照明段落照明功率密度与其之比为 $R_{\mathrm{I}i}$，即

$$R_{\mathrm{I}i}=\frac{I_i}{I_{\mathrm{in}}} \tag{4-11-1}$$

相对功率密度比刻画了单位长度照明所需功率的比值。

以 R_{Ith} 表示入口段功率密度与中间段功率密度之比，则其可用式(4-11-2)计算：

$$R_{\text{Ith}} = \frac{3\mu}{4EM}\frac{L_{\text{th1}}}{L_{\text{in}}} \tag{4-11-2}$$

令

$$\frac{\mu}{EM} = \alpha \tag{4-11-3}$$

$$\frac{L_{\text{th1}}}{L_{\text{in}}} = \beta \tag{4-11-4}$$

则式(4-11-2)可写为

$$R_{\text{Ith}} = \frac{3}{4}\beta \tag{4-11-5}$$

同理可得过渡段和出口段的 R_{Itr} 与 R_{Ite} 如下：

$$R_{\text{Itr}} = \frac{\beta(1.9^{-0.4} - \beta^{-0.4})}{0.4(\beta^{\frac{1}{1.4}} - 1.9)} \tag{4-11-6}$$

$$R_{\text{Ite}} = 4 \tag{4-11-7}$$

由式(4-11-5)、式(4-11-6)和式(4-11-7)可见，入口段、过渡段功率密度与中间段功率密度的比值取决于 β 的大小。

设 $L_{20} = 3000\text{cd/m}^2$，则 L_{th1} 和 β 如表 4-11-1 和表 4-11-2 所示。

表 4-11-1　L_{th1} 取值

设计小时交通量 N(辆/(h·ln))		设计速度				
单向交通	双向交通	120km/h	100km/h	80km/h	60km/h	20～40km/h
≥1200	≥650	210	135	105	66	36
≤350	≤180	150	105	75	45	30

表 4-11-2　β 计算表

交通量情况	设计速度				
	120km/h	100km/h	80km/h	60km/h	20～40km/h
大交通量	21.00	20.78	30.00	33.00	36.00
小交通量	33.33	35.00	50.00	45.00	30.00

注：大交通量为单向交通量≥1200 辆/(h·ln)或双向交通量≥650 辆/(h·ln)。

小交通量为单向交通量≤350 辆/(h·ln)或双向交通量≤180 辆/(h·ln)。

根据表 4-11-2，可以得出以下结论：

(1)入口段单位长度照明用电是中间段单位长度用电的 15.75～37.5 倍。

(2)出口段单位长度照明用电是中间段单位长度用电的 4 倍。

(3)过渡段单位长度照明用电是中间段单位长度用电的 3.62～4.88 倍。

4.12 灯具效能与价格对照明投资的影响

在隧道照明应用中，建设单位常为难以找到满意的灯具而犯愁，其原因就在于对灯具效能和价格对建设与运营的影响缺乏认识，本节就这一问题进行讨论。

由式(4-10-7)、式(4-10-12)、式(4-10-15)和式(4-10-18)，可设隧道总功率密度 I 为

$$I=\frac{3\mu L_{\text{th1}}}{4EM}+\frac{\mu L_{\text{th1}}}{0.4EM}\left[1.9^{-0.4}-\left(\frac{L_{\text{th1}}}{L_{\text{in}}}\right)^{-0.4}\right]\Bigg/\left[\left(\frac{L_{\text{th1}}}{L_{\text{in}}}\right)^{\frac{1}{1.4}}-1.9\right]+\frac{4\mu L_{\text{in}}}{EM}+\frac{\mu L_{\text{in}}}{EM}$$

或者

$$I=\frac{3\alpha L_{\text{th1}}}{4}+\frac{\alpha L_{\text{th1}}}{0.4}\left(1.9^{-0.4}-\beta^{-0.4}\right)\Big/\left(\beta^{\frac{1}{1.4}}-1.9\right)+5\alpha \tag{4-12-1}$$

从而所需的照明总功率 P(W)为

$$P=(W+4)\alpha D_{\text{L}}\left[\frac{3}{4}L_{\text{th1}}+\frac{1}{0.4}L_{\text{th1}}\left(1.9^{-0.4}-\beta^{-0.4}\right)\Big/\left(\beta^{\frac{1}{1.4}}-1.9\right)+5\right] \tag{4-12-2}$$

若令

$$r=\frac{3}{4}L_{\text{th1}}+\frac{1}{0.4}L_{\text{th1}}\left(1.9^{-0.4}-\beta^{-0.4}\right)\Big/\left(\beta^{\frac{1}{1.4}}-1.9\right)+5] \tag{4-12-3}$$

则式(4-12-2)可改写为

$$P=(W+4)\alpha D_{\text{L}}r \tag{4-12-4}$$

当工程条件确定时，r、W 都是定值，隧道照明用电仅受 α 的影响。

设灯具照到路面的光效的价格为 C_{p}(元/lm)，则照明总投资 C_{L}(元)为

$$C_{\text{L}}=\frac{\mu C_{\text{p}}rD_{\text{L}}(W+4)}{EM} \tag{4-12-5}$$

设灯具对比的基准为 E_1(lm/W)和 C_{p1}(元/lm)，令与基准灯具的比值为 R_{cL}，则

$$R_{\text{cL}}=\frac{C_{\text{p}}E_1}{EC_{\text{p1}}} \tag{4-12-6}$$

由式(4-12-6)可知，若 $C_{\text{p}}E_1=EC_{\text{p1}}$，则二者相等，若 $C_{\text{p}}E_1<EC_{\text{p1}}$，则该比较的灯具比基准灯具投资更少。

例如，某隧道基准灯具参数为 $E_1=80\text{lm/W}$，$C_{\text{p}}=0.10$，比较灯具参数为 $E_1=100\text{lm/W}$，$C_{\text{p1}}=0.12$，比较灯具比基准灯具价格高 20%，但由于 $R_{\text{cL}}<1$，故比较灯具投资更省，因此照明灯具选择不能仅关注灯具的单价，而应该关心灯具的实际效能和实际可用光通量的单价。

第 5 章　公路隧道照明理论模型

本章介绍隧道照明应满足的场景、约束条件、临界车间时距、三种交通流形态的分界点计算方法以及不同照明段落所需亮度的确定方法。

5.1　概　　述

公路隧道照明按光源分类，包括自然光照明和人工光照明；按光源的方向分类，包括散射光照明和定向光照明；按功能分类，包括功能性照明与辅助诱导照明。无特殊情况时，都是指功能性照明。

公路隧道照明需要解决亮度问题和设施配置问题，解决这两个问题的核心是解决驾驶者、光环境以及交通状态之间的耦合问题。

1. 驾驶者与光环境的耦合问题

驾驶者从洞外光线强烈处进入洞内较暗处，逐渐适应，直到再由隧道出口较暗处驶入洞外，这一问题已经解决。通过将隧道划分为入口段、过渡段、中间段和出口段，每个段落设置不同亮度的照明灯具，使驾驶者视觉与光环境相适应，视觉适应曲线为

$$L_{\mathrm{tr}} = L_{\mathrm{th}}(1.9 + t)^{-1.4} \tag{5-1}$$

式中，L_{tr} 为过渡段亮度；L_{th} 为入口段亮度；t 为车辆从过渡段开始所经历的行驶时间。

2. 不同光环境所需亮度问题

隧道不同段落所需要的亮度，国内外相差不大，成果比较成熟。中间视觉理论的研究成果，使隧道中间段所需亮度比过去各国规范的规定值有所降低，有了理论与试验数据支撑。

3. 光环境与交通状态的耦合问题

这一问题，现有照明理论存在严重缺陷，且与实际情况不符，这主要表现在认为所需亮度与交通量的大小成正比，交通量最大时，所需亮度最大。事实上，交通量最大，也就是达到通行能力时，车辆都处于跟踪状态，车间间距很小，没有必要设置较大的照明系统，相反，当交通量处于不大也不小时，反而需要较大的亮度。具体来讲，主要有以下问题。

1) 未考虑车辆类型对交通状态的影响

CIE 规范和《公路隧道照明设计细则》都是采用混合高峰小时每车道的交通量作为设

计交通量，这在以小车为主的发达国家其影响可能不大，但在经济发展较不平衡的我国，可能就很大。显然，700 辆/(h·ln)的交通量为大货车时和 700 辆/(h·ln)的交通量为小车时，其交通状态完全不同。前者交通状态已经十分拥挤，后者则远非如此。

2)未考虑交通状态对所需辨识距离的影响

道路交通状态有跟踪行驶、超车行驶和变道行驶(欲超而未能超车又回到原车道)。设不同交通状态共有 3 个特征交通量值，即图 5-1-1 中 a、b、c 三个点。a 点为某概率下的临界最小交通量(辆/(h·ln))，c 点为通行能力(辆/(h·ln))，b 点为 a、c 点间的某一个值(辆/(h·ln))。当交通量为 $[0,a)$ 段时，其交通行为不受干扰。当交通量为 (b,c) 段时，交通流处于跟踪状态，当交通量在 (a,b) 段时，驾驶者的交通行为受到干扰，可能要变换车道超车，不同交通状态所需的辨识距离不同。

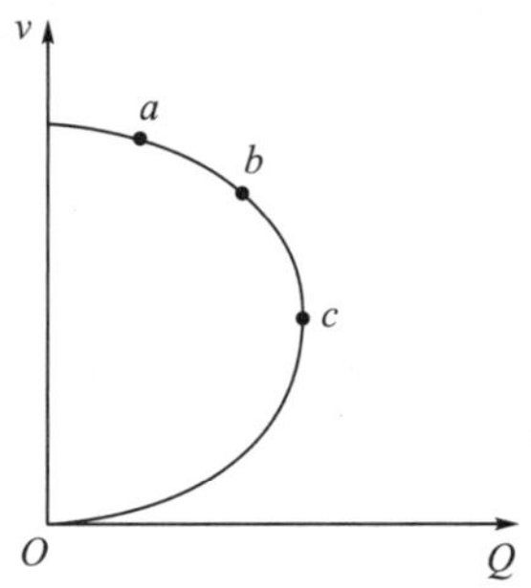

图 5-1-1 交通流形态划分图

3)未考虑交通流速度差对所需辨识距离的影响

隧道照明以能辨识清楚 0.2m×0.2m×0.2m 的道路上障碍物作为确定所需亮度的依据，换句话说，是以静态停车距离内能看清楚 0.2m×0.2m×0.2m 的障碍物作为确定所需亮度的依据。这一依据并不能完全保障不发生碰撞交通事故，因为变换车道所需要的安全间距更大，速度差较大时，这一影响更为明显。

4)未涉及风险度的概念

L_{20}是隧道照明的一个重要参数，其定义为一年内第 75 个最大洞外亮度值，其隐含两层意思：其一，不能保证前 74 个最大亮度时“黑洞现象”与“白洞现象”对驾驶者的影响不显著；其二，未涉及设计周期，是多少年一遇的一年内第 75 个最大洞外亮度值。

5)未涉及经济条件

建设与运营投资的多少，无疑一直都是隧道照明考虑的一个因素。虽然 CIE、《公路隧道照明设计细则》、英国的 BS-5489-2(《道路照明设计准则》)都规定 200m 以上隧道要进行照明，但是没有一个国家规定所有隧道都要进行照明，我国《公路隧道照明设计细则》规定 500～1000m 的二级公路隧道宜设置照明，三、四级公路根据实际情况确定，但是都缺乏量化的标准值。

综上所述，本章主要论述如何解决上述 5 个问题，解决的方法是：

(1) 阐述可控制辨识时距的概念和风险度的概念。

(2) 明确影响因素及其组合。

(3) 提出不同交通状态的可辨识时距计算模型。

(4) 根据可辨识车间时距计算模型，提出 a、b 特征值计算方法(c 值按交通工程计算方法计算)。

(5) 提出隧道照明车辆换算系数计算方法。

(6) 以《公路隧道照明设计细则》和 CIE 规定的临界最小交通量作为依据，分析容许概率，本章称其为安全度。

(7) 结合道路功能，提出建议的隧道重要度计算方法。

(8) 提出建议安全度下的 a、b 特征值。

5.2　隧道照明场景

隧道照明场景涉及照明配置的影响因素、交通状态、障碍物和工程实际。三者的组合构成了照明系统配置的场景。

5.2.1　照明配置的影响因素

目前，照明配置的影响因素，国内外基本相同，差异仅在于国内不考虑交通组成的影响，国外有些国家考虑货车在交通流中所占比例的影响。这些因素，总体来说可以分为 3 类，即由工程主体决定的影响因素、期望能够满足的交通因素、市场可提供的灯具的技术与经济状况以及养护管理的水平。若以 X_1 表示照明配置影响因素的集合，则有

$$X_1 = (h, \mu, w, \psi, L, v, q, \phi, \eta, M) \tag{5-2-1}$$

式中，h 为隧道洞口净空高度，m；μ 为隧道路面亮度系数；w 为隧道净宽，m；ψ 为隧道纵向坡度；L 为隧道长度，m；v 为隧道照明设计速度，km/h；q 为设计交通量，辆/(h·ln)；ϕ 为照明灯具额定光通量，lm/W；η 为灯具光通量利用率；M 为灯具养护系数。

上述 10 个参数是照明系统配置初步设计和施工图设计中不可缺少的参数。在联合设计中，由于产品规格型号已经确定，故不需要灯具光通量利用率这一参数，但却需要灯具的配光曲线资料。

5.2.2　交通状态

目前，国内外隧道照明皆没有考虑正常交通时交通流的状态，仅规定了异常工况和维修工况照明灯具的开启方式。

事实上，不同交通状态所需要的可辨识距离不同。国内外皆以满足在静态障碍物前能

够及时刹车，也就是以能够看清楚静态停车距离内的障碍物作为确定照明所需亮度的依据。然而，实际遇到的情形远非如此，超车时所需要的可辨识距离远大于静态停车距离，车辆间速度有差异时所需要的可辨识距离又大于匀速行驶时所需要的可辨识距离。因此，隧道照明应该考虑交通状态。

交通状态包括车辆的交通行为状态和交通流状态。如前所述，交通行为状态有自由行驶、干扰行驶和跟踪行驶，而交通流状态的特征参数可以用平均速度、交通量、车辆的平均长度和车流速度的均方差来表示。由于前两个参数在照明系统配置已经考虑，从而若以 X_2 表示交通状态的集合，则有

$$X_2=(L_2,\Delta_2) \tag{5-2-2}$$

式中，L_2 为车辆平均长度，m；Δ_2 为隧道内交通流速度的均方差。

5.2.3 障碍物与工程实际

隧道照明应满足的场景必然包括工程实际和障碍物的类别。无论是我国的《公路隧道照明设计细则》，还是国外的相关规范，都有"根据实际情况确定的描述"，但仅仅是文字的描述，缺乏数字的描述。本书对工程实际，用经济条件、容许的交通风险和隧道在道路网络中的重要度 3 个参数来描述(计算方法后面章节说明)，至于障碍物的类别，目前国内外仅考虑静态障碍物，而没有考虑动态障碍物。

综上所述，若以 X_3 表示障碍物与工程实际参数的集合，则有

$$X_3=(P_w,y_e,O_s,O_m,R_D) \tag{5-2-3}$$

式中，P_w 为隧道在道路网络中的重要度；y_e 为经济条件；O_s 为静态障碍物；O_m 为动态障碍物；R_D 为安全度或容许的交通风险度，以置信度表示。

5.2.4 照明场景

以上 17 个参数，照明配置涉及的参数现有方法已经考虑，交通组成参数国内不考虑，国外部分国家考虑，障碍物仅考虑了静态障碍物而没有考虑动态障碍物，此外，工程实际没有量化。

照明场景是 X_1、X_2 和 X_3 的组合。X_1 中的参数由工程条件和涉及人员确定，因此需要考虑的照明场景是 X_1、X_2 的组合。为了实用，交通组成的影响采用车辆换算系数来考虑，工程实际由设计人员根据后面介绍的方法确定，鉴于跟踪状态车流速度差很小，而干扰流时，由于平均速度的统计间隔较长，超车时间相对于时间统计间隔较小，由于超车而产生的速度差难以统计得到，故对干扰流和跟踪流也可以不考虑速度差的影响，这样，以 Z 表示其他参数组合构成的场景，则有

$$Z=(Z_1,Z_2,Z_3,Z_4,Z_5,Z_6,Z_7,Z_8) \tag{5-2-4}$$

式中，Z_1 为自由行驶交通状态，车型为标准车型，静态障碍物，$\Delta_2\neq0$；Z_2 为自由行驶交通状态，车型为标准车型，静态障碍物，$\Delta_2\approx0$；Z_3 为自由行驶交通状态，车型为标准车型，动态障碍物，$\Delta_2\neq0$；Z_4 为自由行驶交通状态，车型为标准车型，动态障碍物，$\Delta_2\approx0$；

Z_5为超车行驶交通状态，车型为标准车型，动态障碍物，$\Delta_2 \approx 0$；Z_6为超车行驶交通状态，车型为标准车型，静态障碍物，$\Delta_2 \approx 0$；Z_7为跟踪行驶交通状态，车型为标准车型，静态障碍物，$\Delta_2 \approx 0$；Z_8为跟踪行驶交通状态，车型为标准车型，动态障碍物，$\Delta_2 \approx 0$。

5.3　隧道照明的约束条件与照明目标

公路隧道照明涉及的内容很多，作为照明理论，必然涉及约束条件、目标函数和数学模型，那么，隧道照明的约束条件是什么，数学模型如何建立，本节将回答这些问题。

5.3.1　约束条件

隧道照明是服务于车辆和隧道内车上的乘客、运营养护人员、紧急情况的逃生人员、救援人员以及允许行人通行的人员。因此，以服务对象来讲，隧道分为两种形态：

(1) 不允许行人行走的隧道。这类隧道照明，正常工况只有车辆，异常工况洞内有行人。因此，照明要解决的常态问题是满足车辆在隧道内能够正常行驶，兼顾异常工况的情形。正常工况是纯粹的汽车交通问题。照明能否满足车辆的正常行驶，应考虑交通流的特点，满足交通流不同形态的照明需求。对于异常工况，由于人的速度远小于车辆的速度，能满足汽车行驶，则可满足行人交通。

(2) 允许行人行走的隧道。这类隧道由于行人与车辆混合行驶，行人是弱势的交通群体，则行车与车辆速度大，车辆避免与行人相撞所需的制动距离，远大于与运动中同向行驶避免尾撞所需的制动距离，故所需亮度较大。

由上述可见，无论哪类隧道进行照明，都应满足以下约束条件。

约束条件 1：容许的交通风险度。

任何事情都没有绝对性，交通问题是随机过程问题，也是概率问题，隧道照明更是如此，交通体(行人和车辆)出行，一定存在交通风险。隧道照明不可能满足任何环境条件，任何车辆和行人无风险出行，其隐含着容许交通风险和限定经济条件的约束，因此可以给出如下定义。

定义：隧道照明风险度是指在一定经济条件下，隧道使用者可以容忍的因隧道照明质量而产生的最大交通风险，可以用概率来表示。

隧道照明实际容许的交通风险可以从以下三个方面进行分析：

(1) 按 L_{20} 的定义分析。国内外给出的 L_{20} 的定义，都是指一年中第 75 个洞外最大亮度，这意味着其他 74 个洞外最大亮度，隧道照明不满足洞内外环境的协调性与驾驶者对光环境变化的适应性，是存在交通风险的。

(2) 按临界最小交通量进行分析。国内外都以满足能在停车距离内看清静止的 0.2m×0.2m × 0.2m 障碍物作为确定照明亮度的依据，并给出最小临界交通量的值为 350 辆 / (h·ln)，而事实上，不同交通状态、不同速度差的交通流，当概率一定时，其临界最小交通量是不同的，换句话说，临界最小交通量一定时，其概率是不同的，从而可得到实际容许的照明交通风险的范围。

(3) 按相关规范进行分析。“高速公路隧道监控模式”设置了交通事故率，该事故率是各种因素的综合影响，故因照明质量而产生的容许交通风险一定大于该设定值，其可看成容许交通风险的最低值。

在此，主要以 L_{20} 和临界交通量进行容许交通风险分析：

(1) 按 L_{20} 的定义分析。一年按 365 天计，照明设计不能满足的天数为 74 天，以 R_T 表示容许的交通风险的概率，则从 L_{20} 考虑，有

$$R_T = 74/365 = 0.2 \tag{5-3-1}$$

(2) 按临界交通量分析。以 S_T 表示停车距离(m)，$S_{T动}$ 表示前方为动态障碍物时所需安全距离(m)，$S_{T静}$ 表示前方为静态障碍物时所需安全距离(m)，v 表示设计速度(km/h)，则静态障碍物时，也就是目前国内外采用的照明停车视距，可按式(5-3-2)计算：

$$S_{T静} = \frac{vt}{3.6} + \frac{kv^2}{254(\psi \pm i)} + l_0 \tag{5-3-2}$$

式中，v 为设计速度，km/h；t 为反应时间，取 1.2s；k 为安全系数，取 1.2～1.4；ψ 为路面摩擦系数，取 0.4；i 为道路纵坡坡度，上坡取“＋”，下坡取“－”；l_0 为安全距离(m，含车辆长度)。以 Δt 表示车间临界安全时距，即

$$\Delta t = \frac{S_{T静}}{v} \tag{5-3-3}$$

临界最小交通量，也就是交通流状态为自由行驶，此时车辆到达服从泊松分布，在 Δt 时间内，到达的车辆数不大于车道数，在此按单洞双车道，坡度为零，临界交通量为 350 辆/(h·ln)时，对应的概率如表 5-3-1 所示。

表 5-3-1　静态障碍物容许交通风险的概率

v/(km/h)	120	100	80	60	40
R_T	0.131	0.105	0.081	0.06	0.043

由表 5-3-1 可见，静态障碍物容许的交通风险区间为 0.043～0.131。

综合上述分析，目前国内外实际容许的隧道照明交通风险为 0.043～0.200。

隧道照明风险度可以是一个定值，也可以根据道路功能与经济条件来确定，工程中一般 5%的风险是允许的，故可以认为，隧道照明的容许交通风险范围为 0.05～0.20。至于亮度取多大合适，本节不作讨论。

约束条件 2：交通工况。

交通工况有正常工况、异常工况和维修工况。隧道照明应能满足不同工况时的亮度最低需求，也就是应该满足上述照明场景的需求。

约束条件 3：经济条件。

隧道照明建设、运营与维护，都必须投入资金，照明系统设置应与经济条件相适应。

5.3.2　照明目标

隧道照明本质上是安全与经济的平衡问题。经济发达，还可以考虑照明的舒适性问题。既然是安全与经济的平衡问题，那么照明应满足如下几个目标。

目标 1：符合交通体的行为规律，交通风险低。

实现零交通事故是人类的美好梦想，照明服务于车辆和行人，只有满足车辆和行人的交通行为特征对照明的需求，也就是应满足上述照明场景，才能无限接近实现这一梦想。

目标 2：满足相关规范要求，全寿命周期内的建设、运营与维护费用最省。

隧道照明全天候开启，能源消耗大，耗资大。因此，隧道照明一直是交通行业节能减排的重点。隧道照明亮度应该与容许的交通风险相适应，与经济条件相适应，需求与照明系统配置，无论是在标准制定上，还是在设计与运营上，都应在满足交通需求的条件下，减少建设与运营养护费用，实现节能减排、环境友好的目标。

目标 3：在费用不增加的条件下，照明舒适度提升。

隧道照明灯具多种多样，不同灯具的光谱特性、配光特点各有千秋。因此，隧道照明应在追求建设、运营与维护费用不增加的条件下，形成的光环境柔和、舒适。

隧道照明的这三个目标和约束条件构成了隧道照明的理论不可缺少的部分。理论模型则是在满足约束条件下，探讨如何应用交通工程学、道路工程学及光学的知识，这也是本章采用的研究方法。

5.4　不同交通状态的最小车间时距

本节按坡度为零、标准车辆长度为 6m、道路摩擦系数为 0.4、驾驶者反应时间为 1.2s 来确定不同交通状态下的最小车间时距，照明计算用的最小车间时距为最小可辨识车间时距，其是指驾驶者在反应时间内不与静态或动态障碍物碰撞所需保持的最短时间。

以 Δt 表示车间时距的集合，即

$$\Delta t = (\Delta t_1, \Delta t_2, \cdots, \Delta t_8) \tag{5-4-1}$$

式中，t_i 表示第 i 种交通状态的最小可辨识车间时距。

最小可辨识车间时距可分为静态障碍物时最小可辨识车间时距和动态障碍物时最小可辨识车间时距，由于道路交通流速度差一般不超过 30%，故动态最小可辨识车间时距，本节按速度差为 5%～30%，每 5%按一档进行计算。

5.4.1　自由流的最小车间时距

图 5-4-1 给出了车间时距的示意图，由图可见，车间时距与车间距离对交通状态的描述有所不同。

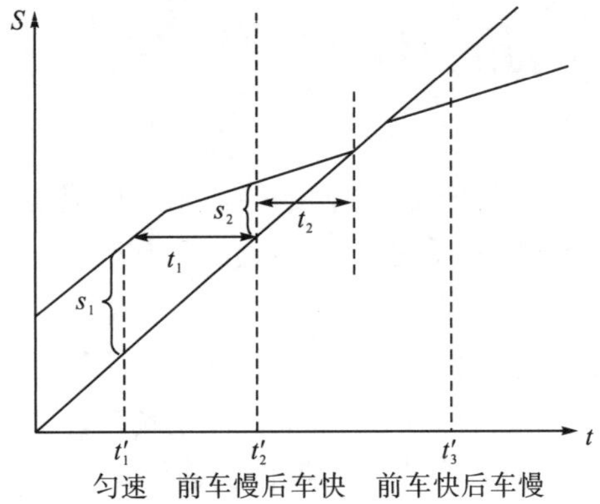

图 5-4-1　车间时距轨迹图(自由流)

1. 当车辆都匀速运动且在同一个车道时

以 s_1、Δt (图 5-4-1 中为 t_1)分别表示在 t_1' 时刻前后两辆车的车间距离和车间时距，以 v 表示车辆的速度，则有

$$\Delta t = s_1 / v \tag{5-4-2}$$

若要保证前后车辆不发生尾撞事故，则应满足：

$$s_1 > S_{\text{T动}} \tag{5-4-3}$$

式中，$S_{\text{T动}}$ 按式(5-4-4)计算，且

$$S_{\text{T动}} = vt / 3.6 + l_0 \tag{5-4-4}$$

2. 当前后车的速度不同且在同一个车道时

以 s_2、t_2 分别表示在 t_2' 时刻前后两辆车的车间距离和车间时距，以 v_1 和 v_2 表示前车和后车速度，由图 5-4-1 的几何关系可以推出，若不采取刹车措施，则一段时间后，两车将会相撞，t_2 可按式(5-4-5)计算：

$$t_2 = s_2 / (v_2 - v_1) \tag{5-4-5}$$

若采取刹车措施，则两辆车之间的距离 S_{T} 应不小于式(5-4-6)的计算值：

$$S_{\text{T}} = vt / 3.6 + kv^2(\rho^2 + 2\rho) + l_0 \tag{5-4-6}$$

式中，ρ 为速度差，值为后车速度与前车速度之比减 1。

$$\Delta t = s_1 / \left[v(1+\rho)\right] \tag{5-4-7}$$

3. 当前面的障碍物为静态障碍物时

以 v 表示该车的速度，此时要保证车辆不与障碍物相撞，则需要的刹车距离为

$$S_{\text{T静}} = \frac{vt}{3.6} + \frac{kv^2}{254(\psi \pm i)} + l_0 \tag{5-4-8}$$

$$\Delta t = S_{\text{T静}} / v \tag{5-4-9}$$

若为静态障碍物，且车辆速度是设计速度的$1+\rho$倍，则需要的刹车距离为

$$S_{\mathrm{T}} = vt/3.6 + k\left[v(1+\rho)\right]^2/\left[254(\psi \pm i)\right] + l_0 \tag{5-4-10}$$

由上述公式可见，运动状态需要的刹车距离最小，静止状态需要的刹车距离最大，故照明需要的便是距离应以满足不与静止状态障碍物相撞为原则，从而可计算得到表 5-4-1 自由流最小可辨识车间时距表。

表 5-4-1　自由流最小可辨识车间时距(单位：s)

车速	速度差						
	0	0.05	0.1	0.15	0.2	0.25	0.3
120km/h	5.632	5.836	5.932	6.09	6.252	6.419	6.589
100km/h	4.959	5.126	5.185	5.306	5.432	5.5619	5.696
80km/h	4.305	4.434	4.454	4.538	4.627	4.7193	4.816
60km/h	3.686	3.775	3.757	3.801	3.851	3.9055	3.964
40km/h	3.157	3.202	3.141	3.143	3.151	3.1637	3.181

5.4.2　干扰流的最小车间时距

干扰流的最小可辨识车间时距，有以下情形。

1. 需变换过去的车道上前方有车但已刹车

如图 5-4-2 所示，车辆 2 不知左侧车道有车要刹车，其刚变换到左侧车道后，左侧车已停车(也可以看成静态障碍物)。此时，应保证车辆 2 不与车辆 1 相撞。而车辆 2 能刹住车，由于车辆 2 刹车了，故还应保证车辆 3 不与车辆 2 相撞。故需要的最小辨识距离由两部分构成，即车辆 2 与车辆 1 之间的安全间距和车辆 3 与车辆 2 之间的安全间距。前车为静态障碍物时的最小安全间距，后车为动态障碍物时的最小安全间距，计算公式为

$$S_{\mathrm{T}} = vt(2+\rho)/3.6 + k\left[v(1+\rho)\right]^2/\left[254(\psi \pm i)\right] + 2l_0 \tag{5-4-11}$$

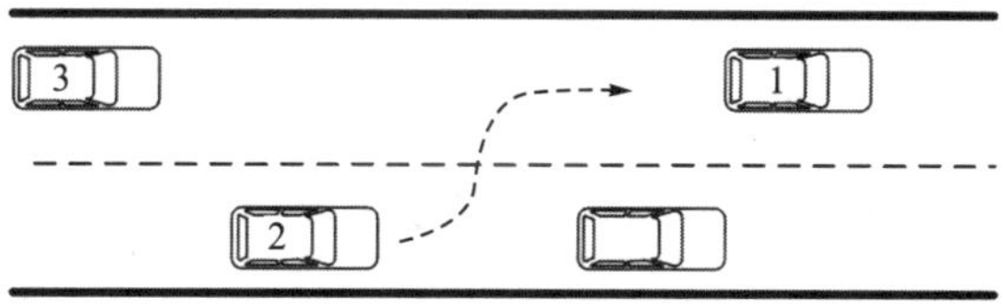

图 5-4-2　安全超车示意图

2. 皆为运动车辆时的最小车间距离

由于交通量较大，车辆不能完全自由行驶，换道超车状态下最小安全距离分析及换道超车车辆位置示意见图 5-4-3。设 a 车预从自车道变换至相邻车道，b 车和 c 车分别为与 a 车同车道上的前、后车辆，d 车和 e 车分别为相邻车道上的前、后车辆。当 a 车换道时，以侧向加速度从自身车道 b、c 车之间移动到相邻车道 d、e 之间。

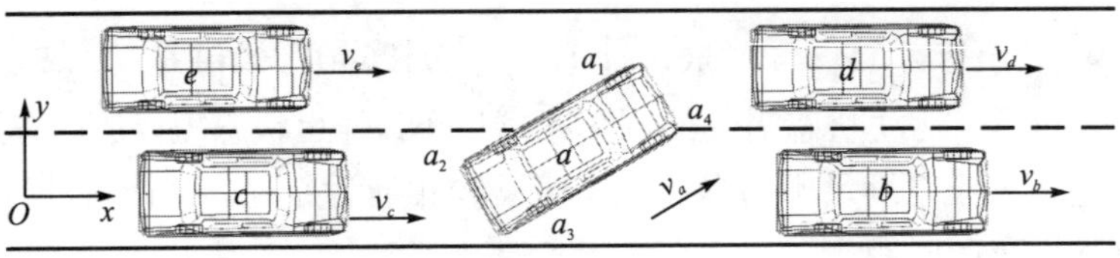

图 5-4-3　车辆换车道状态及位置示意图

由于运动状态需要的车间距离小于障碍物为静止状态时，故干扰流的车间间距由式(5-4-11)决定，从而可得如表 5-4-2 所示的车间时距。

表 5-4-2　干扰流车间时距(单位：s)

车速	速度差						
	0	0.05	0.1	0.15	0.2	0.25	0.3
120km/h	7.012	7.1503	7.295	7.446	7.602	7.763	7.928
100km/h	6.375	6.4748	6.581	6.694	6.812	6.935	7.062
80km/h	5.775	5.8335	5.9	5.973	6.052	6.135	6.224
60km/h	5.246	5.2609	5.284	5.314	5.351	5.393	5.441
40km/h	4.897	4.8596	4.832	4.813	4.801	4.796	4.796

5.4.3　跟踪流的最小车间时距

跟踪流的交通量趋于饱和，车辆行驶几乎不存在超车的空间，换言之，只要交通量大于临界点 b 所对应的交通量，则不能提供某一置信度 α 的停车视距 S_T，车辆处于跟踪状态。

跟踪行驶时，车辆间的距离较短，若其前方有静态障碍物，则更前方的车辆已经变换了交通行为，若更前方车辆遇到静态障碍物，则其与前导车之间的距离应该较大，否则就不会处于跟踪状态。因此，跟踪状态可以不考虑静态障碍物的情形，仅考虑动态障碍物，此时应保持的车间距离为

$$S_{T动} = vt / 3.6 + l_0 \tag{5-4-12}$$

从而可得如表 5-4-3 所示的车间时距。

表 5-4-3　跟踪流车间时距

车速/(km/h)	120	100	80	60	40
车间时距/s	1.38	1.416	1.47	1.56	1.74

5.5　特征值 a、b、c 的计算方法

5.5.1　特征值 a

特征值 a 为临界最小交通量的最大值，超过该值后，交通流将处于干扰流模式。选取

速度差为 0.05、0.1、0.15、0.2 等，分别计算临界最小交通量(车间时距取表 5-4-1)，计算结果如表 5-5-1～表 5-5-5 所示。

表 5-5-1　v=120km/h 时的 a 值

R_D	ρ						
	0	0.05	0.1	0.15	0.2	0.25	0.3
0.95	230	220	220	220	200	200	200
0.9	320	320	320	320	300	300	280
0.85	440	420	420	400	400	380	380
0.8	520	520	500	480	460	460	440

注：R_D 为风险度，ρ 为速度差。

表 5-5-2　v=100km/h 时的 a 值

R_D	ρ						
	0	0.05	0.1	0.15	0.2	0.25	0.3
0.95	260	260	260	240	240	240	220
0.9	380	360	360	360	340	340	320
0.85	500	480	460	460	460	440	420
0.8	600	580	560	560	540	520	520

表 5-5-3　v=80km/h 时的 a 值

R_D	ρ						
	0	0.05	0.1	0.15	0.2	0.25	0.3
0.95	300	280	280	280	280	260	260
0.9	440	420	420	420	400	400	380
0.85	560	560	560	540	540	520	500
0.8	680	660	660	640	640	620	600

表 5-5-4　v=60km/h 时的 a 值

R_D	ρ						
	0	0.05	0.1	0.15	0.2	0.25	0.3
0.95	340	340	340	340	340	340	320
0.9	520	500	500	500	480	480	480
0.85	660	640	640	640	640	620	620
0.8	800	780	780	780	760	740	740

表 5-5-5　v=40km/h 时的 a 值

R_D	ρ						
	0	0.05	0.1	0.15	0.2	0.25	0.3
0.95	400	400	400	400	400	400	400
0.9	600	600	600	600	600	600	600
0.85	780	780	780	780	780	780	780
0.8	900	900	900	900	900	900	900

5.5.2　特征值 b

车间时距取表 5-4-2 的值，计算结果见表 5-5-6～表 5-5-10。

表 5-5-6　v=120km/h 时的 b 值

R_D	ρ						
	0	0.05	0.1	0.15	0.2	0.25	0.3
0.95	1550	1510	1490	1450	1430	1390	1370
0.9	1410	1370	1350	1330	1290	1270	1250
0.85	1290	1270	1230	1210	1190	1170	1150
0.8	1210	1170	1150	1130	1110	1090	1070

表 5-5-7　v=100km/h 时的 b 值

R_D	ρ						
	0	0.05	0.1	0.15	0.2	0.25	0.3
0.95	1690	1670	1650	1610	1590	1550	1530
0.9	1530	1510	1490	1470	1430	1410	1390
0.85	1410	1390	1370	1350	1330	1310	1290
0.8	1310	1290	1270	1250	1230	1210	1190

表 5-5-8　v=80km/h 时的 b 值

R_D	ρ						
	0	0.05	0.1	0.15	0.2	0.25	0.3
0.95	1870	1850	1830	1810	1790	1770	1730
0.9	1690	1670	1670	1650	1610	1590	1570
0.85	1570	1550	1530	1510	1490	1470	1450
0.8	1410	1450	1430	1410	1390	1370	1350

表 5-5-9　v=60km/h 时的 b 值

R_D	ρ						
	0	0.05	0.1	0.15	0.2	0.25	0.3
0.92～0.94	1950	1950	1950	1950	1950	1950	1950
0.9	1870	1850	1850	1850	1830	1830	1810
0.85	1730	1710	1710	1710	1690	1670	1650
0.8	1610	1590	1590	1590	1570	1550	1550

表 5-5-10　v=40km/h 时的 b 值

R_D	ρ						
	0	0.05	0.1	0.15	0.2	0.25	0.3
0.87～0.88	1950	1950	1950	1950	1950	1950	1950
0.85	1850	1850	1850	1850	1850	1850	1850
0.8	1710	1730	1730	1750	1750	1750	1750

5.5.3　特征值 c

车间时距取表 5-4-3 的值，计算结果见表 5-5-11。

表 5-5-11　c 值表

车速/(km/h)	120	100	80	60	40
通行能力	2608.6957	2542.4	2449	2308	2069

5.6　国内外特征值 a、b 的对比

国内外其他隧道照明规范虽然没有将交通流分为三种形态，但也有交通量的临界值，认为单向交通状态下，当交通量小于 350 辆/h 时是小交通量，当交通量大于 1200 辆/h 时是大交通量，这两个值事实上对应的正是特征值 a 和 b。下面就本章计算的特征值与其进行对比。

5.6.1　特征值 a 的讨论

由特征值 a 的计算值可以看出：

(1) 相同风险度时，a 值随速度的增加而减小，随速度差的增加总体减小；当速度为 60～120km/h 时，特征值 a 随速度差的变化在 200～800 辆/h，当速度为 40～60km/h 时，特征值 a 基本不随速度差的变化而变化，也就是说，此时速度差对 a 基本无影响。

(2) 相同速度时，*a* 值随风险度的增加而减小，随速度差的增加而减小。

(3) *a* 值的取值范围为 200～900 辆/h。

综上所述，风险度的大小对 *a* 值的影响远大于速度差的影响。

5.6.2　特征值 *b* 的讨论

由特征值 *b* 的计算值可以看出：

(1) 相同风险度时，*b* 值随速度的增加而减小，随速度差的增加总体减小；当速度为 60～120km/h 时，特征值 *b* 随速度差的变化在 240～460 辆/h，当速度为 40km/h 时，特征值 *b* 随速度差的变化不大。

(2) 相同速度时，*b* 值随风险度的增加而减小，随速度差的增加而减小。

(3) *b* 值的取值范围为 1070～1950 辆/h。

综上所述，风险度的大小对 *a*、*b* 值的影响远大于速度差的影响，速度对 *a*、*b* 值的影响远大于速度差的影响。

5.6.3　特征值推荐值

为了方便使用，以速度差为 0.2 时的计算值为依据，推荐的特征值如表 5-6-1 所示，表中数值的区间范围反映了速度差对特征值的影响。

表 5-6-1　特征值推荐值表

速度/(km/h)	120	100	80	60	40
a	440～520	520～600	600～710	710～800	800～940
b	1070～1210	1210～1330	1330～1519	1510～1660	1660～1750

5.7　隧道照明车辆换算系数

5.7.1　定义

对于公路隧道，车辆换算系数有如下三种：

(1) 交通畅通性车辆换算系数。这是最常见的车辆换算系数，其用于道路通行能力计算和服务水平评价。这类换算系数研究较早，比较成熟，如何换算，国家相关规范已有规定。

(2) 隧道环境影响度车辆换算系数。这类换算系数用于通风计算，是基于车辆在不同速度、坡度时的废气排放量进行换算，其是变化的，随着新能源的使用，越来越趋于相同。

(3) 用于照明计算的车辆换算系数。用于照明计算的车辆换算系数，国外部分国家根据货车所占比例对交通量予以折算，我国未考虑交通组成对照明配置的影响。

不同的应用场景，车辆换算系数的计算方法不同。由于照明计算的换算系数主要用于交通量的换算，而照明系统配置，国内外以停车视距为依据，本章以可辨识车间时距为依据，故隧道照明车辆换算系数可定义如下：照明计算车辆换算系数，是指同等条件下，换算车辆最小可辨识车间时距与标准车辆最小可辨识车间时距之比。

定义中的同等条件是指交通状态相同、车流状态相同、工程与环境条件相同。

(1) 交通状态相同。交通状态有自由行驶、干扰行驶和跟踪行驶，不同的交通状态需要的可辨识时距不同，因此照明计算的车辆换算系数应该考虑交通状态的影响。

(2) 车流状态相同。描述车流状态的参数有车流的速度、车流之间平均速度的方差和交通量。速度是车间时距的主要影响因素之一，因此用于照明计算的车辆换算系数应该考虑速度和速度差对车辆换算系数的影响。

(3) 工程与环境条件相同。工程条件是指隧道路面的摩擦系数和隧道的纵坡，本章仅给出了摩擦系数为 0.4、纵坡为零时的车间时距计算结果，而摩擦系数和纵坡的坡度对停车距离的影响很大，不同的路面、同一路面不同的气候环境，其摩擦系数不同，因此照明计算的车辆换算系数应该考虑工程与环境条件的影响。

5.7.2　计算方法

以 Δt 表示换算车辆的临界车间时距，$\Delta t_{标}$ 表示标准车的临界车间时距，以 ξ 表示车辆换算系数，根据定义有

$$\xi = \Delta t / \Delta t_{标} \tag{5-7-1}$$

目前，我国将车辆分为小客车、大客车、铰接客车、载重汽车和铰接列车共五类，其长度分别为 6m、13.7m、18m、12m 和 18.1m，由于铰接客车和铰接列车车辆长度相差不大，故可以合并为一类，这样交通流就可以分为小客车(长度为 6m)、载重汽车(长度为 12m)、大客车(长度为 13.7m)和铰接列车(长度为 18.1m)。若以 $P_{小}$、$P_{中}$、$P_{大}$、$P_{列}$ 分别表示小客车、载重汽车、大客车和铰接列车在交通流中所占的比例，$\xi_{小}$、$\xi_{中}$、$\xi_{大}$、$\xi_{列}$ 为其相对于小客车的换算系数，$\xi_{流}$ 表示交通组成修正系数，则 $\xi_{流}$ 计算方法如下：

$$\xi_{流} = P_{小} + P_{中}\xi_{中} + P_{大}\xi_{大} + P_{列}\xi_{列} \tag{5-7-2}$$

5.7.3　基于交通流与交通状态的车辆换算系数

如前所述，照明的车辆换算系数受工程与环境条件、交通流状态和交通流速度差的影响。工程与环境条件多种多样，不可遍历，在此仅对交通状态不同、速度差不同时车辆换算系数的变化给予讨论。

1. 自由流时的车辆换算系数

根据上述计算方法，各类车相对于小客车的换算系数如表 5-7-1～表 5-7-8 所示。

表 5-7-1　自由流大客车车间时距(单位：s)

车速	速度差						
	0	0.05	0.1	0.15	0.2	0.25	0.3
120km/h	5.863	6.056	6.142	6.291	6.445	6.6038	6.767
100km/h	5.237	5.39	5.437	5.547	5.663	5.7837	5.909
80km/h	4.651	4.764	4.769	4.839	4.915	4.9965	5.082
60km/h	4.148	4.215	4.177	4.203	4.236	4.2751	4.319
40km/h	3.85	3.862	3.771	3.746	3.728	3.7181	3.714

表 5-7-2　自由流大客车车辆换算系数

车速	速度差						
	0	0.05	0.1	0.15	0.2	0.25	0.3
120km/h	1.041	1.038	1.035	1.033	1.031	1.0288	1.027
100km/h	1.056	1.052	1.049	1.045	1.043	1.0399	1.037
80km/h	1.08	1.074	1.071	1.066	1.062	1.0587	1.055
60km/h	1.125	1.117	1.112	1.106	1.1	1.0946	1.09
40km/h	1.219	1.206	1.201	1.192	1.183	1.1752	1.168

表 5-7-3　自由流载重汽车车间时距(单位：s)

车速	速度差						
	0	0.05	0.1	0.15	0.2	0.25	0.3
120km/h	5.81197	6.056	6.141711	6.29063	6.44486	6.6038	6.7668
100km/h	5.17531	5.39019	5.436911	5.54715	5.66297	5.7837	5.9088
80km/h	4.57465	4.76352	4.769474	4.83941	4.91532	4.9965	5.0823
60km/h	4.04598	4.21514	4.176764	4.20314	4.23618	4.2751	4.3192
40km/h	3.69732	3.86247	3.770873	3.74557	3.72829	3.7181	3.7141

表 5-7-4　自由流载重汽车车辆换算系数

车速	速度差						
	0	0.05	0.1	0.15	0.2	0.25	0.3
120km/h	1.03196	1.0377	1.035403	1.03298	1.03079	1.0288	1.027
100km/h	1.04355	1.0515	1.048603	1.04543	1.04253	1.0399	1.0374
80km/h	1.06272	1.07443	1.070715	1.06639	1.06241	1.0587	1.0553
60km/h	1.09767	1.11655	1.111798	1.10568	1.09997	1.0946	1.0897
40km/h	1.17103	1.20609	1.200581	1.19173	1.18329	1.1752	1.1676

表 5-7-5　自由流铰接客车车间时距(单位：s)

车速	速度差						
	0	0.05	0.1	0.15	0.2	0.25	0.3
120km/h	5.99197	6.056	6.142	6.2906	6.4449	6.6038	6.77
100km/h	5.39131	5.3902	5.437	5.5472	5.663	5.7837	5.91
80km/h	4.84465	4.7635	4.769	4.8394	4.9153	4.9965	5.08
60km/h	4.40598	4.2151	4.177	4.2031	4.2362	4.2751	4.32
40km/h	4.23732	3.8625	3.771	3.7456	3.7283	3.7181	3.71

表 5-7-6　自由流铰接客车车辆换算系数

车速	速度差						
	0	0.05	0.1	0.15	0.2	0.25	0.3
120km/h	1.06392	1.0377	1.035	1.033	1.0308	1.0288	1.03
100km/h	1.08711	1.0515	1.049	1.0454	1.0425	1.0399	1.04
80km/h	1.12545	1.0744	1.071	1.0664	1.0624	1.0587	1.06
60km/h	1.19533	1.1166	1.112	1.1057	1.1	1.0946	1.09
40km/h	1.34206	1.2061	1.201	1.1917	1.1833	1.1752	1.17

表 5-7-7　自由流铰接列车车间时距(单位：s)

车速	速度差						
	0	0.05	0.1	0.15	0.2	0.25	0.3
120km/h	5.995	6.056	6.142	6.291	6.4449	6.604	6.767
100km/h	5.3949	5.3902	5.437	5.547	5.663	5.784	5.909
80km/h	4.8491	4.7635	4.769	4.839	4.9153	4.997	5.082
60km/h	4.412	4.2151	4.177	4.203	4.2362	4.275	4.319
40km/h	4.2463	3.8625	3.771	3.746	3.7283	3.718	3.714

表 5-7-8　自由流铰接列车车辆换算系数

车速	速度差						
	0	0.05	0.1	0.15	0.2	0.25	0.3
120km/h	1.0645	1.0377	1.035	1.033	1.0308	1.029	1.027
100km/h	1.0878	1.0515	1.049	1.045	1.0425	1.04	1.037
80km/h	1.1265	1.0744	1.071	1.066	1.0624	1.059	1.055
60km/h	1.197	1.1166	1.112	1.106	1.1	1.095	1.09
40km/h	1.3449	1.2061	1.201	1.192	1.1833	1.175	1.168

由计算值可见，自由流时，车辆换算系数随速度的增加而减小，随速度差的增加而减小，车辆换算系数的变化范围在 1.027～1.3449。

2. 干扰流时的车辆换算系数

根据上述计算方法，各类车相对于小客车的换算系数如表 5-7-9～表 5-7-16 所示。由计算值可见，干扰流时，车辆换算系数随速度的增加而减小，随速度差的增加总体减小，车辆换算系数的变化范围为 1.051～1.445。

表 5-7-9　干扰流大客车车间时距(单位：s)

车速	速度差						
	0	0.05	0.1	0.15	0.2	0.25	0.3
120km/h	7.372	7.118	6.795	6.499	6.228	5.979	5.749
100km/h	6.93	6.6	6.3	6.026	5.313	5.544	5.331
80km/h	6.468	6.16	5.88	5.624	5.39	5.174	4.975
60km/h	6.17	5.876	5.609	5.365	5.142	4.936	4.746
40km/h	6.283	5.984	5.712	5.464	5.236	5.027	4.833

表 5-7-10　干扰流大客车车辆换算系数

车速	速度差						
	0	0.05	0.1	0.15	0.2	0.25	0.3
120km/h	1.051	1.066	1.066	1.066	1.066	1.066	1.066
100km/h	1.087	1.087	1.087	1.087	1	1.087	1.087
80km/h	1.12	1.12	1.12	1.12	1.12	1.12	1.12
60km/h	1.176	1.176	1.176	1.176	1.176	1.176	1.176
40km/h	1.283	1.283	1.283	1.283	1.283	1.283	1.283

表 5-7-11　干扰流载重汽车车间时距(单位：s)

车速	速度差						
	0	0.05	0.1	0.15	0.2	0.25	0.3
120km/h	7.372	7.021	6.702	6.41	6.143	5.898	5.671
100km/h	6.807	6.483	6.188	5.919	5.313	5.446	5.236
80km/h	6.315	6.014	5.741	5.491	5.262	5.052	4.857
60km/h	5.966	5.682	5.424	5.188	4.972	4.773	4.589
40km/h	5.977	5.693	5.434	5.198	4.981	4.782	4.598

表 5-7-12　干扰流载重汽车车辆换算系数

车速	速度差						
	0	0.05	0.1	0.15	0.2	0.25	0.3
120km/h	1.051	1.051	1.051	1.051	1.051	1.051	1.051
100km/h	1.068	1.068	1.068	1.068	1	1.068	1.068
80km/h	1.094	1.094	1.094	1.094	1.094	1.094	1.094
60km/h	1.137	1.137	1.137	1.137	1.137	1.137	1.137
40km/h	1.221	1.221	1.221	1.221	1.221	1.221	1.221

表 5-7-13　干扰流铰接客车车间时距(单位：s)

车速	速度差						
	0	0.05	0.1	0.15	0.2	0.25	0.3
120km/h	7.372	7.364	7.029	6.723	6.443	6.186	5.948
100km/h	7.239	6.895	6.581	6.295	5.313	5.791	5.569
80km/h	6.855	6.528	6.231	5.961	5.712	5.484	5.273
60km/h	6.686	6.368	6.078	5.814	5.572	5.349	5.143
40km/h	7.057	6.721	6.416	6.137	5.881	5.646	5.429

表 5-7-14　干扰流铰接客车车辆换算系数

车速	速度差						
	0	0.05	0.1	0.15	0.2	0.25	0.3
120km/h	1.051	1.103	1.103	1.103	1.103	1.103	1.103
100km/h	1.136	1.136	1.136	1.136	1	1.136	1.136
80km/h	1.187	1.187	1.187	1.187	1.187	1.187	1.187
60km/h	1.274	1.274	1.274	1.274	1.274	1.274	1.274
40km/h	1.441	1.441	1.441	1.441	1.441	1.441	1.441

表 5-7-15　干扰流铰接列车车间时距(单位：s)

车速	速度差						
	0	0.05	0.1	0.15	0.2	0.25	0.3
120km/h	7.372	7.369	7.035	6.729	6.448	6.19	5.952
100km/h	7.247	6.901	6.588	6.301	5.313	5.797	5.574
80km/h	6.864	6.537	6.24	5.968	5.72	5.491	5.28
60km/h	6.698	6.379	6.089	5.824	5.582	5.358	5.152
40km/h	7.075	6.738	6.432	6.152	5.896	5.66	5.443

表 5-7-16　干扰流铰接列车车辆换算系数

车速	速度差						
	0	0.05	0.1	0.15	0.2	0.25	0.3
120km/h	1.051	1.104	1.104	1.104	1.104	1.104	1.104
100km/h	1.137	1.137	1.137	1.137	1.137	1.137	1.137
80km/h	1.189	1.189	1.189	1.189	1.189	1.189	1.189
60km/h	1.277	1.277	1.277	1.277	1.277	1.277	1.277
40km/h	1.445	1.445	1.445	1.445	1.445	1.445	1.445

3. 跟踪流时的车辆换算系数

跟踪流时的车间时距和车辆换算系数如表 5-7-17 和表 5-7-18 所示。由计算结果可见，跟踪流时，车辆换算系数随速度的减小而增加，车辆换算系数为 1.13～1.63。

表 5-7-17　跟踪流时车间时距(单位：s)

车型	车速				
	120km/h	100km/h	80km/h	60km/h	40km/h
小客车	1.38	1.416	1.47	1.56	1.74
载重汽车	1.56	1.632	1.74	1.92	2.28
大型客车	1.611	1.6932	1.8165	2.022	2.433
铰接客车	1.74	1.848	2.01	2.28	2.82
铰接列车	1.743	1.8516	2.0145	2.286	2.829

表 5-7-18　跟踪流时车辆换算系数

车型	车速				
	120km/h	100km/h	80km/h	60km/h	40km/h
载重汽车	1.130434783	1.152542373	1.183673469	1.230769231	1.310344828
大型客车	1.167391304	1.195762712	1.235714286	1.296153846	1.398275862
铰接客车	1.260869565	1.305084746	1.367346939	1.461538462	1.620689655
铰接列车	1.263043478	1.307627119	1.370408163	1.465384615	1.625862069

5.8　临界交通量试验验证

5.8.1　试验场景

临界交通量试验包括自由流临界交通量试验、干扰流临界交通量试验和跟踪流临界交通量试验。跟踪流临界交通量试验，国内外做过很多研究，成果比较成熟，在此不再赘述；干扰流临界交通量试验涉及的情形较多，不便在此分析，本节仅针对自由流时的临界交通量进行理论分析与实际测试的结果对比。

5.8.2　理论计算

试验目的是得到自由流时临界交通量，检测理论计算的可靠性。停车视距参数采用规范的规定值，分别为 210m、160m、110m、75m，对应的 Δt 分别为 6.3s、5.76s、4.95s、4.50s，速度差取 0.05，假设车辆到达规律服从泊松分布，计算结果如表 5-8-1～表 5-8-4 所示。从表 5-8-1～表 5-8-4 可得停车视距分别为 210m、160m、110m、75m 时对应的自由流临界交通量分别为 466 辆/h、507 辆/h、594 辆/h、652 辆/h。

表 5-8-1　$\Delta t = 6.3\text{s}$ 统计计算结果

试验数据序号	p_0	p_1	p_2	Σ	λ	Q/(辆/h)
1	0.411354	0.365406	0.162295	0.939056	0.141	507
2	0.413954	0.365108	0.161012	0.940074	0.140	504
3	0.41657	0.364791	0.159724	0.941085	0.139	500
4	0.419203	0.364455	0.158429	0.942087	0.138	497
5	0.421852	0.364101	0.157128	0.943081	0.137	493
6	0.424518	0.363727	0.155821	0.944067	0.136	489
7	0.427201	0.363335	0.154508	0.945044	0.135	486
8	0.429901	0.362923	0.15319	0.946013	0.134	482
9	0.432618	0.362491	0.151865	0.946974	0.133	479
10	0.435352	0.362039	0.150536	0.947927	0.132	475
11	0.438104	0.361567	0.149201	0.948871	0.131	472
12	0.440872	0.361074	0.14786	0.949807	0.130	468
13	0.443659	0.360561	0.146514	0.950734	0.129	464
14	0.446462	0.360027	0.145163	0.951653	0.128	461
15	0.449284	0.359472	0.143807	0.952563	0.127	457

表 5-8-2　$\Delta t = 5.76\text{s}$ 统计计算结果

试验数据序号	p_0	p_1	p_2	Σ	λ	Q/(辆/h)
1	0.416645	0.364781	0.159687	0.941113	0.152	547
2	0.419052	0.364475	0.158503	0.94203	0.151	544
3	0.421473	0.364153	0.157314	0.942939	0.150	540
4	0.423908	0.363814	0.15612	0.943842	0.149	536
5	0.426356	0.36346	0.154921	0.944738	0.148	533
6	0.428819	0.36309	0.153718	0.945627	0.147	529
7	0.431296	0.362703	0.152509	0.946509	0.146	525
8	0.433788	0.362299	0.151296	0.947383	0.145	522
9	0.436294	0.361879	0.150079	0.948251	0.144	518
10	0.438814	0.361442	0.148856	0.949112	0.143	515
11	0.441349	0.360988	0.14763	0.949966	0.142	511
12	0.443898	0.360516	0.146398	0.950813	0.141	507
13	0.446462	0.360027	0.145163	0.951653	0.140	504
14	0.449041	0.359521	0.143923	0.952485	0.139	500
15	0.451635	0.358996	0.142679	0.953311	0.138	497

表 5-8-3　$\Delta t = 4.95\text{s}$ 统计计算结果

试验数据序号	p_0	p_1	p_2	Σ	λ	Q/(辆/h)
1	0.426817	0.363392	0.154696	0.944905	0.172	619
2	0.428935	0.363072	0.153661	0.945668	0.171	615
3	0.431063	0.36274	0.152623	0.946426	0.170	612
4	0.433202	0.362396	0.151581	0.947179	0.169	608
5	0.435352	0.362039	0.150536	0.947927	0.168	604
6	0.437513	0.36167	0.149487	0.948669	0.167	601
7	0.439684	0.361288	0.148435	0.949407	0.166	597
8	0.441865	0.360894	0.14738	0.950139	0.165	594
9	0.444058	0.360486	0.146321	0.950866	0.164	590
10	0.446262	0.360066	0.14526	0.951587	0.163	586
11	0.448476	0.359633	0.144195	0.952304	0.162	583
12	0.450702	0.359187	0.143127	0.953015	0.161	579
13	0.452938	0.358727	0.142056	0.953721	0.160	576
14	0.455186	0.358254	0.140982	0.954421	0.159	572
15	0.457444	0.357767	0.139905	0.955116	0.158	568

表 5-8-4　$\Delta t = 4.50\text{s}$ 统计计算结果

试验数据序号	p_0	p_1	p_2	Σ	λ	Q/(辆/h)
1	0.431063	0.36274	0.152623	0.946426	0.187	673
2	0.433008	0.362427	0.151676	0.947111	0.186	669
3	0.434961	0.362105	0.150726	0.947791	0.185	666
4	0.436922	0.361772	0.149773	0.948467	0.184	662
5	0.438893	0.361428	0.148818	0.949139	0.183	658
6	0.440872	0.361074	0.14786	0.949807	0.182	655
7	0.442861	0.36071	0.146899	0.95047	0.181	651
8	0.444858	0.360335	0.145936	0.951129	0.180	648
9	0.446864	0.359949	0.14497	0.951783	0.179	644
10	0.44888	0.359553	0.144001	0.952434	0.178	640
11	0.450904	0.359145	0.14303	0.953079	0.177	637
12	0.452938	0.358727	0.142056	0.953721	0.176	633
13	0.454981	0.358297	0.14108	0.954358	0.175	630
14	0.457033	0.357857	0.140101	0.95499	0.174	626
15	0.459094	0.357405	0.13912	0.955619	0.173	622

5.8.3　现场测试

为了验证上述研究结论的科学性和合理性，下面结合实测数据进行验证分析。在进行试验验证分析之前，首先需要研究自由流状态的判别标准。《道路通行能力手册》(2007)中定义自由流为不受上下游条件影响的交通流。对于自由流速度则规定为：①交通流的理论速度，也是交通密度趋于零时的速度，也就是几乎没有车辆时的速度；②交通量很小的条件下，高速公路基本路段或多车道公路路段上小客车的平均速度。“九五”国家重点科技攻关项目“公路通行能力研究”定义自由流速度为公路上不受其他车辆干扰，根据驾驶者主观意愿自由选择的行驶速度。

根据以上定义，隧道作为高速公路的重要组成部分之一，其自由流速度即不受其他车辆影响时的车辆速度。具体在进行数据采集分析时，通常采用车头时距作为衡量指标进行选取。

为了避免隧道道路几何线形、环境及其他车辆的影响，课题组选取了秦岭终南山隧道进行试验研究。秦岭终南山隧道是国家高速公路网包头至茂名线控制性工程，也是陕西“三纵四横五辐射”公路网西安至安康高速公路重要组成部分。单洞长 18.02km，双洞共长 36.04km，设计速度 80km/h，单向双车道，建设规模居世界第一，中国公路隧道之最。据观测数据统计，交通流统计分布属于离散型分布，适合作为研究自由流车头时距取值的试验路段。

首先对车辆的行驶状态进行分析。如果道路上只有 1 辆试验车，那么车辆肯定处于自由流行驶状态，这时车辆会以一个较为稳定的速度(期望速度)行驶，假设为 v_0。在几何线形、视线、视野均足够好的条件下，如果没有其他车辆，试验车会一直以 v_0 行驶下去。假设在驾驶者的视线前方(根据调查，大约在 1.5km)出现了 1 辆车(假设其行驶速度为 v_f)，试验车驾驶者在不清楚前车的具体状态(包括车辆的尺寸、行驶状态等)情况下，为了安全，会选择减速，记下该减速时刻 T_1 以及试验车的坐标 (x_1, y_1, z_1)，直到前后车之间距离小到驾驶者可以清楚地辨识前车的行驶状态驾驶者才会选择进一步的驾驶行为(超车或者跟驰，见图 5-8-1)。在有合适超车机会时(绝大多数情况下都可以保证)，驾驶者会选择加速

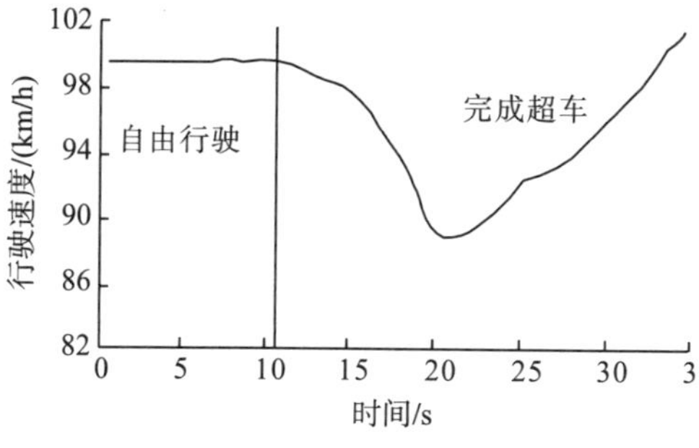

(a) 有超车机会

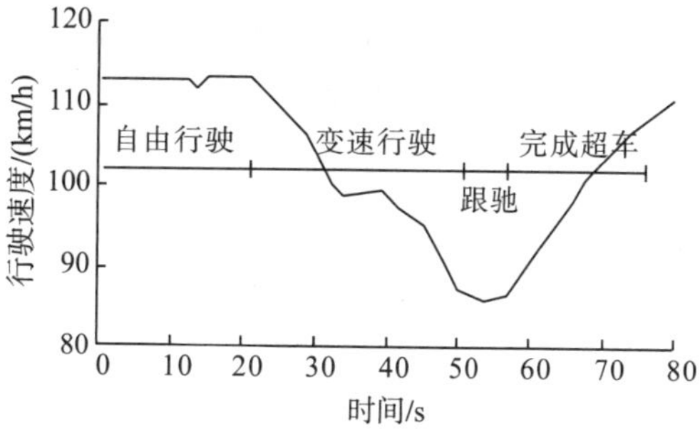

(b) 无超车机会

图 5-8-1　试验车在遇到前车时的行驶状态

行驶，直至超越前车。在这个过程中需要用雷达测速仪测出前车的速度 v_f，在试验车与前车平齐时，记录下超车时刻 T_2 以及试验车的坐标 (x_2, y_2, z_2)。由于交通量非常小，因此假设在整个超车过程中前车处于自由行驶状态并且近似保持匀速。

根据以上假设，可以求出试验车开始减速时的车头间距 h_s 以及车头时距 h_t：

$$h_s = \sqrt{(x_2 - x_1)^2 + (y_2 - y_1)^2 + (z_2 - z_1)^2} - v_f(T_2 - T_1)/3.6 \tag{5-8-1}$$

$$h_t = 3.6h_s / v_0 \tag{5-8-2}$$

经过计算可以得到如表 5-8-5 所示结果。

表 5-8-5　统计计算结果

序号	v_0/(km/h)	v_f/(km/h)	T_2-T_1/s	L/m	h_s/m	h_t/s
1	98	67	20	550	177.7	6.53
2	103	73	29	765	176.9	6.18
3	96	65	19	546	174.3	6.08
4	88	65	20	488	127	5.2
5	92	68	22	576	160	6.26
6	98	70	20	555	166	6.09
7	100	68	18	502	162	5.83
8	90	60	22	535	168	6.72
9	92	63	20	486	136	5.32
10	88	60	20	488	154	6.31
11	96	58	22	500	145	5.43
12	86	68	22	555	139	5.82
13	92	66	20	512	145	5.67
14	87	62	20	502	157	6.49
15	85	63	22	524	139	5.89
平均值	—	—	—	—	—	5.99

由表 5-8-5 可知，自由流临界车头时距为 5.99s，由此可以算得自由流临界交通量为 600 辆/h。与 80km/h 设计时速下的临界交通量绝对误差为 $|600-594|/594 = 1.01\%$。同理，课题组在设计速度为 120km/h、100km/h、60km/h 情况下均做了试验验证分析，其绝对误差分别为 1.05%、0.98%、1.04%，均满足精度要求。

5.9 照 明 亮 度

5.9.1 计算方法

本章阐述的各照明段落所需照明亮度计算方法，包括以下 6 个步骤。

1. 确定风险度

风险度是确定临界交通量必不可少的参数，一般风险度不宜大于 0.2。

2. 确定设计速度的标准车长

设计速度和标准车长是确定临界交通量最小可辨识时距的参数，一般取小客车为标准车，车长 6m。

3. 确定交通状态

隧道照明亮度确定的核心是停车视距，不同交通状态、不同障碍物状态（动态或静止），其停车视距不同，需确定：①是基于静止障碍物还是动态障碍物；②动态障碍物容许的最大速度差。只有确定了这些参数，才可确定临界交通量。

4. 计算基于标准车的临界交通量

根据风险度、交通状态、设计速度，可计算临界交通量 a、b、c 三个点的值。

5. 计算临界混合交通量

根据交通流的组成，计算车辆换算系数，从而得到临界混合交通量。

6. 确定所需亮度

与国内外的方法一样，设置有小交通量的临界值和大交通量的临界值，不同之处在于临界交通量的计算方法不同，值的大小不同。本章的 a 点是自由流时临界最大交通量，对应的是小交通量的临界值，b 点是跟踪状态的临界最小交通量，对应的是大交通量的临界值。各照明段落所需照明亮度确定方法如下。

1）入口段

入口段所需亮度计算方法与《公路隧道照明设计细则》（JTG/T D70/2-01—2014）相同，不同之处在于交通量的适应范围不同，也就是折减系数取值仅改变交通量的适应范围，如图 5-9-1 所示，图中 $\min L_{in}$、$\max L_{in}$ 分别为按此方法在对应设计速度不同交通量时入口段 1 的最小亮度值和最大亮度值。

2）过渡段与出口段

与《公路隧道照明设计细则》（JTG/T D70/2-01—2014）相同。

3）中间段

中间段所需亮度，在自由流和跟踪流时所需亮度最小，干扰流时所需亮度最大，如图 5-9-2 所示。这是与国内外现有成果最大的区别。国内外现有的照明成果都是交通流处于跟踪行驶状态时需要的亮度最大，而本书方法是当交通量大于特征值 b 时所需的照明亮度随交通量的增加而减小。

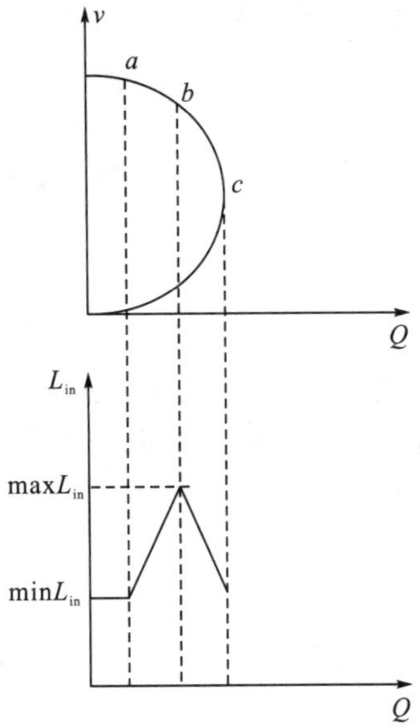

图 5-9-1　入口段亮度与交通状态对应值

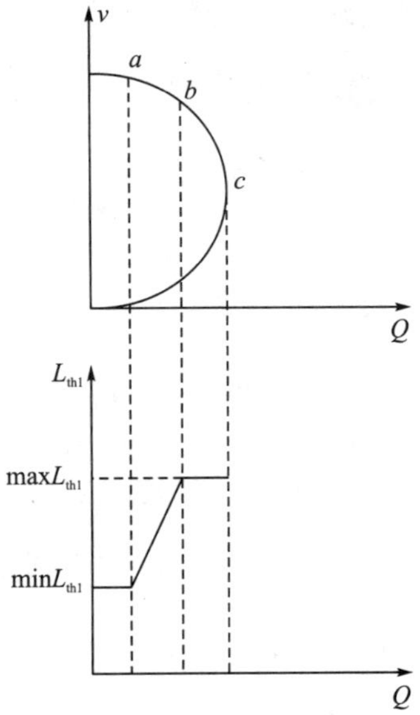

图 5-9-2　中间段亮度与交通状态对应值

5.9.2　与国外成果的对比

与国外成果相比，差异主要在以下几个方面。

1. 考虑的因素不同

国外现有的照明亮度需求确定成果，皆没有考虑容许的交通风险。从前述结论可知，容许的交通风险的大小，与设计速度一样，是确定临界交通量的主要参数。容许的交通风险越小，临界交通量越小，相应需要的照明亮度越大。

2. 考虑的场景不同

国外现有的照明亮度需求确定成果，皆没有考虑交通状态对照明停车视距的影响。从前述结论可知，同等条件下，不同的交通状态，所需要的停车距离是不同的。干扰流所需要的停车距离大于以静止状态障碍物为目标时所需要的停车距离，而国外现有的照明亮度需求确定成果都是以静止状态障碍物为目标来确定照明所需要的亮度的。换句话说，现有的照明亮度确定方法，并不能保障干扰流状态时的行车安全，这可能也是隧道内的追尾交通事故占一半以上的原因。

3. 亮度需求确定的原理不同

国外现有的照明亮度需求确定成果，皆认为交通量越大，需要的照明亮度越大。这一依据不符合跟踪流状态时人们的认知，或者说公理，当车辆处于跟踪流状态时，车辆之间的间距较小，汽车大灯的照明足以看清楚前方前导车，而周边车道都是车辆，无法变换车道，照明亮度最大毫无用处。

本章照明亮度计算方法是在已有成果的基础上发展起来的，与已有成果相比，本章方法相同之处在于采用了现有照明适应曲线成果和停车距离与照明亮度需求关系的成果。

与国外成果相比，除了以上不同之处，差异主要在以下几个方面：

(1) 国外成果都没有考虑车辆类型。例如，对于双车道高速公路隧道，国外标准认为 500 辆/h 和 700 辆/h 以下是小交通量。以国内成果为例，这意味着隧道内运行 700 辆小汽车/h、700 辆中车/h、700 辆大车/h、700 辆拖挂车/h 的亮度需求是一样的。根据《公路工程技术标准》(JTG B01—2014)，这相当于说，隧道内运行 700 辆小汽车/h、1050 辆小汽车/h、1400 辆小汽车/h、2100 辆小汽车/h，交通运行的照明需求是相同的，这是不合理的。

(2) 国外成果中间段照明需求没有考虑停车视距，不能说明是否存在安全隐患。

(3) 本书成果首次提出考虑交通流构成并满足停车视距的公路隧道照明亮度需求确定方法，其照明设计参数停车视距，融合了交通量、行车速度、安全距离等，更符合行车实际情况，既保障了行车安全，又实现了照明节能。

5.9.3　与国内成果的对比

基于本书所述照明理论进行照明亮度确定，与现有成果相比，最大的差异在于中间段照明的亮度需求确定方面。现有成果中间段照明所需亮度随交通量的增加而增加，因此其与交通量的关系是一条上升的直线，本书成果将所需照明亮度分为两段，第一段照明亮度随交通量的增加而增加，直到 b 点；第二段自 b 点到 c 点(最大通行能力)，照明亮度随交通量的增加而减小。也就是说，在第一段，本书成果所需照明亮度大于现有国内外成果的规定值，在第一段，本书成果所需照明亮度小于现有国内外成果的规定值。图 5-9-3～图 5-9-34 为高速公路单向双车道中间段照明需求的计算结果，这些结果证明了上述结论。

1. 第一段照明亮度需求与现有规范的对比

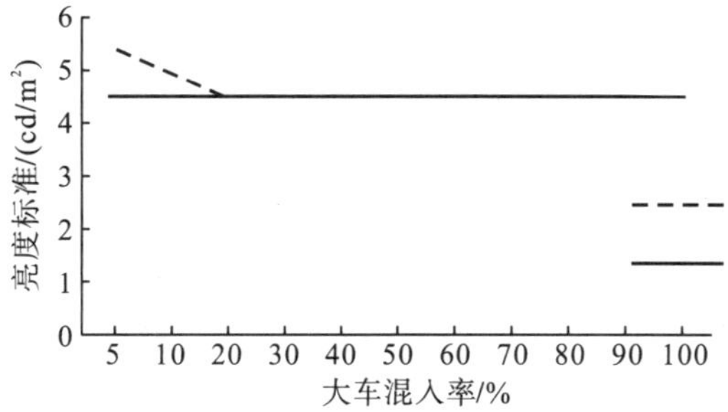

图 5-9-3　N=3700 辆/h 本书与现有规范照明标准对比图

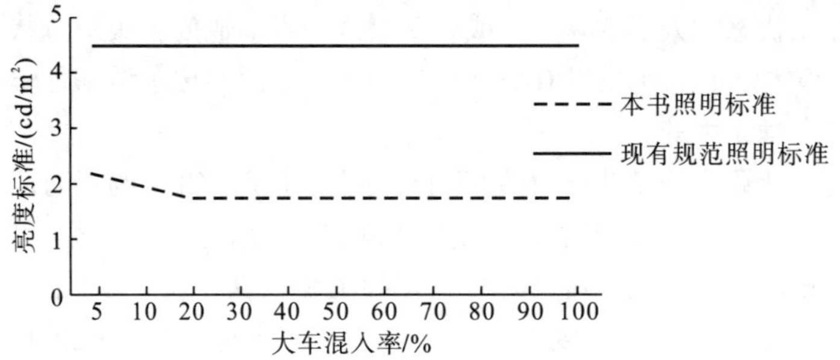

图 5-9-4　N=3400 辆/h 本书与现有规范照明标准对比图

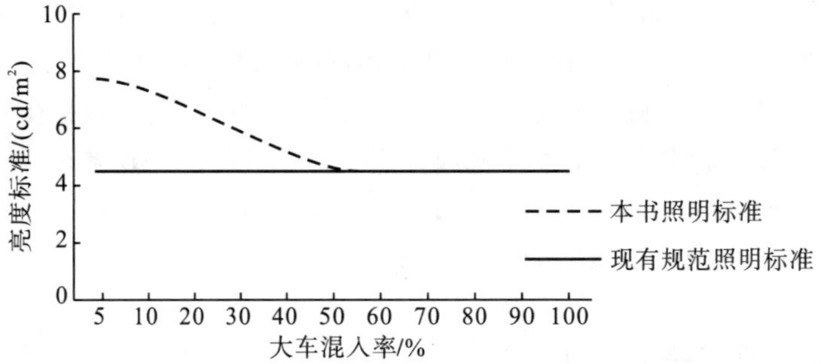

图 5-9-5　N=3000 辆/h 本书与现有规范照明标准对比图

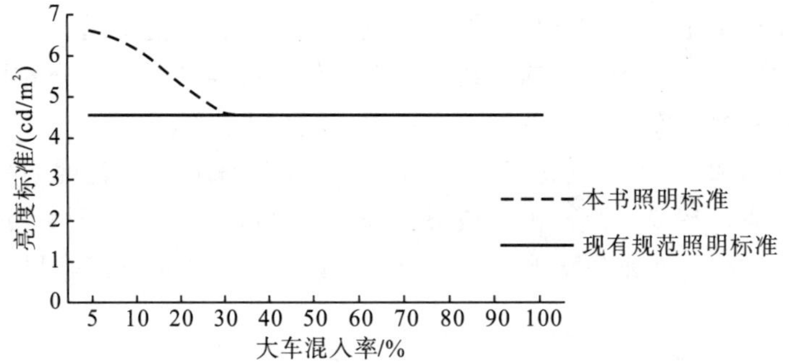

图 5-9-6　N=2600 辆/h 本书与现有规范照明标准对比图

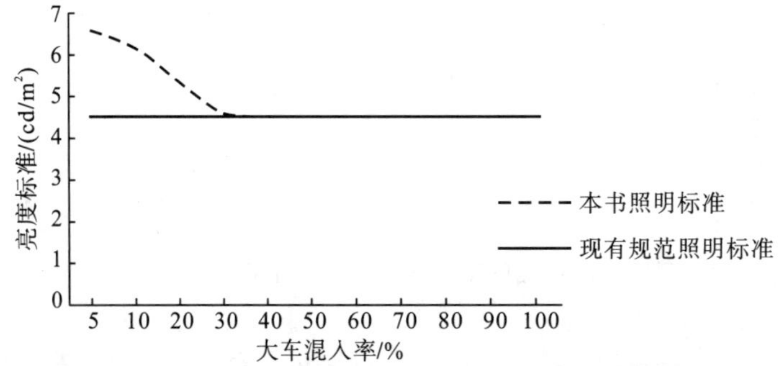

图 5-9-7　N=2400 辆/h 本书与现有规范照明标准对比图

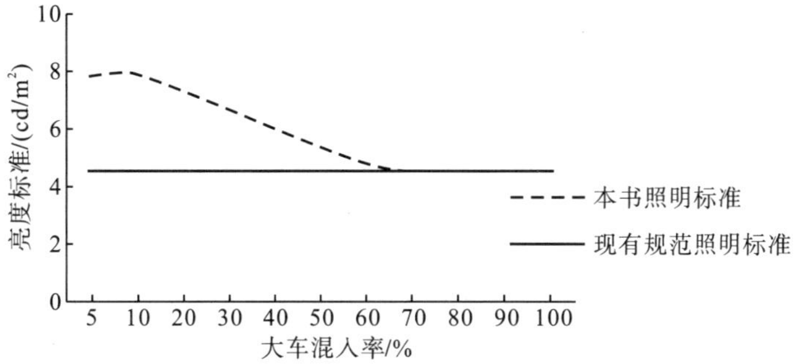

图 5-9-8　N=2200 辆/h 本书与现有规范照明标准对比图

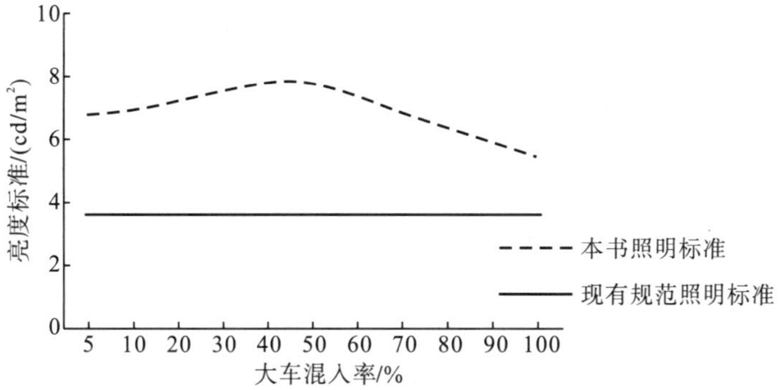

图 5-9-9　N=2000 辆/h 本书与现有规范照明标准对比图

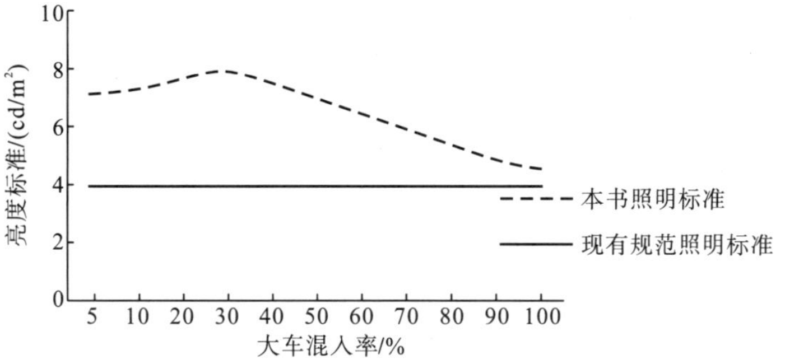

图 5-9-10　N=1800 辆/h 本书与现有规范照明标准对比图

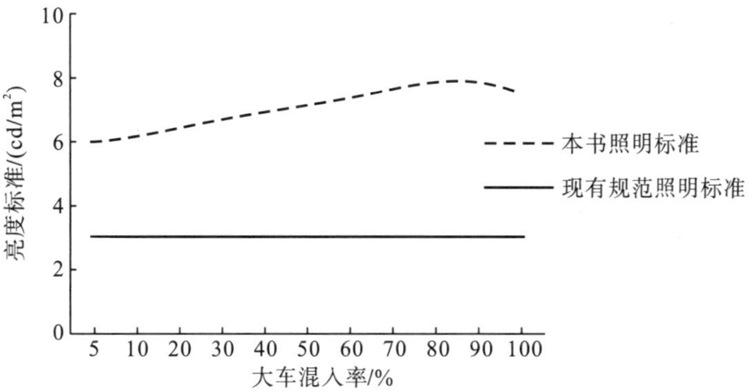

图 5-9-11　N=1600 辆/h 本书与现有规范照明标准对比图

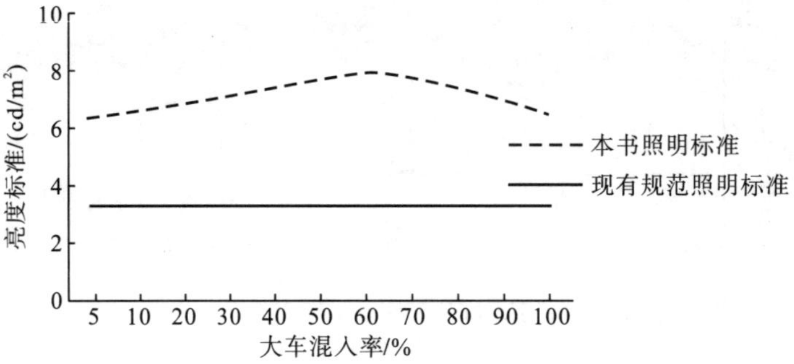

图 5-9-12　*N*=1400 辆/h 本书与现有规范照明标准对比图

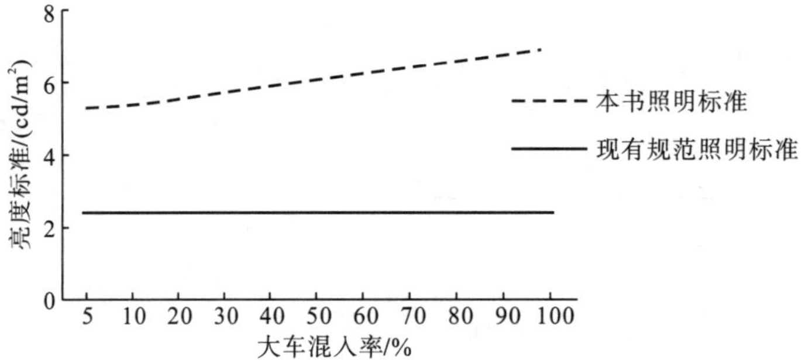

图 5-9-13　*N*=1200 辆/h 本书与现有规范照明标准对比图

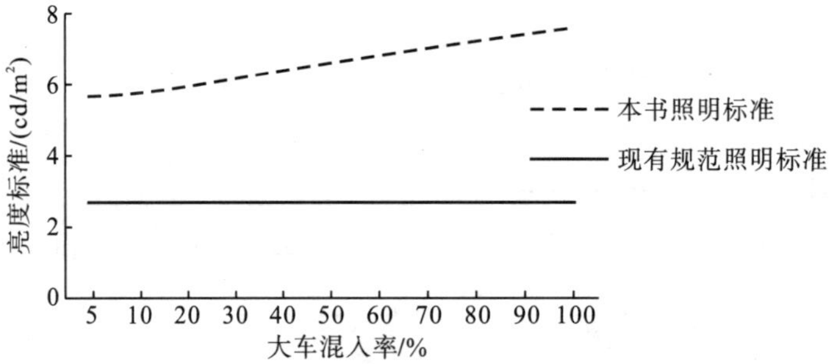

图 5-9-14　*N*=1000 辆/h 本书与现有规范照明标准对比图

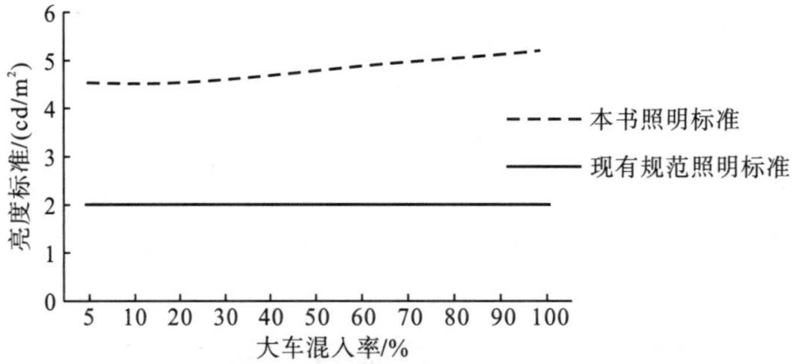

图 5-9-15　*N*=700 辆/h 本书与现有规范照明标准对比图

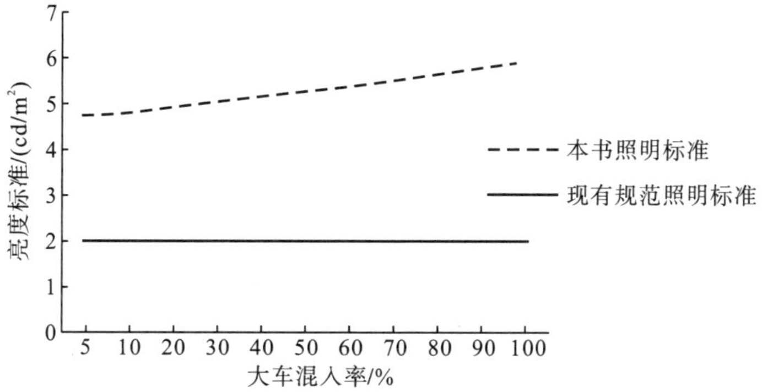

图 5-9-16　N=500 辆/h 本书与现有规范照明标准对比图

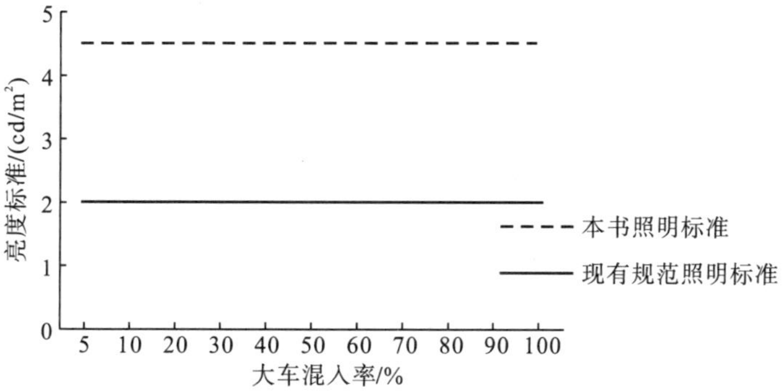

图 5-9-17　N=300 辆/h 本书与现有规范照明标准对比图

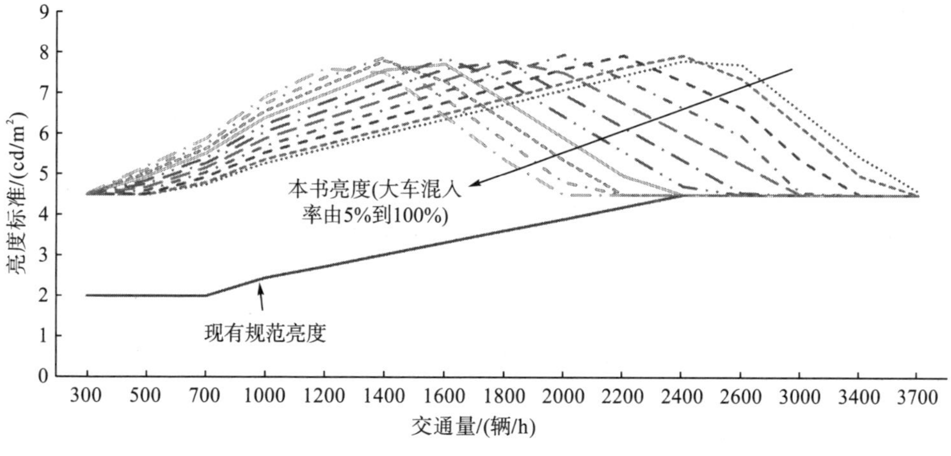

图 5-9-18　交通量与照明标准变化趋势图(基本照明第一段落)

2. 第二段基本照明标准对比分析

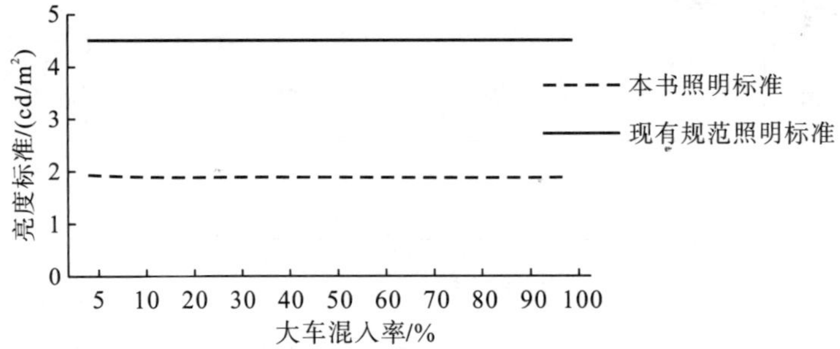

图 5-9-19　N=3700 辆/h 本书与现有规范照明标准对比图

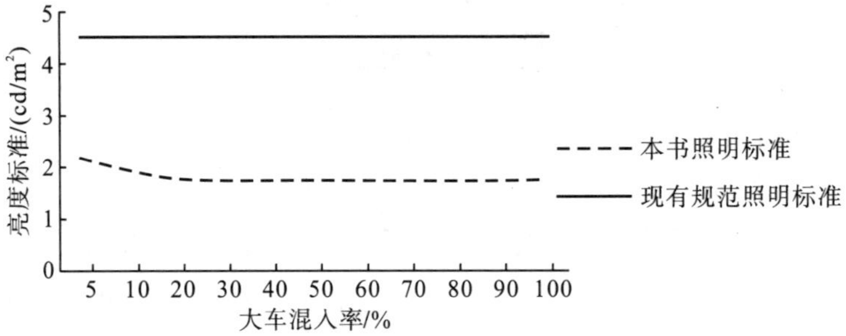

图 5-9-20　N=3400 辆/h 本书与现有规范照明标准对比图

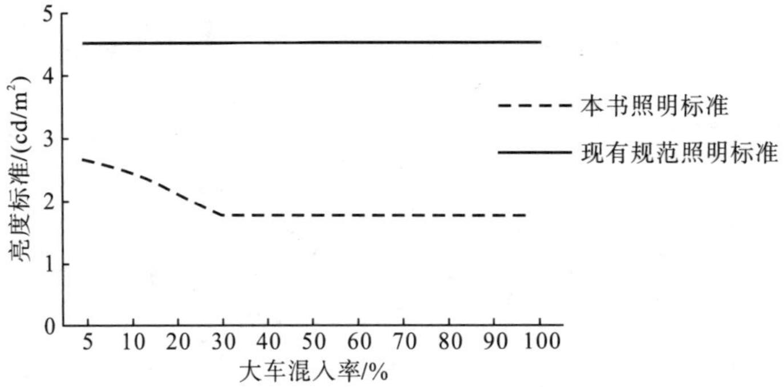

图 5-9-21　N=3000 辆/h 本书与现有规范照明标准对比图

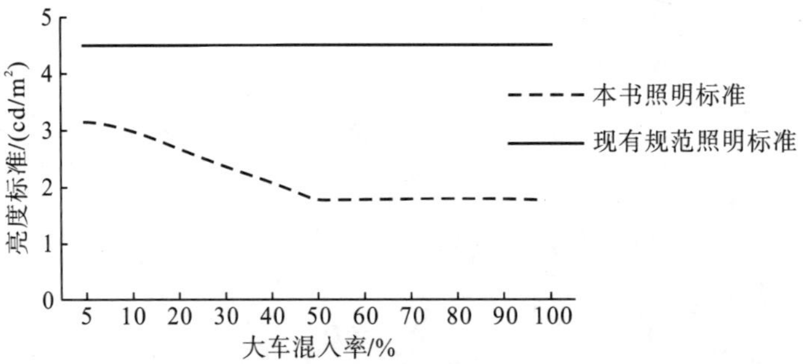

图 5-9-22　N=2600 辆/h 本书与现有规范照明标准对比图

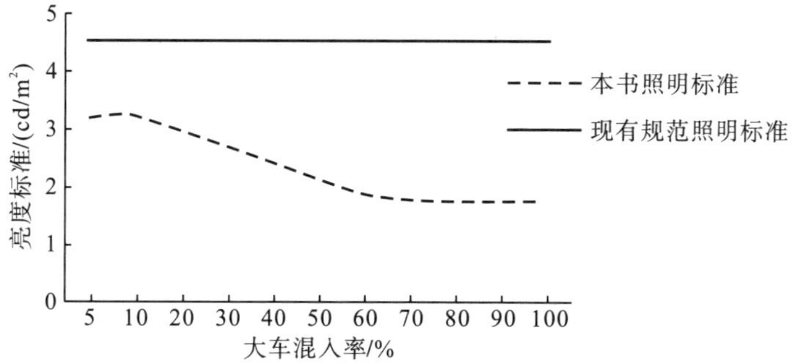

图 5-9-23　N=2400 辆/h 本书与现有规范照明标准对比图

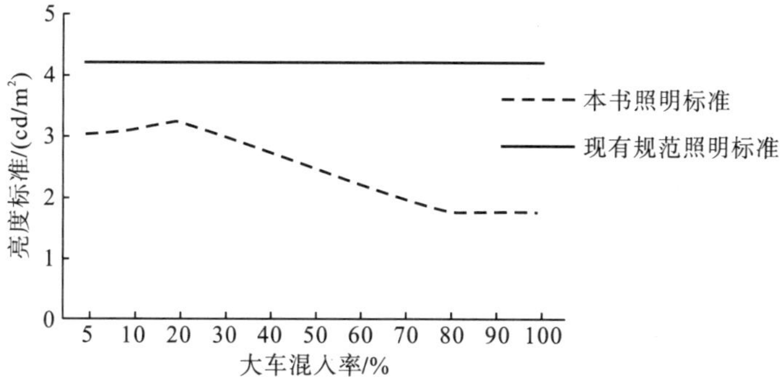

图 5-9-24　N=2200 辆/h 本书与现有规范照明标准对比图

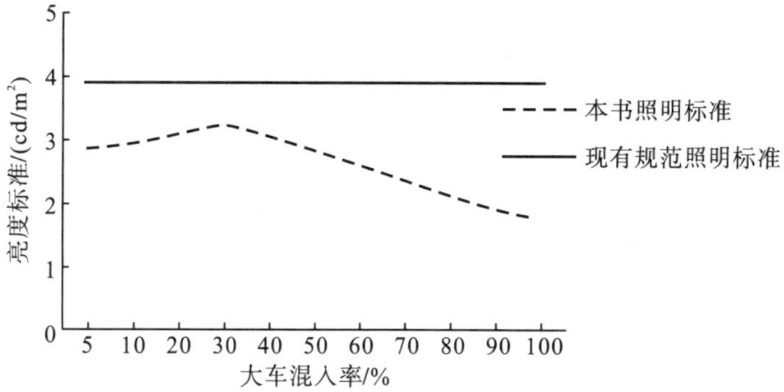

图 5-9-25　N=2000 辆/h 本书与现有规范照明标准对比图

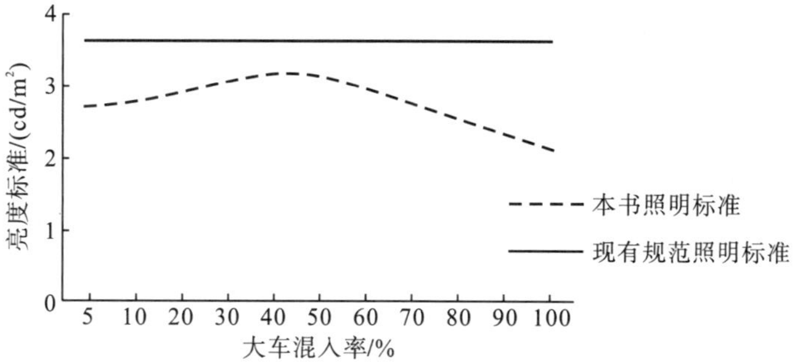

图 5-9-26　N=1800 辆/h 本书与现有规范照明标准对比图

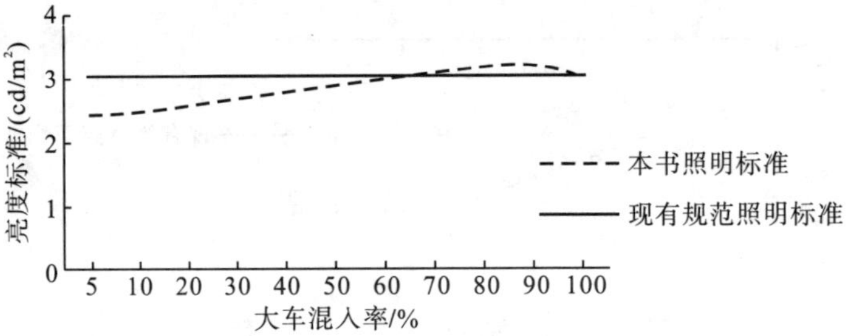

图 5-9-27　N=1600 辆/h 本书与现有规范照明标准对比图

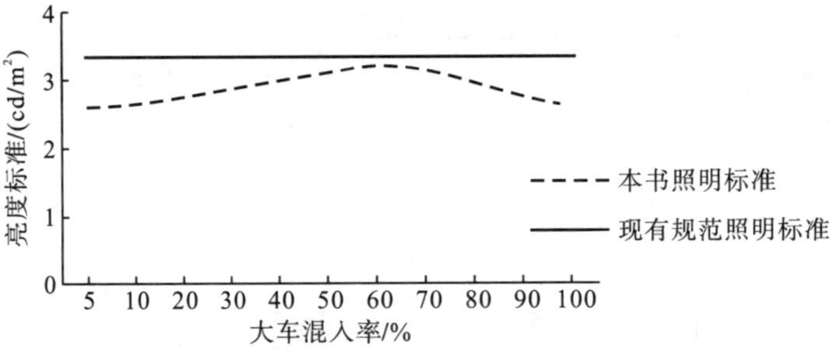

图 5-9-28　N=1400 辆/h 本书与现有规范照明标准对比图

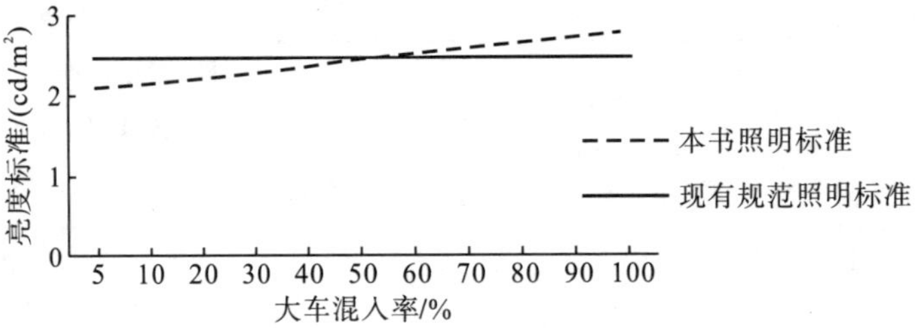

图 5-9-29　N=1200 辆/h 本书与现有规范照明标准对比图

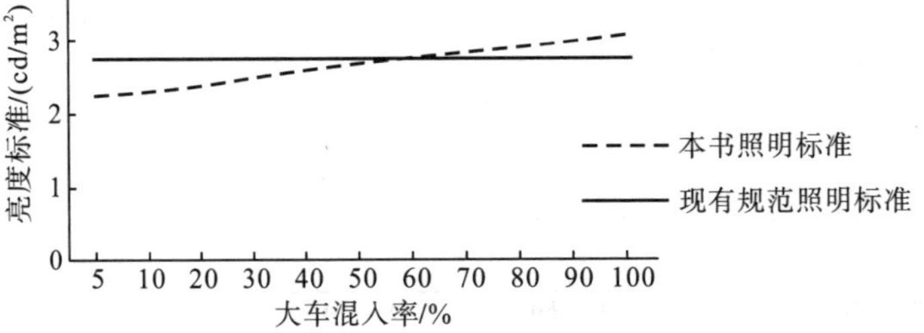

图 5-9-30　N=1000 辆/h 本书与现有规范照明标准对比图

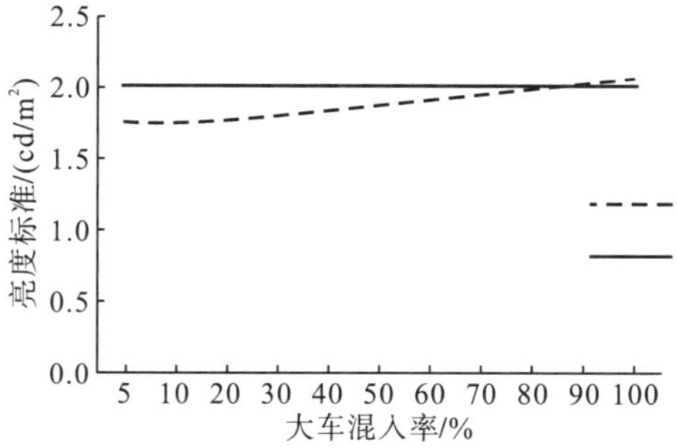

图 5-9-31　N=700 辆/h 本书与现有规范照明标准对比图

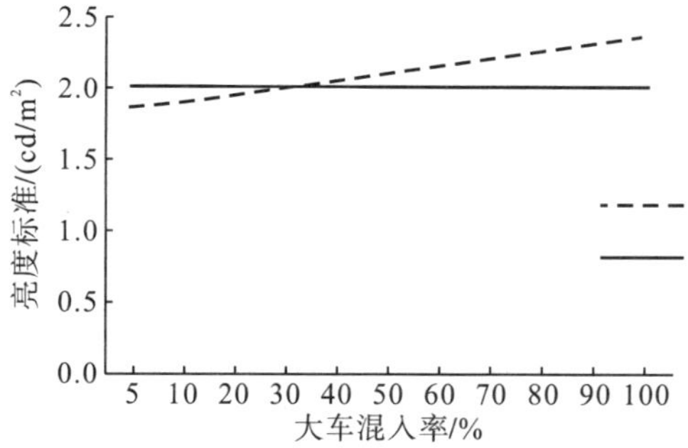

图 5-9-32　N=500 辆/h 本书与现有规范照明标准对比图

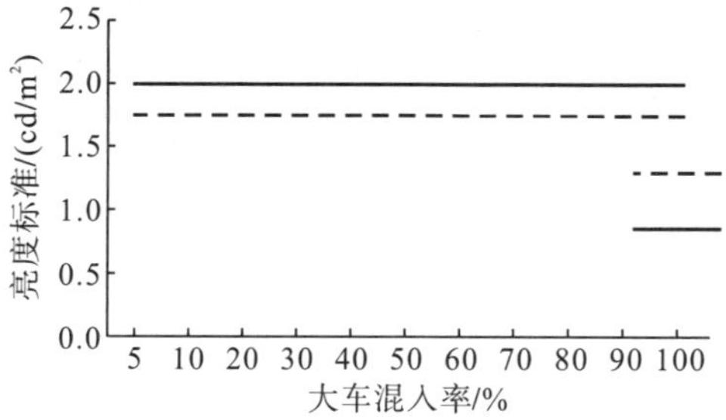

图 5-9-33　N=300 辆/h 本书与现有规范照明标准对比图

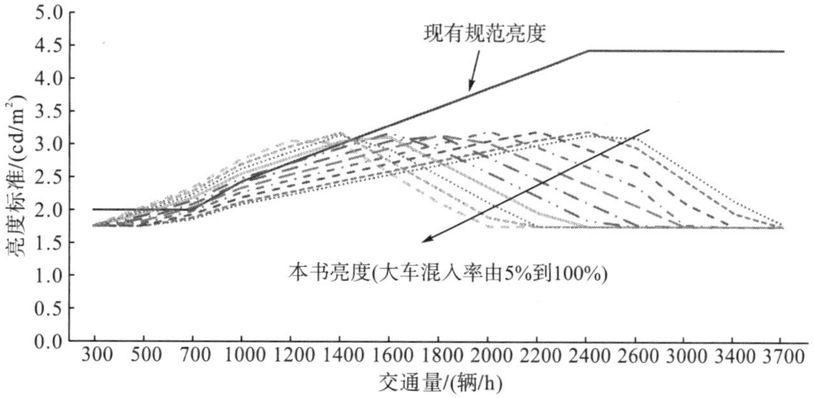

图 5-9-34　交通量与照明标准变化趋势图(基本照明第二段落)

5.10　三、四级公路隧道照明

隧道照明是为了降低行车交通风险，包括与隧道碰撞和尾撞。车辆在隧道内行驶，驾驶者的心理压力较大，特别是在长大隧道，容易造成操作失误引起交通事故。对于三、四级公路，《公路隧道照明设计细则》(JTG/T D70/2-01—2014)规定，是否设置隧道照明，根据实际情况确定。

设实际情况的参数集合为 X，且

$$X = (X_1, X_2, X_3, X_4) \tag{5-10-1}$$

式中，X_1 为道路等级；X_2 为隧道长度；X_3 为设计交通量；X_4 为投资条件。

下面分别阐述如何根据这四个参数确定三、四级公路是否设置隧道照明系统。

5.10.1　交通量

根据国标《公路工程技术标准》(JTG B01—2014)，当高峰小时系数为 0.12 时，各级公路(高速公路及一级公路指单向双车道)适应的交通量如表 5-10-1 所示。

表 5-10-1　道路适应交通量

道路等级	高速公路	一级公路	二级公路	三级公路	四级公路
年平均日交通量	25000～55000	15000～30000	5000～10000	2000～6000	＜200
高峰小时交通量(辆/(h·ln))	750～1650	450～900	150～300	60～180	＜60

当设计速度为 40km/h、30km/h 时，此时临界值最小交通量远大于表 5-10-1 所示适应交通量，故对于三、四级公路，尾撞风险可以忽略不计。

5.10.2　道路等级与隧道长度

《公路隧道照明设计细则》(JTG/T D70/2-01—2014)按道路等级将公路分为高速公路与一级公路，二级公路和三、四级公路共三类，按隧道长度将公路隧道分为特长隧道、长隧道、中等长度隧道和短隧道共四类，根据隧道的道路等级和长度规定隧道照明的设置条件。

本节采用同样的方法，通过赋予道路等级和隧道长度重要度，阐述隧道长度与道路等级对隧道照明系统设置的影响。

设 A、B 分别表示按道路等级设置照明的必要性、按隧道长度设置照明的必要性的集合，即

$$A = (a_1, a_2, a_3, a_4) \tag{5-10-2}$$

$$B = (b_1, b_2, b_3, b_4) \tag{5-10-3}$$

式中，a_1 为高速公路与一级公路设置照明的必要性；a_2 为二级公路设置照明的必要性；a_3 为三级公路设置照明的必要性；a_4 为四级公路设置照明的必要性；b_1 为特长隧道设置照明的必要性；b_2 为长隧道设置照明的必要性；b_3 为中等长度隧道设置照明的必要性；b_4 为短隧道设置照明的必要性。

采用层次分析法，确定 A 及 B 的值，A、B 的建议值如表 5-10-2 所示。

表 5-10-2　道路等级与隧道长度对隧道照明设置影响的阈值

参数	语义			
	应	宜	可	不宜
a_i	1	0.8	0.6	0.5
b_i	1	0.9	0.8	0.6

5.10.3　隧道照明设置语义

将是否设置隧道照明，分为应、宜、可、不宜共四类，采用专家调查法确定各语义的取值。以 C 表示语义函数的集合，即

$$C=(c_1,c_2,c_3,c_4)=(应，宜，可，不宜) \tag{5-10-4}$$

通过调查，建议的语义函数取值如表 5-10-3 所示。

表 5-10-3　标准语义函数值

语义	应	宜	可	不宜
语义值	≥0.7	(0.7～0.6]	(0.6～0.4]	<0.4

5.10.4　基于道路等级与隧道长度的隧道照明设置条件

以隧道长度阈值与道路等级阈值之积作为 i 类道路 j 类隧道设置照明时的语义值，即

$$C_{ij}=a_ib_{ij} \tag{5-10-5}$$

由式(5-10-5)和表 5-10-2，可设各级道路各类隧道语义值如表 5-10-4 所示。

表 5-10-4　各级道路各类隧道照明语义值

道路等级	隧道类型			
	特长隧道	长隧道	中等长度隧道	短隧道
高速公路与一级公路	1	0.91	0.8	0.6
二级公路	0.8	0.72	0.64	0.48
三级公路	0.6	0.54	0.48	0.36
四级公路	0.5	0.45	0.40	0.30

对照表 5-10-4，可设各级道路各类隧道照明设置语义如表 5-10-5 所示。

表 5-10-5　各级道路各类隧道照明设置语义

道路等级	隧道类型			
	特长隧道	长隧道	中等长度隧道	短隧道
高速公路与一级公路	应	应	应	宜
二级公路	应	应	宜	可
三级公路	宜	可	可	不宜
四级公路	可	可	可	不宜

5.10.5　经济条件

以 D 表示经济条件的集合，将其分为三类，分别为好、一般、较差，其阈值建议值如表 5-10-6 所示。

表 5-10-6　经济条件阈值表

语义	好	一般	较差
语义值	1	0.85	0.7

5.10.6　基于经济条件、道路等级与隧道长度的隧道照明设置

以 C_{ijk} 表示 i 类道路、j 类隧道、k 类经济条件时隧道照明的语义值，即

$$C_{ijk}=a_i b_{ij} d_k \tag{5-10-6}$$

由表 5-10-4 和表 5-10-6 可设语义值如表 5-10-7 所示。对照表 5-10-3，可得表 5-10-7 的语义，见表 5-10-8。

表 5-10-7

公路等级	语义值	隧道类型			
		特长隧道	长隧道	中等长度隧道	短隧道
高速公路与一级公路	好	1	0.9	0.8	0.6
	一般	0.85	0.765	0.68	0.51
	较差	0.7	0.63	0.56	0.42
二级公路	好	0.8	0.72	0.64	0.48
	一般	0.68	0.612	0.544	0.408
	较差	0.56	0.504	0.448	0.336
三级公路	好	0.6	0.54	0.48	0.36
	一般	0.51	0.459	0.408	0.306
	较差	0.42	0.378	0.336	0.252
四级公路	好	0.5	0.45	0.40	0.30
	一般	0.425	0.3825	0.34	0.255
	较差	0.35	0.315	0.28	0.21

表 5-10-8 各级道路各类隧道各类经济条件照明语义值

公路等级	语义值	隧道类型			
		特长隧道	长隧道	中等长度隧道	短隧道
高速公路与一级公路	好	应	应	0.8 应	宜
	一般	应	应	0.68 宜	可
	较差	应	宜	0.56 可	可
二级公路	好	应	应	0.64 宜	可
	一般	宜	宜	0.544 可	可
	较差	可	可	0.448 可	不
三级公路	好	宜	可	0.48 可	不
	一般	可	可	0.408 可	不
	较差	可	不	0.336 不	不
四级公路	好	可	可	0.40 可	不
	一般	可	不	0.34 不	不
	较差	不	不	0.28 不	不

5.10.7 对比分析

规定的隧道照明条件如表 5-10-9 所示，由表 5-10-8 可见，表 5-10-8 高速公路、一级公路和二级公路的计算结果与规定一致，这也证明了本节所述三、四级公路设置照明方法的可行性。

表 5-10-9 规定的隧道照明条件

公路等级	隧道类型			
	特长隧道	长隧道	中等长度隧道	短隧道
高速公路与一级公路	应	应	应	＞200m 应
二级公路	应	应	宜	

第 6 章　公路隧道照明设计方法

本章主要阐述 LED 照明、曲线隧道照明、高寒地区隧道照明、低位照明的设计方法、配线方法以及棚洞的设置条件。

6.1 概　　述

目前，针对公路隧道照明设计，尚无系统的介绍资料，难以满足培养合格的隧道照明设计工程师的需求。设计水平的不同，可能造成工程造价和运营费用相差很大。本章主要介绍如何根据工程条件及用户需求确定设计参数，达到既满足标准要求，又减少工程投资与运营费用的目的。

6.2 设计分类与设计深度

6.2.1 设计分类

1. 按建设类型分类

按建设类型，设计可分为轨建工程设计和改建工程设计。

轨建工程相对于改建工程，其设计较为简单。改建工程设计除了需要收集交通资料、洞外亮度资料、隧道工程资料，还需收集运营情况资料，特别是照明电缆的可利用性和现有工程隧道灯具的布置位置，以便确定是否需要重新埋设照明管线。改建工程最简单的设计方法，是尽可能更换原有灯具。

2. 按建设阶段分类

按建设阶段，设计可分为初步设计、施工图设计以及联合设计。

初步设计的核心是提供推荐方案和改造方案，其比选可通过以下方式来实现。

1) 选择不同照明灯具

隧道照明光源主要有 LED 灯和高压钠灯，这两种光源都属于节能型灯具。通过选择不同类型、同一类型不同光效的光源，进行设计方案比选。

2) 选择不同照明方式

隧道照明有同向照明、反向照明和对称照明，见 4.8.3 节。

不同的照明方式，其光通量的利用率不同；不同类型光源及不同的灯具(主要是配光曲线的差异)，其最适宜的照明方式也不同。选择光源后可进行不同照明方式的照明方案比选。

3) 选择不同安装高度

根据光学定律，光源照到路面上的亮度与距离的平方成反比。选择不同安装高度，所需照明灯具不同，从而进行照明方案比选。但该方法对于灯具配光与灯具尺寸有特殊要求，需满足灯具不被擦剐和光线不易产生眩光的要求。

3. 按光源分类

隧道照明光源可分为定向光照明和散射光照明。定向光照明主要是指 LED 灯，其光通量利用率高，可照射其需要照明的区域。散射光光源主要是指高压钠灯和太阳光照明。采用太阳光进行隧道照明，实际上是采用人工光与自然光结合的照明方式。人工光光源(LED 灯、高压钠灯)主要进行夜间照明及太阳光不便照明的区域。太阳光主要进行白天照明。目前的技术，太阳光的照明区域以入口段或出口段为主，其他照明段落采用太阳光照明，其经济性尚需充分论证。

太阳光照明包括太阳光直接照明、太阳光反射照明和太阳光导管或光纤传输照明三种方式。不同太阳光的照明方式，其照明系统构成、投入的费用、运营费用都不同。采用太阳光与人工光结合的照明方式，需进行全寿命周期的经济比较。

6.2.2　设计深度

无论初步设计、施工图设计还是联合设计，都应满足规范要求，并尽可能满足用户需求。值得注意的是，初步设计和施工图设计都不能指定产品。

1. 初步设计

初步设计应提供以下文件。

1) 设计说明书

设计说明书主要包括工程概况、采用的标准规范、设计法则、工程可行性研究、报告意见执行情况、方案比选及推荐方案主要工程量、主要设备材料概类、性能指标要求及设计计算书。

方案比选应从建设条件、经济性和环保性三个方面，在全寿命周期内进行建设与运营养护的综合比选。

2) 设计图纸

设计图纸应提供照明系统的纵断面设计图和横断面设计图。

2. 施工图设计

施工图设计与初步设计的差异主要在于设计的深度不同，且施工图设计文件是招标文件编制的依据，其他要求如下。

1) 设计说明书

基本与初步设计相同，不同之处有两点：①提供初步设计文件比较意见执行情况；②提供预算。

2) 设计图纸

施工图设计的设计图纸，除提交初步设计要求的图纸，还需提供照明系统的预留图、预埋图、配线图等。

3. 联合设计

由于初步设计和施工图设计都不能指定产品，故设计与产品特性之间存在差异。当设备招标完成后，产品规格型号已经确定。其除了满足招标文件规定的性能指标，可能还存在一些特殊性，此时由设计单位和施工单位共同对施工图设计文件进行修订，该设计称为联合设计。

联合设计并不是每个工程都必须做的。一些简单的工程可能不需要进行联合设计。对于隧道照明的联合设计，主要是根据比选灯具的配光曲线，进行照明计算与调整。

6.3 设 计 参 数

隧道照明设计参数包括隧道土建参数、环境参数、交通参数和灯具参数。本节论述的参数为《公路隧道照明设计细则》(JTG/T D70/2-01—2014) 规定的参数及其他必需的参数，但不包括本书第 5 章论述方法中的经济条件、容许风险等参数。

6.3.1 隧道土建参数

以 X 表示隧道土建参数的集合，且

$$X=(x_{11},x_{12},x_{13},x_{14}) \tag{6-3-1}$$

式中，x_{11} 为隧道路面类型，如沥青路面或水泥混凝土路面；x_{12} 为隧道宽度(m)，其为路面边缘之间的距离与检修带的宽度之和；x_{13} 为隧道洞口净高，m；x_{14} 为隧道纵向坡度；x_{11} 用于确定路面反射系数，x_{12} 用于确定需要照明的区域，x_{13} 和 x_{14} 用于确定隧道照明入口段长度。

6.3.2 环境参数

环境参数即 L_{20}，指一年之中第 75 个最大洞外亮度值。对于轨建工程，难以实际测量其 L_{20}，一般根据经验确定，或结合隧道洞门型式、植被以及隧道轨向，用照相法进行估算。

L_{20} 是隧道照明系统设置影响最大的参数。我国地域辽阔，气候与环境相差很大，《公路隧道照明设计细则》(JTG/T D70/2-01—2014)中所结合建议值仅可作为参数。特别是北方寒冷地区，有雪盲现象，此时 L_{20} 的取值更应慎重。取值偏小，则交通风险隐患大；取值偏大，则运营与建设投资会增加很多。为此，可采用一些方法降低 L_{20}，后续章节另行论述。

6.3.3 交通参数

交通参数包括设计速度 $v_{设}$ (km/h)和设计交通量(辆/(h·ln))。隧道照明采用的设计交通量是高峰小时每车道的混合车的数量。当采用只设计分期实施时，设计交通量所选的设计年限宜与灯具寿命相同。鉴于管线的预留预埋工程比较复杂，隧道通车后难以进行改造，故照明电缆选择应以道路设计年限预测的远景交通量作为照明功率计算的依据。

6.3.4 灯具参数

本节隧道照明灯具是指人工光照明灯具，目前主要包括 LED 灯和高压钠灯。描述灯具性能参数的主要指标有性能指标、效能指标、寿命指标和光线特性指标等。

1. 性能指标

从产品的环境适应性方面进行评价，性能指标主要包括以下几个方面。

1) 配光

用配光曲线的形状来评价，配光曲线越接近矩形，产品配光性能越好，应用中体现在均匀度好、同等条件下需要的灯具数量少两个方面。

2) 散热

散热用于测量表面温升，比较相对于环境温度，灯具表面与背面的相对温度值。散热越好，越有利于增加使用寿命。

3) 衰减

灯具安装后应定期测量光衰减情况，将测量的光衰减曲线与芯片生产厂家的光衰减曲线进行比较，分析差异性。

4) 寿命

寿命是指最高温度限制条件下，光衰小于 30%时的正常工作时间。

5) 色温

色温用于反映不同行驶条件(隧道不同段落、不同的交通量与速度、不同的路面反射性能)下，驾驶者行车的舒适性。

6) 电网适应性

电网适应性是指满足电压、频率波动的能力，可用电压与频率的允许波动范围来表示。

7) 环境适应性

环境适应性是指满足抗腐蚀与老化的能力，其和产品结构相关，特别是和密封等材料的性能相关。

8) 维护适应性

维护适应性是指易损件方便更换的程度，一体化结构不方便更换。

9) 颗粒物免黏附性能

隧道内油烟、灰尘多，灯具颗粒物免黏附性能强，则需要的冲洗次数少，维护费用低。

10) 经济性

经济性表现在同等光效(lm/W)与寿命条件下，每瓦灯具的价格。与一般灯具不同的是，不同光效时 LED 灯的价格相差较大，即使 120lm/W 灯具的价格是 60lm/W 灯具价格的一倍，也可能 120lm/W 的灯具更经济。

11) 可控性

可控性是指应能实现调光控制。理论上讲，荧光灯、LED 灯都能实现独立调光控制。目前，我国公路隧道尚未实现基于交通量与速度的照明自动智能控制，而不同交通量和速度时，行车需要的亮度不同，通过自动调光控制，可进一步实现节能。

12) 可测性

可测性是指运营过程中，LED 灯的状态自动检测与反馈。

13) 驱动电流

LED 灯的驱动电流一般为 350～700mA，驱动电流太大，则会影响产品的寿命。

2. 效能指标

效能指标主要指灯具光效，单位为 lm/W。实际上，比较准确的灯具效能指标应以灯具照明所需照明区域的实际流明数与消耗功率之比来衡量，这也是实际能利用的效能，其可通过实测来证明。

从产品的应用经济性方面进行评价，效能指标主要包括以下几个方面。

1) 理论光效

理论光效是指光源自身在一定驱动电流条件下每瓦的流明数。

2) 功率因数

功率因数主要反映电路线损的大小，功率因数越大，线损越小。

3) 灯具利用系数

灯具利用系数反映配光设计中光的利用率。折射越多、光线射在不需照明的地方越多，灯具利用系数越小。

4) 照明功率富余系数

照明功率富余系数是指照明设计用电功率与实际用电功率之比，该值越小越不经济。

3. 寿命指标

寿命指标包括光衰减率和平均无故障工作时间。

4. 光线特性指标

光线特性指标包括灯具的显色性和色温。

6.4　照明设计工况与效果评价

6.4.1　照明设计工况

照明工况包括正常工况、异常工况与维修工况。

正常工况是指隧道内交通运营和隧道机电系统皆能正常工作的情形；异常工况是指隧道内出现交通异常或隧道机电系统发生交通事故、火灾、毒气泄漏、断电等异常的情形；维修工况是指隧道土建结构或隧道机电系统需在隧道内维修作业的情形。

隧道照明应满足各种工况的亮度需求，详见《公路隧道照明设计细则》(JTG/T D70/2-01—2014) 相关规定。

6.4.2 效果评价

隧道照明效果包括隧道照明质量评价和经济性评价。隧道照明质量评价指标可见 4.8.4 节，经济性评价无统一指标，可采用灯具成本(建设费用每米多少钱)、经营成本(每米每小时多少钱)来确定。

6.5 布灯方法

隧道照明主要有以下布灯方式。

1. 拱顶布灯

拱顶布灯是常见的布灯方式之一，其优势主要有：①不易被大车碰撞；②定向光光源和散射光光源皆适应；③视觉环境较好；④路面均匀度较好。其劣势主要有：①灯具容易堆积油烟和灰尘；②难维修更换，维修更换时需封闭隧道，特别是交通量大的隧道，封闭隧道进行维修养护损失巨大；③降低灯具效能；④由于积尘和吸附油烟，光衰减快；⑤火灾时光线难以穿透烟雾。

2. 单侧布灯

单侧布灯包括中偏侧布灯和侧面布灯。单侧布灯的优势在于：①比拱顶布灯光效高；②比拱顶布灯维修养护更方便些。其劣势主要是路面均匀度比拱顶布灯差。

3. 双侧布灯

双侧布灯包括双侧对称布灯和双侧交错布灯。双侧布灯主要适应于洞内有 2 个以上车道的隧道，主要受隧道横断面大小、闪烁频率和路面均匀度三个参数的约束。既可单侧布灯，又可双侧布灯且满足闪烁频率要求时，宜采用双侧交错布灯或双侧对称布灯，以提高路面的均匀度。

此外，还有拱顶 + 双侧多排布灯、低位照明布灯，前者主要适应于入口段和过渡段照明，后者在后续章节专门阐述。

6.6 隧道照明功率确定方法——利用系数法

利用系数法是隧道照明设计最先采用的方法，其基本原理如图 6-6-1 所示，其计算步骤如下(不包括应急照明)。

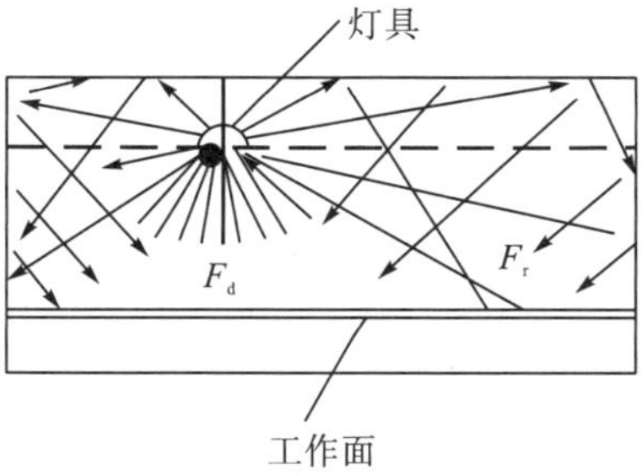

图 6-6-1　利用系数法基本原理

1. 确定所需照明的区域和面积

设隧道共分为 m 个照明段落，第 i 个照明段落长度为 L_i(m)，路面边缘之间的距离为 w_i(m)，检修带宽度为 w_{1i}(m)，则第 i 个照明段落所需照明区域的面积 S_i(m^2)为

$$S_i = (w_i + w_{1i} + 4)L_i \tag{6-6-1}$$

2. 确定灯具的实际效能

设照明灯具发出的光通量为 F(lm/W)，安装在某一高度时光通量的实际利用率为 μ_1，则安装在该高度时，灯具的实际效能 F_u(lm/W)为

$$F_u = \mu_1 F \tag{6-6-2}$$

3. 确定照明区域所需的光通量

设第 i 个照明段落，根据《公路隧道照明设计细则》(JTG/T D70/2-01—2014)，所需照明亮度为 L_{avi}(cd/m^2)，路面反射系数为 μ_2，则第 i 个照明段落所需光通量 F_{Li}(lm)为

$$F_{Li}=S_i L_{avi}/\mu_2 \tag{6-6-3}$$

由于灯具使用一段时间后，会存在光衰减，故设计时应保证在灯具的使用寿命内，隧道内的亮度能满足《公路隧道照明设计细则》(JTG/T D70/2-01—2014)的要求。为此，需考虑灯具的光衰减系数，以 μ_3 表示，则照明系统刚开通时，该段落的初装亮度 L'_{avi}(cd/m^2)为

$$L'_{avi}=L_{avi}/\mu_3 \tag{6-6-4}$$

第 i 个照明段落实际所需光通量 F'_{Li}(lm)为

$$F'_{Li}=F_{Li}/\mu_3 \tag{6-6-5}$$

整个隧道所需光通量 F'_L(lm)为

$$F'_L = \sum_{i=1}^{m} F'_{Li} \tag{6-6-6}$$

4. 确定照明功率

以 W_p 表示照明功率(W)，其可按式(6-6-7)计算：

$$W_p=F'_L/F_u \tag{6-6-7}$$

5. 确定灯具布置间距与灯具数量

灯具数量与灯具间距是照明布置的基础。一般来说，每座隧道所选灯具以 3～4 种为宜，规格不宜太多，否则维修与养护会极为不便。设隧道共有入口段 1、入口段 2、过渡段 1、过渡段 2、中间段及出口段共 6 个照明段落，其确定步骤如下。

1) 确定夜间照明灯具数量与间距

设整个隧道路面边缘之间的距离相同，视为 w(m)，检修带宽度为 w_1(m)，隧道长度为 L(m)，则需要照明的区域面积 S(m^2) 为

$$S=(w+w_1+4)L \tag{6-6-8}$$

设夜间照明亮度为 L_{avz}，则夜间照明所需功率 W_{pz} 为

$$W_{pz}=\frac{(w+w_1+4)LL_{avz}}{\mu_1\mu_2F} \tag{6-6-9}$$

设每盏灯的功率为 P_d(W/盏)，则夜间照明所需照明灯具 N_z(套) 为

$$N_z=\text{int}\left(\frac{(w+w_1+4)LL_{avz}}{\mu_1\mu_2FP_d}\right) \tag{6-6-10}$$

若采用单边布灯（拱顶布灯或两边交错布灯），设间距为 G(m)，则

$$G=L/N_z \tag{6-6-11}$$

2) 确定白天照明所需灯具数量与间距

此处仅以入口段 1 为例说明如何确定白天照明所需灯具数量与间距。由于夜间照明灯具在白天也开启，因此若白天照明入口段长度为 L_{r1}，所需亮度为 L_{avr1}(cd/m)，则白天照明所需补充的功率 W_{pr1}(W) 为

$$W_{pr1}=\frac{(w+w_1+4)L_{r1}(L_{avr1}-L_{avz})}{\mu_1\mu_2F} \tag{6-6-12}$$

若每盏灯的功率为 P_{r1}(W/盏)，则入口段 1 所需照明灯具 N_{r1}(套) 为

$$N_{r1}=\text{int}\left(\frac{(w+w_1+4)L_{r1}\left(L_{avr1}-L_{avz}\right)}{\mu_1\mu_2FP_{r1}}\right) \tag{6-6-13}$$

入口段 1 所需照明灯具较多，一般为两边对称多排布灯或两边对称加拱顶多排布灯。确定布灯方式后则可很方便地识别车灯间距。

6.7　隧道照明功率确定方法——逐点计算法

逐点计算法主要适用于联合设计阶段，其可计算工作面上的水平照度等。隧道照明的好坏主要以路面的平均亮度、路面中线亮度、纵向均匀度和路面亮度均匀度来衡量，属于水平照度的计算范畴。

水平照度有点光源、线光源、面光源三种计算方法。

6.7.1　点光源计算法

点光源是指当照明光源的尺寸与被照物的距离相比可以忽略不计时，可视为点光源。绝大多数公路隧道中间段照明采用的灯具都可看成点光源，其计算公式为

$$E=\frac{I}{r^2}\cos\alpha \tag{6-7-1}$$

式中，I 为入射光线的光强，cd；r 为光源到计算点的距离，m；α 为入射角（入射光线同计算点所在被照平面法线的夹角）。

由于上述公式仅考虑了直射光，未考虑反射光，故增加一附加照度系数 K_ρ，以表征反射光对计算点上照度的贡献。在使用过程中，由于光源老化，灯具和室内表面逐渐被灰尘污染，室内照度便会下降。为了适当提高初始的照度，所以又增加表征此因素的维护系数 K。考虑上述因素后，点光源计算公式为

$$E=K_\rho K\frac{I}{r^2}\cos\alpha \tag{6-7-2}$$

6.7.2　线光源计算法

当照明光源的尺寸与光源至计算点距离较近，且光源本身的长宽比相差很大时，可视为线光源。绝大多数公路隧道入口段和过渡段照明，由于灯间距很短，都可看成线光源计算范畴，为了简化计算，常借助于一些计算图表，如线光源等照度曲线表。

6.7.3　面光源计算法

当光源的最小尺寸大于光源至计算点距离的 1/4 时，可视为面光源，其在公路隧道中极少见到。

6.8　照明配线设计

根据灯具类型，隧道照明配线可分为单灯独立可控和不可控两种类型，前者多以 LED 灯为代表，后者以高压钠灯为代表。

高压钠灯由于难以做到单灯可控，故照明配线采用回路设计法，即按照照明控制分级的要求，确定照明回路并进行配线。这是工程中以往采用最多的配线方法，其也适合于单灯可控的照明情形，在此不再赘述，仅对单灯可控的照明配线方法进行阐述。

单灯可控照明配线主要有以下两种配线方法。

6.8.1 单干线配线法

当不需要设置不间断电源且隧道各照明段落皆需要进行照明控制时，宜采用单干线配线法，所有灯具与一根照明电缆拉接。

6.8.2 双干线配线法

当需要设置不间断电源且隧道各照明段落皆需要进行照明控制时，宜采用双干线配线法，所有灯具与一根照明电缆拉接，应急照明灯具接另一根照明电缆且与不间断电源拉接。

当需要设置不间断电源，但并非所有照明段落都需要进行照明控制时，也宜采用双干线配线法，不同之处在于需要进行照明控制段落和不需进行照明控制的段落所选灯具不同，前者应是独立可控型灯具，后者则不必如此。

单灯不可独立控制灯具配线设计，宜根据照明段落和天气状况，组合成不同工况，按每种工况进行配线，即按网络进行灯具配线设计。

6.9 隧道洞外引道照明、紧急停车带照明、横通道照明以及应急照明

6.9.1 洞外引道照明

《公路隧道照明设计细则》(JTG/T D70/2-01—2014)规定了洞外引道照明的设置条件，且用词为“可”，未用“应”或“宜”，因此一般情况下都未设置洞外引道照明。当道路线形较差或货车较多时，可考虑采用前述方法计算预留引道照明的功率，以便有必要时再增加引道照明。

6.9.2 紧急停车带与横通道照明

紧急停车带照明主要是为异常车辆提供检修维修的场地，故其应属于重点照明区域。横通道照明是为人员疏散逃生及救援提供必要的亮度，故属于重点照明区域。一般来说，应根据《公路隧道照明设计细则》(JTG/T D70/2-01—2014)采用前述方法计算所需的照明功率，并分别列入总功率与一级负荷功能中，以便确定照明总功率和一级负荷功率。照明布设与配线比较简单，在此不再赘述。

6.9.3　应急照明

应急照明用于日常照明电源出现故障或停电时，应急照明供电维持时间不应少于30min，采用不间断电源系统进行供电。

应急照明设计，主要有以下要点：

(1) 功率。应急照明功率应单独计算，不但要计入采用不间断电源供电的负荷中，也要计入照明总负荷中，以便配置不间断电源和隧道供电系统。

(2) 灯具。应急照明具有隧道发生交通异常(如火灾)时进行照明的功能，故应急照明灯具性能指标应满足 2019 年 3 月 1 日生效的国标《消防应急照明和疏散指示系统技术标准》(GB 51309—2018)。

(3) 配线。应急照明灯具可用部分照明应急照明灯具代替，但配线设计应接入不间断电源系统。

6.10　低 位 照 明

由于隧道内净空最低为 5m，故隧道照明灯具一般安装在 5.2m 以上，低位照明是指照明灯具安装在 5.2m 以下的情形，根据光学第一定律，照在路面上的亮度可按式(6-10-1)计算：

$$L_{pi} = \frac{I_{\mathrm{cr}}}{H^2} \cdot r(\beta, \gamma) \tag{6-10-1}$$

式中，L_{pi} 为灯具 i 在计算点 p 产生的亮度，cd/m^2；$r(\beta,\gamma)$ 为简化亮度系数；β 为观察面与光入射面之间的角度。

由式(6-10-1)可见，当灯具额定光通量一定时，灯具安装高度越高，照到路面上的亮度越低。基于这一原理，低位照明应运而生，要实现低位照明，应满足以下条件：

(1) 照明灯具应不会被大货车擦剐。

(2) 光线应无眩光现象，以免影响驾驶者操作行为。

要满足以上要求，就需要确定灯具的合理安装位置和照明配置要求。

6.10.1　灯具安装位置

隧道横断面一般为半弧形，在隧道拱腰处净宽最大。如图 6-10-1 所示，隧道内发生火灾、毒气泄漏等异常情况时，3m 以上用作排烟区域，2m 以下用作人员逃生区域。鉴于此，低位照明灯具安装高度设置在距路面 2.5～3m 处，据此可确定灯具和支架的厚度与高度。

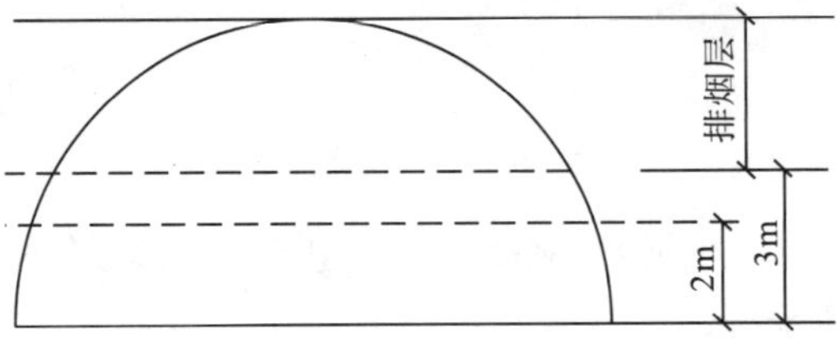

图 6-10-1　隧道横断面

6.10.2　灯具配光

LED 隧道照明灯的光束角是否适当，直接影响照明的效果与照明费用。光束角包括横向光束角与纵向光束角，前者指沿隧道横断面光线的分布范围，后者指隧道纵断面光线的分布范围。

1. 影响光束角确定的因素

照度需求、隧道横断面特征与照明灯的安装方式是影响 LED 隧道照明灯光束角确定的三个主要因素。

1) 照度需求

隧道照明所需照度受洞外亮度、交通量、行车速度、路面类型、隧道宽度与照明段落的影响。在这些因素确定后，可以确定不同隧道宽度、不同照明段落单位隧道长度所需的光通量。

2) 隧道横断面特征

隧道横断面特征决定了照明的区域范围，这意味着两层意思：①对光通量的需求；②对横向光束角的需求。

3) 照明灯的安装方式

照明灯的安装方式有很多，不同的安装方式所需的照明区域不同，相应地所需的光通量不同，所需的纵向光束角与横向光束角也不同。

2. 横向光束角的确定方法

确定隧道照明灯的横向光束角主要包括以下步骤：

(1) 根据光源特点，假定 LED 照明灯系列的光束角 $\alpha_1, \alpha_2, \cdots, \alpha_n$。

(2) 确定布灯方式。

(3) 计算不同断面隧道所需横向光束角。

(4) 将计算值与假定值对比，取相近者作为确定不同断面隧道、不同安装方式所需横向光束角。

(5) 对步骤 (4) 的结果进行优化，为确定灯具规格提供基础。

图 6-10-2～图 6-10-4 为三种不同布灯方式的横向光束角示意图。

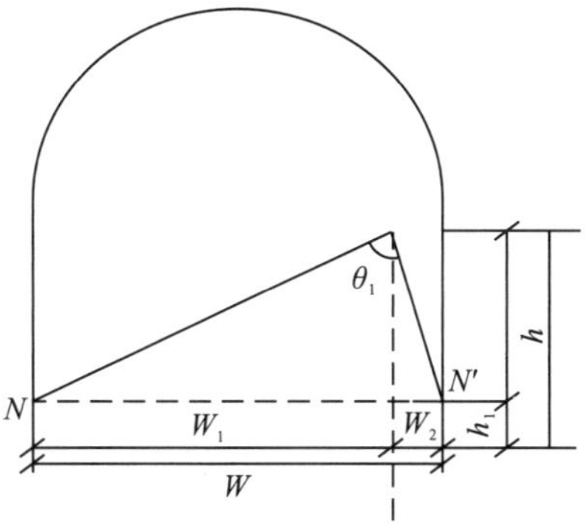

图 6-10-2　单侧布灯横向光束角示意图

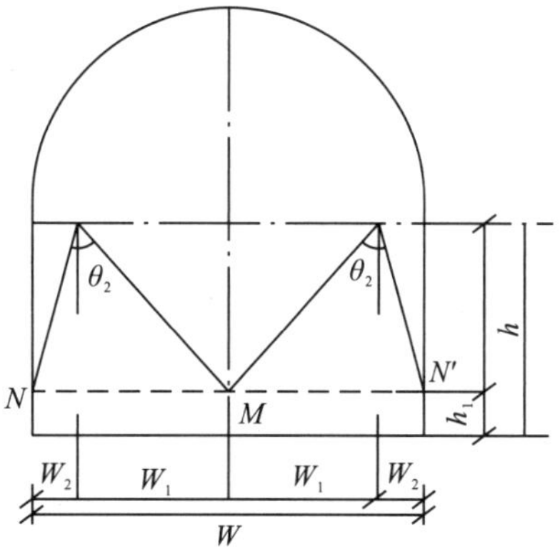

图 6-10-3　双侧对称布灯横向光束角示意图

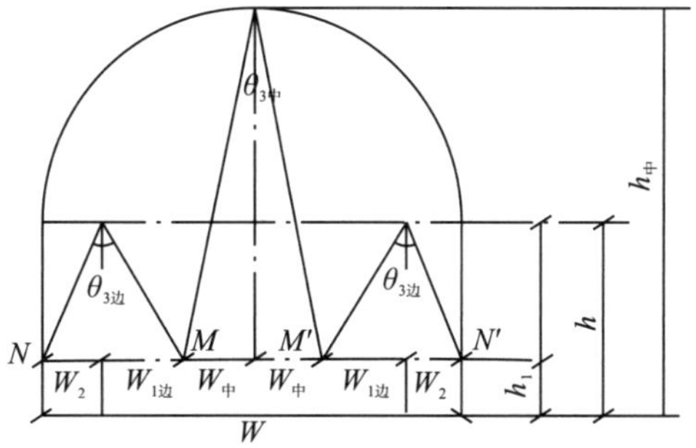

图 6-10-4　双侧对称加中间布灯横向光束角示意图

3. 纵向光束角的确定方法

本步骤是解决纵向光束角与 LED 灯功率的最佳匹配问题。功率太大，纵向光束角太小，为了保证均匀度，会带来实际亮度远大于设计亮度的问题，不但浪费，而且可能会对安全带来不利的影响。因此，可以通过选定照明灯的功率 P、光源的光效 ζ，获取隧道宽度 W、路面需要的平均照度 E_{av}、灯具养护系数 M、灯具利用系数 η、灯具布置系数 N，假定纵向布灯间距为 s，从而确定纵向光束角。图 6-10-5 为纵向光束角示意图。

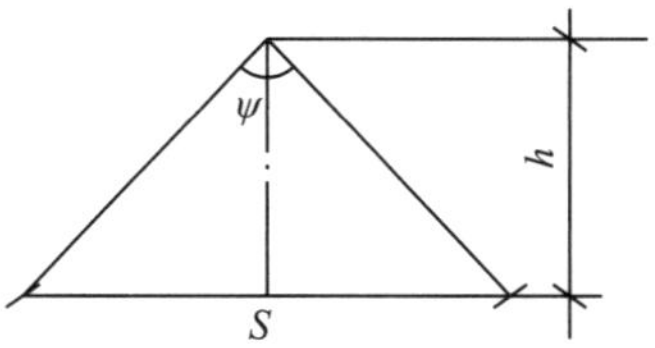

图 6-10-5　纵向光束角示意图

低位照明主要有以下优势：

(1) 节省建设费用。低位照明在不改变灯具额定功率的条件下，效能得到显著提高，所需采购灯具更少，减少建设费用。

(2) 节省运营费用。由于与其他安装方式对比，低位照明所用灯具较少，故更节省运营费用。

(3) 便于维修养护。由于灯具安装位置较低，不需要封闭隧道，甚至不需要封闭车道也能完成灯具的维修养护。

(4) 有利于逃生。隧道内发生火灾时，烟雾弥漫，且向上流动，由于灯具安装在排烟层空间以下，光线所需穿越烟雾较少，更利于人员逃生。

综上所述，低位照明优势明显，且已在广东、江西、陕西、云南等地得到应用，效果良好，值得推广。

6.11　隧道 LED 照明设计

隧道 LED 照明属于室内光照明，其与散射光照明相比，虽然具有寿命长、性价比高、节能省钱等优点，但由于推广应用时间不长，无论是隧道照明设计师还是建设运营单位，都对 LED 灯的特点认识不足，致使难以找到满意的产品，归究其原因，主要有以下几个方面：

(1) 设计时不能指定产品，设计单位在 LED 灯具技术规范中，对产品的配光性能要求缺乏描述，与设计效果不匹配。

(2) 低位照明技术和逆光照明方式虽然有独特优势，但正是由于有独特优势，在配光与灯具结构上有特殊要求，但招标文件对产品性能要求与设计方案不符。

(3) LED 灯具有单灯调光控制功能，设计时未发挥 LED 灯的这一优势，致使本能节约更多电缆，节省工程投资，却由于设计的原因而未能实现节省更多建设费用与运营费用。

(4) LED 灯具有光通量输出法反馈功能。通过 IP 地址进行控制，使其具有定位功能，但设计未充分发挥这一特点，未能与维修养护及救援系统进行整合使整体效益更大。

(5) LED 灯光线的定向性，使其既可实现功能性照明，也可实现环境与景观照明，但这一特点尚未被识别应用。

(6) 影响 LED 灯实际效能的因素有很多，如灯具面板、功率因数、是否单灯调光控制、配光曲线等，由于招标技术文件未采用灯具实际效能这一指标，往往关注了 LED 芯片性能，致使所招产品可能达不到实际需求。

(7) 虽然每盏 LED 灯都能进行调光控制，但灯具价格会增加，灯具效能会降低，设计未进行全寿命周期经济分析，致使节能、省钱效果不显著。

(8) LED 灯结构无标准规范，我国隧道 LED 灯制造厂家众多，各具特色，由于如何对 LED 灯进行养护，招标文件未做规定，维修养护操作复杂。

(9) 不同照明段落所需灯具规格不同，招标文件未对灯具外形尺寸做规定或规定不合理，致使均匀度虽满足规范要求，但远不够理想。

自 2006 年，我国在全世界首次开始试点隧道 LED 照明以来，以上 9 个问题是这 14 年来发现存在的主要问题。LED 隧道照明，在照明功率计算上与高压钠灯相同，本节不再赘述，仅对其设计要点说明如下：

(1) 照明方式。逆光照明虽然可提高照明效果，但一般不适用于 LED 隧道照明，若要采用逆光照明，则应根据隧道宽度(含检修带)、安装高度和布灯方式，计算适宜的纵向光束角和横向光束角，并进行市场调研，确保有合格产品。低位照明同样如此。

(2) 照明配线。隧道 LED 照明不宜采用多回路法进行配线设计，可采用单回路法或双回路法，采用双回路法进行配线设计，是在根据《公路隧道照明设计细则》(JTG/T D70/2-01—2014) 要求，有必要设置应急照明的情况下，所有灯具共用一个回路，选为兼作应急照明灯使用的灯具，同时将其接入不间断电源回路。

(3) 照明控制。隧道入口段、过渡段和出口段是隧道照明用电量最多的照明段落，入口段每米用电量是中间段每米用电量的 80～100 倍，因此这三个照明段落，即入口段和过渡段或仅入口段进行照明控制是有必要的，其他段落是否进行照明控制，应进行充分论证，没有必要进行单灯调光控制的段落，可以使用价格较低的照明灯具。

6.12　L_{20} 降低方法——遮光棚设计优化法

设置遮光棚是降低 L_{20} 从而减少照明建设与运营费用的有效途径，然而，是否需要设置遮光棚，若设置，设置多长为宜，需要进行科学分析。

遮光棚有通透式棚洞、遮阳棚和减光棚三种。

通透式棚洞一般多运用于地段浅埋偏压地段。遮阳棚可置于隧道洞口处，以减小自然光对驾驶者驾车的影响。遮阳棚的顶棚构造虽透光，但阳光不能直接投射到路面，而减光棚可将阳光直接投射到路面，但造价较高。在减光建筑的形式选择上，以结构简单、减光稳定的遮光棚居多。

设置减光棚，需要确定减光段的长度和减光量，本节以全寿命周期建设与运营养护费用最省为原则，阐述遮光棚设置条件。

6.12.1　基于细则照明段落划分的方法

1. 减光量的确定

一般将减光段分成三段，每段以 1/3 总减光量递减。

可按式(6-12-1)和式(6-12-2)计算减光段长度：

$$S_{in} = \frac{V_d T_{in}}{3.6} - D_{tr} \tag{6-12-1}$$

$$S_{out} = \frac{V_d T_{out}}{3.6} - D_{tr} \tag{6-12-2}$$

式中，S_{in} 为隧道入口处减光段合理设计长度，m；S_{out} 为隧道出口处减光段合理设计长度，m；D_{tr} 为隧道过渡段照明长度，m；V_d 为隧道设计速度，km/h；T_{in} 为中间段亮度。

不同的隧道设计速度下减光段的设计长度见表 6-12-1。

表 6-12-1　隧道出入口减光段合理设计长度取值

设计速度/(km/h)	恢复时间/s	隧道入口处减光段合理设计长度 S_{in}/m	隧道出口处减光段合理设计长度 S_{out}/m
100	16.45	90	73
80	16.45	85	71
60	16.45	74	63
40	16.45	53	46

2. 减光格栅的确定

要实现减光段的逐级减光，理论上需要逐级减弱遮光棚自进口至隧道洞口的透光率。减光构件间距的不同决定着遮光棚透光率的差异。

《公路隧道照明设计细则》(JTG/T D70/2-01—2014)规定当过渡段 TR3 的亮度 L_{tr3} 不大于中间段亮度 L_{in} 的 2 倍时，可不设置过渡段 TR3 的加强照明。即当洞外亮度满足式(6-12-3)时，可不设置过渡段 TR3。

$$L_{20}(S) \leqslant 100L_{in}/k \tag{6-12-3}$$

式中，$L_{20}(S)$ 为洞外亮度，cd/m^2；k 为入口段亮度折减系数，可按《公路隧道照明设计细则》(JTG/T D70/2-01—2014)取值。

下面就设置过渡段 TR3 和不设置过渡段 TR3 分别进行讨论。

1)未设置过渡段 TR3 的隧道照明方案

未设置过渡段 TR3 的隧道照明方案共有以下四种，如图 6-12-1～图 6-12-4 所示。

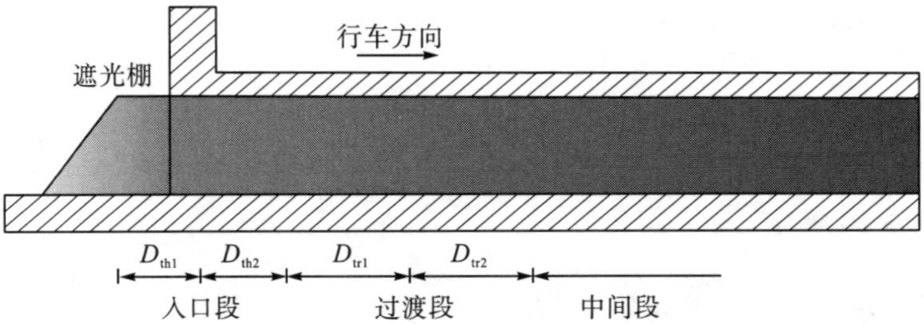

图 6-12-1　未设置过渡段 TR3 时隧道照明方案 1

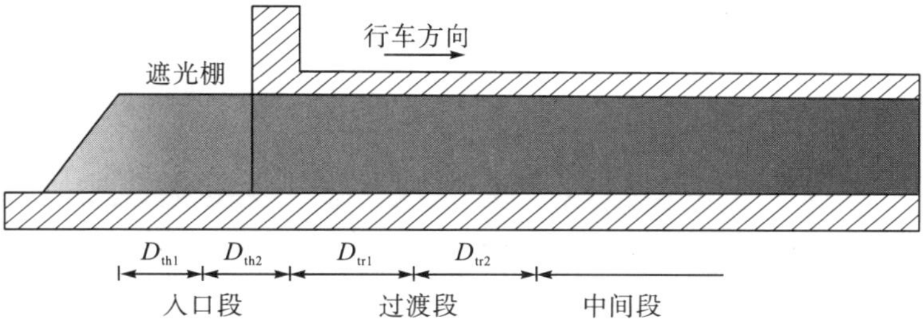

图 6-12-2　未设置过渡段 TR3 时隧道照明方案 2

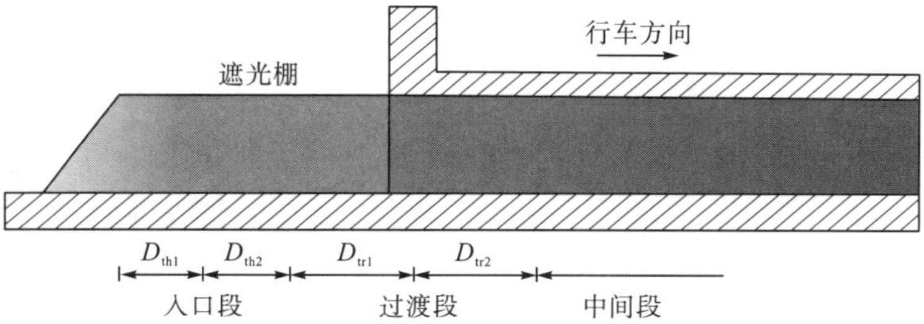

图 6-12-3　未设置过渡段 TR3 的隧道照明方案 3

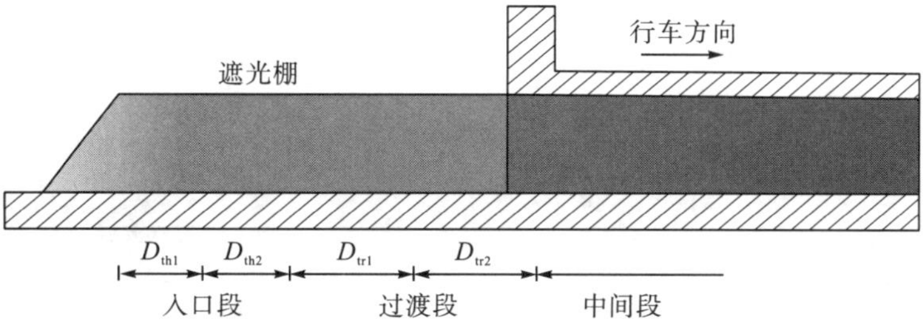

图 6-12-4　未设置过渡段 TR3 的隧道照明方案 4

2) 设置过渡段 TR3 的隧道照明方案

设置过渡段 TR3 的隧道照明方案共有以下五种，如图 6-12-5～图 6-12-9 所示。

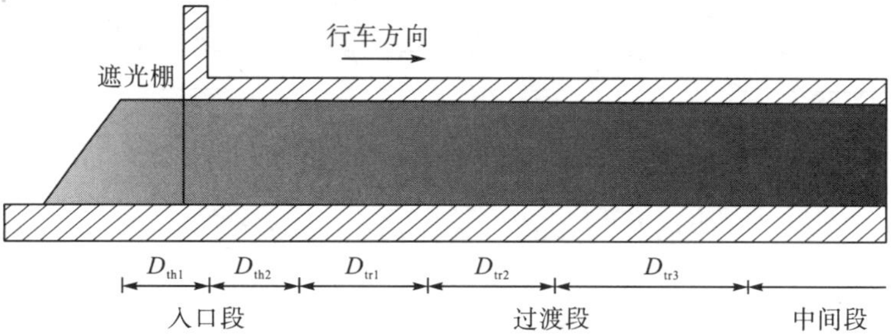

图 6-12-5　设置过渡段 TR3 的隧道照明方案 5

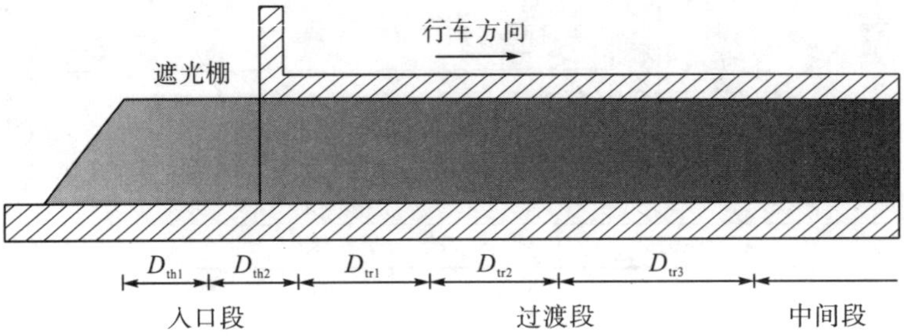

图 6-12-6　设置过渡段 TR3 的隧道照明方案 6

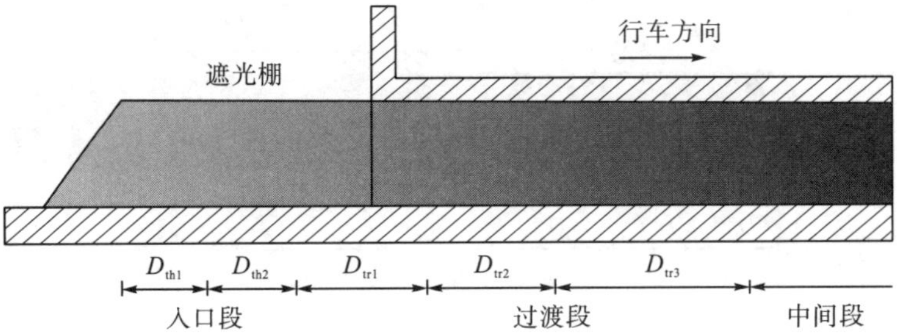

图 6-12-7　设置过渡段 TR3 的隧道照明方案 7

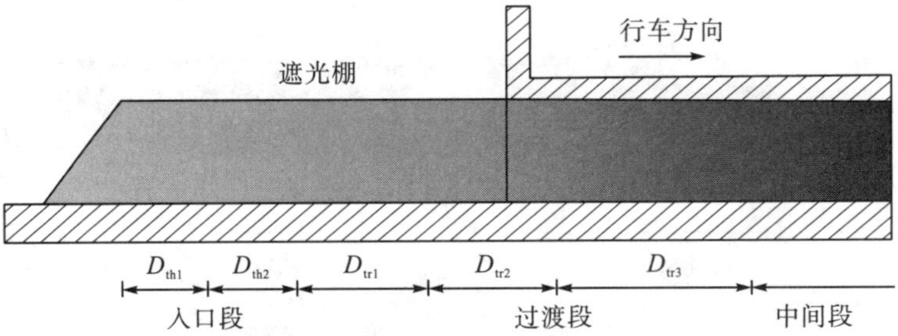

图 6-12-8　设置过渡段 TR3 的隧道照明方案 8

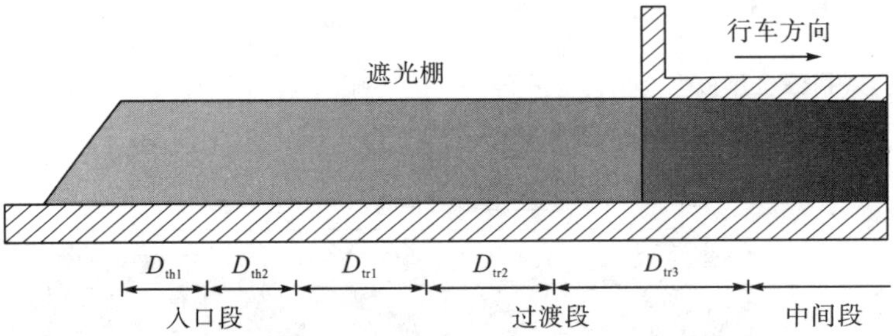

图 6-12-9　设置过渡段 TR3 的隧道照明方案 9

3. 照明亮度需求总量确定

根据未设置过渡段 TR3 的四种隧道照明方案，隧道结构内亮度需求总量可用式(6-12-4)

表达如下：

$$L_l=\begin{cases}\begin{pmatrix}D_{\mathrm{th}1}+0.5D_{\mathrm{th}2}+0.15D_{\mathrm{tr}1}\\+0.05D_{\mathrm{tr}2}-D_{\mathrm{z}}\end{pmatrix}kL_{20}(S), & 0\leqslant D_{\mathrm{z}}<D_{\mathrm{th}1}\\+\left(L+D_{\mathrm{z}}-D_1-180\right)L_{\mathrm{in}} & \\ \begin{pmatrix}0.5D_{\mathrm{th}1}+0.5D_{\mathrm{th}2}+0.15D_{\mathrm{tr}1}\\+0.05D_{\mathrm{tr}2}-0.5D_{\mathrm{z}}\end{pmatrix}kL_{20}(S), & D_{\mathrm{th}1}\leqslant D_{\mathrm{z}}<D_{\mathrm{th}1}+D_{\mathrm{th}2}\\+\left(L+D_{\mathrm{z}}-D_1-180\right)L_{\mathrm{in}} & \\ \begin{pmatrix}0.15D_{\mathrm{th}1}+0.15D_{\mathrm{th}2}+0.15D_{\mathrm{tr}1}\\+0.05D_{\mathrm{tr}2}-0.15D_{\mathrm{z}}\end{pmatrix}kL_{20}(S), & D_{\mathrm{th}1}+D_{\mathrm{th}2}\leqslant D_{\mathrm{z}}<D_{\mathrm{th}1}\\ +\left(L+D_{\mathrm{z}}-D_1-180\right)L_{\mathrm{in}} & +D_{\mathrm{th}2}+D_{\mathrm{tr}1}\\ \begin{pmatrix}0.05D_{\mathrm{th}1}+0.05D_{\mathrm{th}2}+0.05D_{\mathrm{tr}1}\\-0.05D_{\mathrm{z}}+0.05D_{\mathrm{tr}2}\end{pmatrix}kL_{20}(S), & D_{\mathrm{th}1}+D_{\mathrm{th}2}+D_{\mathrm{tr}1}\leqslant D_{\mathrm{z}}\\ +\left(L+D_{\mathrm{z}}-D_1-180\right)L_{\mathrm{in}} & \leqslant D_{\mathrm{th}1}+D_{\mathrm{th}2}+D_{\mathrm{tr}1}+D_{\mathrm{tr}2}\end{cases}\tag{6-12-4}$$

式中，D_{th1}、D_{th2} 依次为隧道照明入口段 TH1、TH2 的长度，m；D_{tr1}、D_{tr2} 依次为隧道照明过渡段 TR1、TR2 的长度，m；L_{in} 为隧道照明中间段亮度，cd/m^2；D_{z} 为遮光棚长度，m；L 为隧道长度，m；k 为入口段亮度折减系数；$L_{20}(S)$ 为洞外亮度，cd/m^2；D_1 为 D_{th1}、D_{th2}、D_{tr1}、D_{tr2} 之和，m。

同理，根据设置过渡段 TR3 的五种隧道照明方案，隧道结构内亮度需求总量可用式(6-12-5)表达如下：

$$L_l=\begin{cases}\begin{pmatrix}D_{\mathrm{th}1}+0.5D_{\mathrm{th}2}+0.15D_{\mathrm{tr}1}\\+0.05D_{\mathrm{tr}2}+0.02D_{\mathrm{tr}3}-D_{\mathrm{z}}\end{pmatrix}kL_{20}(S), & 0\leqslant D_{\mathrm{z}}<D_{\mathrm{th}1}\\+\left(L+D_{\mathrm{z}}-D_2-180\right)L_{\mathrm{in}} & \\ \begin{pmatrix}0.5D_{\mathrm{th}1}+0.5D_{\mathrm{th}2}+0.15D_{\mathrm{tr}1}\\+0.05D_{\mathrm{tr}2}+0.02D_{\mathrm{tr}3}-0.5D_{\mathrm{z}}\end{pmatrix}kL_{20}(S), & D_{\mathrm{th}1}\leqslant D_{\mathrm{z}}<D_{\mathrm{th}1}+D_{\mathrm{th}2}\\+\left(L+D_{\mathrm{z}}-D_2-180\right)L_{\mathrm{in}} & \\ \begin{pmatrix}0.15D_{\mathrm{th}1}+0.15D_{\mathrm{th}2}+0.15D_{\mathrm{tr}1}\\+0.05D_{\mathrm{tr}2}+0.02D_{\mathrm{tr}3}-0.15D_{\mathrm{z}}\end{pmatrix}kL_{20}(S), & D_{\mathrm{th}1}+D_{\mathrm{th}2}\leqslant D_{\mathrm{z}}<D_{\mathrm{th}1}\\ +\left(L+D_{\mathrm{z}}-D_2-180\right)L_{\mathrm{in}} & +D_{\mathrm{th}2}+D_{\mathrm{tr}1}\\ \begin{pmatrix}0.05D_{\mathrm{th}1}+0.05D_{\mathrm{th}2}+0.05D_{\mathrm{tr}1}\\+0.05D_{\mathrm{tr}2}+0.02D_{\mathrm{tr}3}-0.05D_{\mathrm{z}}\end{pmatrix}kL_{20}(S), & D_{\mathrm{th}1}+D_{\mathrm{th}2}+D_{\mathrm{tr}1}\leqslant D_{\mathrm{z}}\\ +\left(L+D_{z}-D_2-180\right)L_{\mathrm{in}} & \leqslant D_{\mathrm{th}1}+D_{\mathrm{th}2}+D_{\mathrm{tr}1}+D_{\mathrm{tr}2}\\ \begin{pmatrix}0.02D_{\mathrm{th}1}+0.02D_{\mathrm{th}2}+0.02D_{\mathrm{tr}1}\\+0.02D_{\mathrm{tr}2}+0.02D_{\mathrm{tr}3}-0.02D_{\mathrm{z}}\end{pmatrix}kL_{20}(S), & D_{\mathrm{th}1}+D_{\mathrm{th}2}+D_{\mathrm{tr}1}+D_{\mathrm{tr}2}\leqslant D_{\mathrm{z}}\\ +\left(L+D_{z}-D_2-180\right)L_{\mathrm{in}} & \leqslant D_{\mathrm{th}1}+D_{\mathrm{th}2}+D_{\mathrm{tr}1}+D_{\mathrm{tr}2}+D_{\mathrm{tr}3}\end{cases}\tag{6-12-5}$$

式中，D_{tr3} 为隧道照明过渡段 TR3 的长度，m；D_2 为 D_{th1}、D_{th2}、D_{tr1}、D_{tr2}、D_{tr3} 之和，m。

将上述式(6-12-4)和式(6-12-5)整理建立隧道照明经济性模型如下：

$$\begin{cases} M_1 = \alpha D_z + \varepsilon\beta_1 L_{20}(S) - \varepsilon L_{20}(S) D_z + \delta_1 \\ M_2 = \alpha D_z + \varepsilon\beta_2 L_{20}(S) - 0.5\varepsilon L_{20}(S) D_z + \delta_1 \\ M_3 = \alpha D_z + \varepsilon\beta_3 L_{20}(S) - 0.15\varepsilon L_{20}(S) D_z + \delta_1 \\ M_4 = \alpha D_z + \varepsilon\beta_4 L_{20}(S) - 0.05\varepsilon L_{20}(S) D_z + \delta_1 \\ M_5 = \alpha D_z + \varepsilon\beta_5 L_{20}(S) - \varepsilon L_{20}(S) D_z + \delta_2 \\ M_6 = \alpha D_z + \varepsilon\beta_6 L_{20}(S) - 0.5\varepsilon L_{20}(S) D_z + \delta_2 \\ M_7 = \alpha D_z + \varepsilon\beta_7 L_{20}(S) - 0.15\varepsilon L_{20}(S) D_z + \delta_2 \\ M_8 = \alpha D_z + \varepsilon\beta_8 L_{20}(S) - 0.05\varepsilon L_{20}(S) D_z + \delta_2 \\ M_9 = \alpha D_z + \varepsilon\beta_9 L_{20}(S) - 0.02\varepsilon L_{20}(S) D_z + \delta_2 \end{cases} \tag{6-12-6}$$

式中，$\alpha = \bar{C}_z + \bar{C}_1 L_{in} + 2L_{in}\bar{P}_1 T$；$\varepsilon = k\left(\bar{P}_1 T + \bar{C}_1\right)$；$\delta_1 = \left(\bar{P}_1 T + \bar{C}_1\right)\left(L - D_1 - 180\right)L_{in} + C_o$；$\delta_2 = \left(\bar{P}_1 T + \bar{C}_1\right)\left(L - D_2 - 180\right)L_{in} + C_o$。

$$\begin{cases} \beta_1 = D_{th1} + 0.5D_{th2} + 0.15D_{tr1} + 0.05D_{tr2} \\ \beta_2 = 0.5D_{th1} + 0.5D_{th2} + 0.15D_{tr1} + 0.05D_{tr2} \\ \beta_3 = 0.15D_{th1} + 0.15D_{th2} + 0.15D_{tr1} + 0.05D_{tr2} \\ \beta_4 = 0.05D_{th1} + 0.05D_{th2} + 0.05D_{tr1} + 0.05D_{tr2} \\ \beta_5 = D_{th1} + 0.5D_{th2} + 0.15D_{tr1} + 0.05D_{tr2} + 0.02D_{tr3} \\ \beta_6 = 0.5D_{th1} + 0.5D_{th2} + 0.15D_{tr1} + 0.05D_{tr2} + 0.02D_{tr3} \\ \beta_7 = 0.15D_{th1} + 0.15D_{th2} + 0.15D_{tr1} + 0.05D_{tr2} + 0.02D_{tr3} \\ \beta_8 = 0.05D_{th1} + 0.05D_{th2} + 0.05D_{tr1} + 0.05D_{tr2} + 0.02D_{tr3} \\ \beta_9 = 0.02D_{th1} + 0.02D_{th2} + 0.02D_{tr1} + 0.02D_{tr2} + 0.02D_{tr3} \end{cases} \tag{6-12-7}$$

4. 隧道遮光棚长度计算模型

由隧道照明经济性模型可得以遮光棚长度为自变量的遮光棚经济性模型如下：

$$\begin{cases} M_1 = \left(\alpha - \varepsilon L_{20}(S)\right) D_z + \varepsilon\beta_1 L_{20}(S) + \delta_1 \\ M_2 = \left(\alpha - 0.5\varepsilon L_{20}(S)\right) D_z + \varepsilon\beta_2 L_{20}(S) + \delta_1 \\ M_3 = \left(\alpha - 0.15\varepsilon L_{20}(S)\right) D_z + \varepsilon\beta_3 L_{20}(S) + \delta_1 \\ M_4 = \left(\alpha - 0.05\varepsilon L_{20}(S)\right) D_z + \varepsilon\beta_4 L_{20}(S) + \delta_1 \\ M_5 = \left(\alpha - \varepsilon L_{20}(S)\right) D_z + \varepsilon\beta_5 L_{20}(S) + \delta_2 \\ M_6 = \left(\alpha - 0.5\varepsilon L_{20}(S)\right) D_z + \varepsilon\beta_6 L_{20}(S) + \delta_2 \\ M_7 = \left(\alpha - 0.15\varepsilon L_{20}(S)\right) D_z + \varepsilon\beta_7 L_{20}(S) + \delta_2 \\ M_8 = \left(\alpha - 0.05\varepsilon L_{20}(S)\right) D_z + \varepsilon\beta_8 L_{20}(S) + \delta_2 \\ M_9 = \left(\alpha - 0.02\varepsilon L_{20}(S)\right) D_z + \varepsilon\beta_9 L_{20}(S) + \delta_2 \end{cases} \tag{6-12-8}$$

由式(6-12-8)可得不同遮光棚设计方案对应的遮光棚长度如下：

$$
\begin{cases}
D_{z1} = \dfrac{M_1 - \varepsilon\beta_1 L_{20}(S) - \delta_1}{\alpha - \varepsilon L_{20}(S)} \\
D_{z2} = \dfrac{M_2 - \varepsilon\beta_2 L_{20}(S) - \delta_1}{\alpha - 0.5\varepsilon L_{20}(S)} \\
D_{z3} = \dfrac{M_3 - \varepsilon\beta_3 L_{20}(S) - \delta_1}{\alpha - 0.15\varepsilon L_{20}(S)} \\
D_{z4} = \dfrac{M_4 - \varepsilon\beta_4 L_{20}(S) - \delta_1}{\alpha - 0.05\varepsilon L_{20}(S)} \\
D_{z5} = \dfrac{M_5 - \varepsilon\beta_5 L_{20}(S) - \delta_2}{\alpha - \varepsilon L_{20}(S)} \\
D_{z6} = \dfrac{M_6 - \varepsilon\beta_6 L_{20}(S) - \delta_2}{\alpha - 0.5\varepsilon L_{20}(S)} \\
D_{z7} = \dfrac{M_7 - \varepsilon\beta_7 L_{20}(S) - \delta_2}{\alpha - 0.15\varepsilon L_{20}(S)} \\
D_{z8} = \dfrac{M_8 - \varepsilon\beta_8 L_{20}(S) - \delta_2}{\alpha - 0.05\varepsilon L_{20}(S)} \\
D_{z9} = \dfrac{M_9 - \varepsilon\beta_9 L_{20}(S) - \delta_2}{\alpha - 0.02\varepsilon L_{20}(S)}
\end{cases}
\tag{6-12-9}
$$

当洞外亮度满足式(6-12-3)时，取不设置过渡段 TR3 时遮光棚全寿命周期成本最小的遮光棚设计方案 n 对应的遮光棚长度，即 $M_n = \min(M_1, M_2, M_3, M_4)$ 时对应的遮光棚长度 D_{zn}。

当洞外亮度不满足式(6-12-3)时，取设置过渡段 TR3 时遮光棚全寿命周期成本最小的遮光棚设计方案 m 对应的遮光棚长度，即 $M_m = \min(M_5, M_6, M_7, M_8, M_9)$ 时对应的遮光棚长度 D_{zm}。

6.12.2　基于适应曲线的遮光棚长度优化方法

1. 照明段落划分

目前，对公路隧道照明段落的划分以 CIE 提出的视觉适应曲线为主，可将公路隧道照明段落划分为入口段照明、过渡段照明、中间段照明、出口段照明及洞口接近段减光设施。本书为叙述方便，将入口段、过渡段简化为视觉适应段，即隧道照明区段构成如图 6-12-10 所示。

1) 单个隧道

根据视觉适应曲线，单个隧道入口处是否架设遮光棚两种情况下所建立的亮度数学模型及其照明段落划分如图 6-12-11 所示。

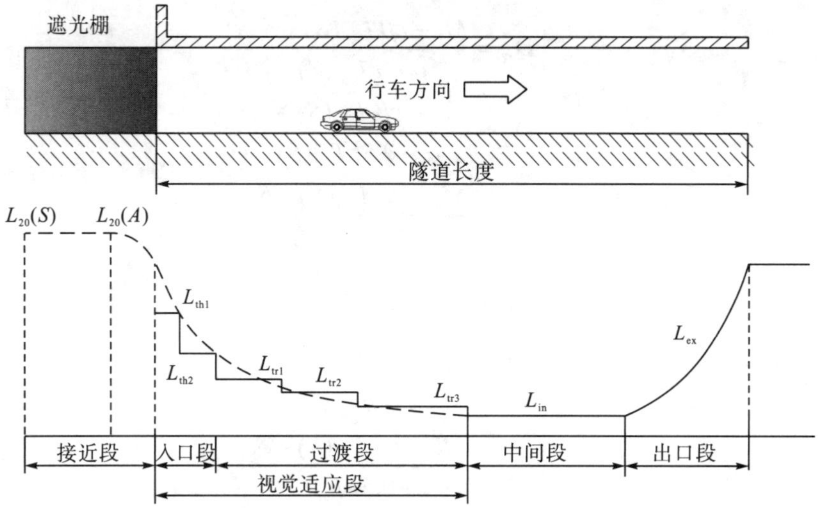

图 6-12-10　隧道照明系统分段简图

$L_{20}(S)$-洞外亮度；$L_{20}(A)$-亮度适应点；L_{th1}、L_{th2}-入口段亮度；L_{tr1}、L_{tr2}、L_{tr3}-过渡段亮度；L_{in}-中间段亮度；L_{ex}-出口段亮度

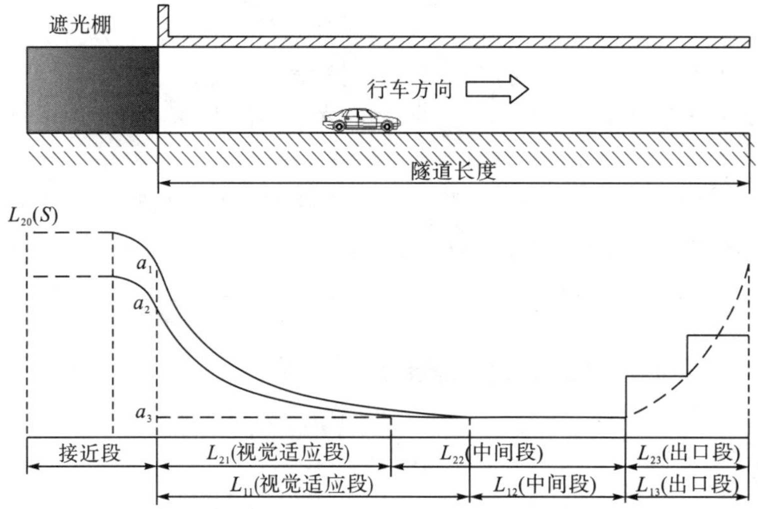

图 6-12-11　单个隧道亮度模型

$L_{20}(S)$-洞外亮度；a_1-不设遮光棚时的入口亮度；a_2-设遮光棚时的入口亮度；a_3-隧道中间段亮度；L_{11}-隧道不设遮光棚时的视觉适应段长度；L_{12}-隧道不设遮光棚时的中间段长度；L_{13}-隧道不设遮光棚时的出口段长度；L_{21}-隧道设遮光棚时的视觉适应段长度；L_{22}-隧道设遮光棚时的中间段长度；L_{23}-隧道设遮光棚时的出口段长度

2) 毗邻隧道

根据视觉适应曲线，毗邻隧道间是否架设遮光棚两种情况下所建立的亮度数学模型及段落划分如图 6-12-12 所示。

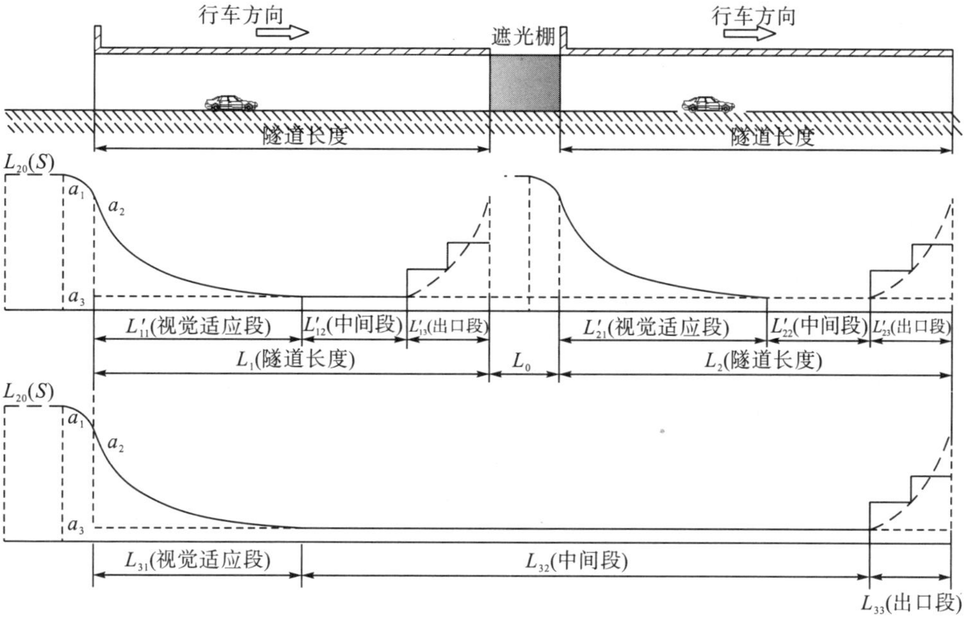

图 6-12-12　毗邻隧道亮度模型

$L_{20}(S)$-洞外亮度；a_1-隧道 1 的入口亮度；a_2-隧道 2 的入口亮度；a_3-隧道 1 和隧道 2 的中间段亮度；L'_{11}-隧道 1 的视觉适应段长度；L'_{12}-隧道 1 的中间段长度；L'_{13}-隧道 1 的出口段长度；L_0-隧道 1 与隧道 2 之间的净距；L'_{21}-隧道 2 的视觉适应段长度；L'_{22} 隧道 2 的中间段长度；L'_{23}-隧道 2 的出口段长度；L_{31}-隧道设遮光棚时的视觉适应段长度；L_{32}-隧道设遮光棚时的中间段长度；L_{33}-隧道设遮光棚时的出口段长度

2. 数学模型

1) 视觉适应段相关因素确定

(1) 照明段落长度确定。根据视觉适应曲线，隧道视觉适应段的亮度计算公式为

$$L_{\mathrm{tr}} = L_{\mathrm{th}}\left(1.9+\frac{x}{v}\right)^{-1.4} \tag{6-12-10}$$

式中，L_{tr} 为视觉适应段亮度，cd/m^2；L_{th} 为入口段亮度，cd/m^2；v 为车辆行驶速度，m/s；x 为车辆从入口驶入的距离，m。

由式(6-12-10)可推出隧道视觉适应段长度 x：

$$x = v\left[\left(\frac{L_{\mathrm{th}}}{L_{\mathrm{tr}}}\right)^{\frac{1}{1.4}}-1.9\right] \tag{6-12-11}$$

(2) 光通量的确定。隧道照明段落所需要的光通量 φ 可由式(6-12-12)确定：

$$\varphi=Lwua_4 \tag{6-12-12}$$

式中，L 为照明段落长度，m；w 为隧道照明宽度(含两边墙高各 2m 范围)，m；u 为照明段落亮度，cd/m^2；a_4 为反射系数，lx/(cd·m^2)。

本书中视觉适应段亮度由式(6-12-10)决定，可由式(6-12-10)、式(6-12-12)得出视觉适应段的光通量 $\varphi_{视}$ 为

$$\varphi_{视}=\int_0^x a_4 w L_{th}\left(1.9+\frac{x}{v}\right)^{-1.4}\mathrm{d}x \tag{6-12-13}$$

2) 单个隧道

隧道视觉适应段长度由车辆行驶速度、隧道入口段亮度和入口亮度决定。根据隧道建设细则，隧道出口段长度为 60m。由式(6-12-11)～式(6-12-13)可得出隧道是否架设遮光棚两种情况下各个照明段落长度及相对应的光通量，如表 6-12-2 所示。

表 6-12-2　照明段落长度及光通量

照明段落	不设遮光棚		设遮光棚	
	照明段落长度	光通量	照明段落长度	光通量
视觉适应段	$L_{11}=v\left[\left(\frac{a_1}{a_3}\right)^{\frac{1}{1.4}}-1.9\right]$	$\varphi_{11}=\int_0^{L_{11}}a_4 w a_1\left(1.9+\frac{x}{v}\right)^{-1.4}\mathrm{d}x$	$L_{21}=v\left[\left(\frac{a_2}{a_3}\right)^{\frac{1}{1.4}}-1.9\right]$	$\varphi_{21}=\int_0^{L_{21}}a_4 w a_2\left(1.9+\frac{x}{v}\right)^{-1.4}\mathrm{d}x$
中间段	$L_{12}=L_0-60-v\left(\frac{a_1}{a_3}\right)^{\frac{1}{1.4}}$	$\varphi_{12}=a_3a_4wL_{12}$	$L_{22}=L_0-60-v\left[\left(\frac{a_2}{a_3}\right)^{\frac{1}{1.4}}\right]$	$\varphi_{22}=a_3a_4wL_{22}$
出口段	$L_{13}=60$	$\varphi_{13}=3a_3a_4wL_{13}/2+5a_3a_4$	$L_{23}=60$	$\varphi_{23}=3a_3a_4wL_{23}/2+5a_3a_4$

则设遮光棚与不设遮光棚所需光通量的差值模型为

$$\begin{aligned}y=\varphi_Y-\varphi_N&=a_2a_4wv\left[1.9^{-0.4}-\left(\frac{a_2}{a_3}\right)^{\frac{-0.4}{1.4}}\right]\Big/0.4\\&+a_1a_4wv\left[\left(\frac{a_1}{a_3}\right)^{\frac{-0.4}{1.4}}-1.9^{-0.4}\right]\Big/0.4+a_3a_4wv\left[\left(\frac{a_1}{a_3}\right)^{\frac{1}{1.4}}-\left(\frac{a_2}{a_3}\right)^{\frac{1}{1.4}}\right]\end{aligned} \tag{6-12-14}$$

3) 毗邻隧道

同理，毗邻隧道间架设遮光棚时，可得出隧道是否架设遮光棚两种情况下各个照明段落长度及相对应的光通量。不架设遮光棚时，隧道 1 与隧道 2 各个照明段落长度计算都与单个隧道的照明段落长度计算同理，即可得到表 6-12-3。

表 6-12-3　毗邻隧道照明段落长度及光通量

照明段落及隧道编号		不设遮光棚		设遮光棚	
		照明段落长度	光通量	照明段落长度	光通量
视觉适应段	隧道1	$L'_{11}=v\left[\left(\dfrac{a_1}{a_3}\right)^{\frac{1}{1.4}}-1.9\right]$	$\varphi'_{11}=\int_0^{L_{11}}a_4wa_1\cdot\left(1.9+\dfrac{x}{v}\right)^{-1.4}\mathrm{d}x$	$L_{31}=v\left[\left(\dfrac{a_1}{a_3}\right)^{\frac{1}{1.4}}-1.9\right]$	$\varphi_{31}=\int_0^{L_{31}}a_4wa_1\cdot\left(1.9+\dfrac{x}{v}\right)^{-1.4}\mathrm{d}x$
	隧道2	$L'_{21}=v\left[\left(\dfrac{a_2}{a_3}\right)^{\frac{1}{1.4}}-1.9\right]$	$\varphi'_{21}=\int_0^{L_{21}}a_4wa_2\cdot\left(1.9+\dfrac{x}{v}\right)^{-1.4}\mathrm{d}x$		
中间段	隧道1	$L'_{12}=L_1-60-v\left[\left(\dfrac{a_1}{a_3}\right)^{\frac{1}{1.4}}-1.9\right]$	$\varphi'_{12}=a_3a_4wL_{12}$	$L_{32}=L_1+L_2+L_0-60-v\left[\left(\dfrac{a_1}{a_3}\right)^{\frac{1}{1.4}}-1.9\right]$	$\varphi_{32}=a_3a_4wL_{32}$
	隧道2	$L'_{22}=L_2-60-v\left[\left(\dfrac{a_2}{a_3}\right)^{\frac{1}{1.4}}-1.9\right]$	$\varphi'_{22}=a_3a_4wL_{22}$		
出口段	隧道1	$L'_{13}=60$	$\varphi'_{13}=3a_3a_4wL_{13}/2+5a_3a_4wL_{13}/2$	$L_{33}=60$	$\varphi_{33}=3a_3a_4wL_{33}/2+5a_3a_4wL_{33}/2$
	隧道2	$L'_{23}=60$	$\varphi'_{23}=3a_3a_4wL_{23}/2+5a_3a_4wL_{23}/2$		

同理可得毗邻隧道间架设遮光棚的光通量差值模型为

$$y=\varphi_{\mathrm{Y}}-\varphi_{\mathrm{N1}}-\varphi_{\mathrm{N2}}=a_3a_4w\left\{L_0-180+v\left[\left(\frac{a_2}{a_3}\right)^{\frac{1}{1.4}}-1.9\right]\right\}-a_2a_4w\left[1.9^{-0.4}-\left(\frac{a_2}{a_3}\right)^{\frac{-0.4}{14}}\right]\Big/0.4 \tag{6-12-15}$$

式中，φ_{Y} 为设遮光棚时将隧道 1 与隧道 2 看成一个整体时的总光通量；φ_{N1} 为不设遮光棚时隧道 1 的总光通量；φ_{N2} 为不设遮光棚时隧道 2 的总光通量。

4）照明功率

以 P 表示设遮光棚与不设遮光棚所需照明功率之差，设照明灯具照到路面上的光效为 a_5，则

$$P=y/a_5 \tag{6-12-16}$$

在照明经济性分析中，各类照明方式的主要计算内容分为以下几个部分：设备首次投资费用、寿命周期内耗电费用以及后续维护费用。其中，影响照明灯具经济性的因素包括灯具数量、折旧年数、灯具清扫费单价、折旧年限、日常维护费用以及耗电费用等。而在隧道节能领域使用遮光棚技术能够极大地节省灯具费用以及电力资源。在遮光棚技术中，遮光棚建设费用与遮光棚长度、建筑材料以及设置形式等相关，应结合目标工程的实际情况确定建筑材料以及设置形式，从而计算出单位长度下遮光棚建设费用。

若仅考虑遮光棚初期建设费用，设照明灯具光效性价比为照到路面上 a_6(元/lm)，遮光棚所需建设费用为 m_1(元)，根据相关规范及公式推导，当满足条件 $a_6y + m_1 \leqslant 0$ 时，则遮光棚更具照明经济性。

若考虑遮光棚初期建设费用与后续维护费用，设照明灯具年维护费用为 a_7(元/W)，电费为 a_8(元/W)，遮光棚年维护费用为 m_2(元)，经推导分析，当满足条件 $a_6y + m_1 + a_8P + a_7P + m_2 \leqslant 0$ 时，则遮光棚更具照明经济性。

6.13　高寒地区隧道照明设计

《公路隧道照明设计细则》(JTG/T D70/2-01—2014)推荐 L_{20} 一般取 3000cd/m^2。对于高寒地区，由于冰冻期较长，雪盲现象严重，L_{20} 可达 10000cd/m^2 以上，挪威测试表明，冰冻期晴天，L_{20} 甚至可达到 15000cd/m^2，因此既满足隧道行车安全，又能节省建设与养护费用，就需分析 L_{20} 和设计速度这两个参数如何取值。

6.13.1　隧道照明段落划分

隧道照明段落一般分为入口段、过渡段、中间段和出口段。当生产条件确定后，入口段与出口段的长度为定值，而过渡段和中间段的长度为变量。入口段和过渡段亮度变化按式(6-13-1)和式(6-13-2)计算：

$$L_{\text{th1}} = kL_{20} \tag{6-13-1}$$

$$L_{\text{tr}} = L_{\text{th1}}(1.9 + t)^{-1.4} \tag{6-13-2}$$

式中，L_{tr} 为过渡段亮度，cd/m^2；L_{th1} 为入口段亮度，cd/m^2。

以 L_{in} 表示中间段亮度(cd/m^2)，在过渡段末端，其亮度与中间段亮度相等。则由式(6-13-1)可得

$$L_{\text{in}} = L_{\text{th1}}(1.9 + 3.6D_{\text{tr}}/v)^{-1.4} \tag{6-13-3}$$

式中，D_{tr} 为过渡段长度，m；v 为设计速度，km/h。

解式(6-13-3)可得

$$D_{\text{tr}} = [(L_{\text{in}}/L_{\text{th1}})^{1/1.4} - 1.9]v/3.6 \tag{6-13-4}$$

D_{tr} 可按式(6-13-4)计算，也可按《公路隧道照明设计细则》(JTG/T D70/2-01—2014)计算(后面式(6-13-10)、式(6-13-11)和式(6-13-12))，确定 D_{tr} 后，则可确定中间段落的长度 D_{z}(m)。设隧道长度为 D_{L}(m)，根据《公路隧道照明设计细则》(JTG/T D70/2-01—2014)，

出口段长度为 60m，入口段长度按式(6-13-5)计算：

$$D_z = D_L - (D_{th} + D_{tr} + 60) \tag{6-13-5}$$

从而

$$D_{th} = 1.154D_s - (h-1.5)/\tan 10° \tag{6-13-6}$$

式中，h 为隧道洞口净空高度，m；D_s 为隧道照明停车视距，m。

6.13.2　k、L_{20}、v 和设计交通量与照明常亮度的关系

由式(6-13-1)和式(6-13-2)可知，入口段亮度与 k、L_{20} 成正比，过渡段亮度与入口段亮度和在过渡段行驶时间相关。根据《公路隧道照明设计细则》(JTG/T D70/2-01—2014)，k 与 v 和设计交通量 Q(辆/(h·ln))相关，L_{in} 又与 Q、v 相关，根据《公路隧道照明设计细则》(JTG/T D70/2-01—2014)的数据，k、L_{in} 与速度的关系见表 6-13-1。

表 6-13-1　k、L_{in} 与速度的关系

参数系数		a	b	R^2	备注
k	单向交通 $Q \geqslant 1200$(辆/(h·ln))，双向交通 $Q \geqslant 650$(辆/(h·ln))	0.0007	−0.0188	0.96278	交通量为中间值时按线性内插
	单向交通 $Q \leqslant 350$(辆/(h·ln))，双向交通 $Q \leqslant 180$(辆/(h·ln))	0.0005	−0.013	0.97087	
L_{in}/(cd/m^2)	单向交通 $Q \geqslant 1200$(辆/(h·ln))，双向交通 $Q \geqslant 650$(辆/(h·ln))	0.1125	−4.4	0.94274	$v \geqslant 40$km/h
	单向交通 350(辆/(h·ln))＜Q＜1200(辆/(h·ln))，双向交通 180(辆/(h·ln))＜Q＜650(辆/(h·ln))	0.065	−2.1	0.9548	
	单向交通 $Q \leqslant 350$(辆/(h·ln))，双向交通 $Q \leqslant 180$(辆/(h·ln))	0.06	−2.9	0.96	$v \geqslant 60$km/h

6.13.3　约束条件

设有原设计和优化设计两个方案，参数符号为原设计符号不带“′”，优化设计符号有“′”，则约束条件分别为以下四个方面。

(1)照明段落，有三种情形。

情形 1：隧道长度足够设置过渡段 1，此时

$$D_z = D_L - (D_{th} + 60 + D'_{tr1}) \geqslant 0 \tag{6-13-7}$$

情形 2：隧道长度足够设置过渡段 2，此时

$$D_z = D_L - (D_{th} + 60 + D'_{th1} + D'_{tr2}) \geqslant 0 \tag{6-13-8}$$

情形 3：隧道长度足够设置过渡段 3，此时

$$D_z = D_L - (D_{th} + 60 + D'_{th1} + D'_{th2} + D'_{tr3}) \geqslant 0 \tag{6-13-9}$$

D'_{tr1}、D'_{tr2}、D'_{tr3} 按《公路隧道照明设计细则》(JTG/T D70/2-01—2014)确定，按以下

公式计算：

$$D'_{\text{tr1}}=1/3D_{\text{th}}+v'/1.8 \tag{6-13-10}$$

$$D'_{\text{tr2}}=2v'/1.8 \tag{6-13-11}$$

$$D'_{\text{tr3}}=3v'/1.8 \tag{6-13-12}$$

将式(6-13-10)代入式(6-13-7)后，情形 1：

$$v'\leqslant 1.8[D_{\text{L}}-(4/3D_{\text{th}}+60)] \tag{6-13-13}$$

将式(6-13-11)代入式(6-13-8)后，情形 2：

$$v'\leqslant 0.6[D_{\text{L}}-(4/3D_{\text{th}}+60)] \tag{6-13-14}$$

将式(6-13-12)代入式(6-13-9)后，情形 3：

$$v'\leqslant 0.3[D_{\text{L}}-(4/3D_{\text{th}}+60)] \tag{6-13-15}$$

(2) 设计速度

$$v'\geqslant v_{\min} \tag{6-13-16}$$

(3) 设计交通量

$$Q'\geqslant Q_{\min} \tag{6-13-17}$$

(4) 投资

$$P'=P \tag{6-13-18}$$

6.13.4　计算模型

本书采取仅优化设计速度的方法。根据约束条件，需计算优化设计速度后的照明功率。

根据《公路隧道照明设计细则》(JTG/T D70/2-01-2014)，隧道照明墙面亮度不低于路面亮度的 60%，设墙面亮度为路面亮度的 60%，以 S_i 表示第 i 个照明段落的面积，P_i 表示该段落的照明功率，η 表示灯具利用率，φ 表示灯具的额定光通量，μ 表示路面亮度与照度的换算系数，M 表示灯具养护系数，D_i 表示第 i 个照明段落的长度(m)，则

$$S_i=D_i(w_i+2.4) \tag{6-13-19}$$

$$P_i=S_iL_i\mu/(\varphi\eta M) \tag{6-13-20}$$

令

$$\alpha=\mu(w+2.4)/(\varphi\eta M) \tag{6-13-21}$$

可推设各段落的照明功率见表 6-13-2。

表 6-13-2　各段落照明功率

段落	入口段	出口段	中间段
符号	P_1	P_2	P_3
计算公式	$3/4\alpha D_{\text{th}}L_{\text{th1}}$	$240\alpha L_{\text{in}}$	$\alpha D_z L_{\text{in}}$
段落	过渡段 1	过渡段 2	过渡段 3
符号	P_4	P_5	P_6
计算公式	$0.15L_{\text{th1}}(1/3D_{\text{th}}+v/1.8)\alpha$	$0.1L_{\text{th1}}v\alpha/1.8$	$0.06L_{\text{th1}}v\alpha/1.8$

表 6-13-2 中 L_{in}、L_{th1} 都是未知数，确定 L_{in} 和 L_{th1} 后，才可计算出照明功率，以大交通量为例，采用表 6-13-1 中 k、v 的关系式，并以 a_1、b_1 表示 k 的回归系数，a_2、b_2 表示 L_{in} 的回归系数。

确定 L_{in} 和 L_{th1}，推导过程如下。

情形 1：

$$P=\sum_{i=1}^{4}P_i=\partial L_{th1}\left[\frac{3}{4}D_{th}+0.15\times\left(\frac{1}{3}D_{th}+\frac{v}{1.8}\right)\right]+\partial L_{in}\left(D_z+240\right) \tag{6-13-22}$$

由于 $k=(a_1v+b_1)L_{20}$，故由式(6-13-1)得

$$L_{th1}=(a_1v+b_1)L_{20} \tag{6-13-23}$$

由于

$$L_{in}=a_2v+b_2 \tag{6-13-24}$$

将式(6-13-23)、式(6-13-24)、式(6-13-7)代入式(6-13-22)并整理可得

$$\begin{aligned}P=&\partial L_{20}\frac{a_1}{12}v^2+\partial\left[\frac{4D_{th}}{5}a_1L_{20}+\frac{b_1}{12}+a_2\left(D_L-D_{th}-D'_{tr1}+180\right)\right]v\\&+\partial\left[\frac{4D_{th}}{5}b_1L_{20}+b_2\left(D_L-D_{th}-D'_{tr1}+180\right)\right]\end{aligned} \tag{6-13-25}$$

从而有

$$v=\left\{\begin{aligned}&-\left[\left(\frac{4D_{th}}{5}a_1+\frac{b_1}{12}\right)L_{20}+a_2M\right]\\&\pm\sqrt{\left(\frac{4D_{th}}{5}a_1-\frac{b_1}{12}\right)^2L_{20}^2+\left(\frac{8D_{th}}{5}a_1a_2+\frac{a_2b_1}{6}-\frac{a_1b_2}{3}\right)ML_{20}+a_2^2M^2+\frac{a_1L_{20}P}{3\partial}}\end{aligned}\right\}\Bigg/\frac{a_1L_{20}}{6} \tag{6-13-26}$$

式中，$M=D_L-D_{th}-D'_{tr1}+180$。

情形 2 与情形 3 的推导过程与情形 1 相同，因此这里仅给出推导结果。

情形 2：

$$v=\left\{\begin{aligned}&-\left[\left(\frac{4D_{th}}{5}a_1+\frac{5b_1}{36}\right)L_{20}+a_2M\right]\\&\pm\sqrt{\left(\frac{4D_{th}}{5}a_1-\frac{5b_1}{36}\right)^2L_{20}^2+\left(\frac{8D_{th}}{5}a_1a_2+\frac{5a_2b_1}{18}-\frac{5a_1b_2}{9}\right)ML_{20}+a_2^2M^2+\frac{5a_1L_{20}P}{9\partial}}\end{aligned}\right\}\Bigg/\frac{5a_1L_{20}}{18} \tag{6-13-27}$$

式中，$M=D_L-D_{th}-D'_{tr1}-D'_{tr2}+180$。

情形 3：

$$v=\left\{\begin{aligned}&-\left[\left(\frac{4D_{th}}{5}a_1+\frac{31b_1}{180}\right)L_{20}+a_2M\right]\\&\pm\sqrt{\left(\frac{4D_{th}}{5}a_1-\frac{31b_1}{180}\right)^2L_{20}^2+\left(\frac{8D_{th}}{5}a_1a_2+\frac{31a_2b_1}{90}-\frac{31a_1b_2}{45}\right)ML_{20}+a_2^2M^2+\frac{31a_1L_{20}P}{45\partial}}\end{aligned}\right\}\Bigg/\frac{31a_1L_{20}}{90} \tag{6-13-28}$$

式中，$M = D_{\mathrm{L}} - D_{\mathrm{th}} - D'_{\mathrm{tr1}} - D'_{\mathrm{tr2}} - D'_{\mathrm{tr3}} + 180$。

由 P 代表原设计照明功率，P' 代表优化设计照明功率，其他参数类同(如 L'_{20} 代表优化设计的洞外亮度)，由约束条件(6-13-18)有如下情形。

情形 1：

$$\begin{aligned} &\partial L_{20}\left(a_1 v + b_1\right)\left[\frac{3}{4}D_{\mathrm{th}} + 0.15\times\left(\frac{1}{3}D_{\mathrm{th}} + \frac{v}{1.8}\right)\right] + \partial\left(a_2 v + b_2\right)\left(D_{\mathrm{z}} + 240\right) \\ &= \partial L'_{20}\left(a_1 v' + b_1\right)\left[\frac{3}{4}D_{\mathrm{th}} + 0.15\times\left(\frac{1}{3}D_{\mathrm{th}} + \frac{v'}{1.8}\right)\right] + \partial\left(a_2 v' + b_2\right)\left(D'_{\mathrm{z}} + 240\right) \end{aligned} \tag{6-13-29}$$

解得

$$v' = \left\{\begin{aligned} &-\left[\left(\frac{4D_{\mathrm{th}}}{5}a_1 + \frac{b_1}{12}\right)L'_{20} + a_2 M'\right] \\ &\pm\sqrt{\left(\frac{4D_{\mathrm{th}}}{5}a_1 - \frac{b_1}{12}\right)^2 L'^2_{20} + \left(\frac{8D_{\mathrm{th}}}{5}a_1 a_2 + \frac{a_2 b_1}{6} - \frac{a_1 b_2}{3}\right)M' L'_{20} + a_2^2 M'^2 + \frac{a_1 L'_{20} P}{3\partial}} \end{aligned}\right\} \Bigg/ \frac{a_1 L'_{20}}{6} \tag{6-13-30}$$

式中，$M' = D'_{\mathrm{z}} + 180$。

同理，可推导出情形 2、情形 3，结果如下。

情形 2：

$$v' = \left\{\begin{aligned} &-\left[\left(\frac{4D_{\mathrm{th}}}{5}a_1 + \frac{5b_1}{36}\right)L'_{20} + a_2 M'\right] \\ &\pm\sqrt{\left(\frac{4D_{\mathrm{th}}}{5}a_1 - \frac{5b_1}{36}\right)^2 L'^2_{20} + \left(\frac{8D_{\mathrm{th}}}{5}a_1 a_2 + \frac{5a_2 b_1}{18} - \frac{5a_1 b_2}{9}\right)M' L'_{20} + a_2^2 M'^2 + \frac{5a_1 L'_{20} P}{9\partial}} \end{aligned}\right\} \Bigg/ \frac{5a_1 L'_{20}}{18} \tag{6-13-31}$$

式中，$M' = D'_{\mathrm{z}} + 180$。

情形 3：

$$v' = \left\{\begin{aligned} &-\left[\left(\frac{4D_{\mathrm{th}}}{5}a_1 + \frac{31b_1}{180}\right)L'_{20} + a_2 M'\right] \\ &\pm\sqrt{\left(\frac{4D_{\mathrm{th}}}{5}a_1 - \frac{31b_1}{180}\right)^2 L'^2_{20} + \left(\frac{8D_{\mathrm{th}}}{5}a_1 a_2 + \frac{31a_2 b_1}{90} - \frac{31a_1 b_2}{45}\right)M' L'_{20} + a_2^2 M'^2 + \frac{31a_1 L'_{20} P}{45\partial}} \end{aligned}\right\} \Bigg/ \frac{31a_1 L'_{20}}{90} \tag{6-13-32}$$

式中，$M' = D'_{\mathrm{z}} + 180$。

令照明段落约束条件为 v_1，当 $v' \geqslant v_{\min}$ 时，优化设计速度 v^* 的值为

$$v^* = \min\left[v_1, v', v_{\min}\right] \tag{6-13-33}$$

若 $v' < v_{\min}$，则优化失败。

由 v^* 可计算出不增加投资条件下的 L'_{20} 为

$$L'_{20} = a_1 v^* + b_1 \tag{6-13-34}$$

6.14　LED 灯曲线隧道照明间距研究

随着交通行业的发展，无论是城市还是公路，曲线隧道越来越多。目前，国内学者针对不同布灯方式进行了相关研究，但如何进行曲线隧道照明却鲜有研究。我国交通行业标准《公路隧道照明设计细则》(JTG/T D70/2-01—2014)也并未涉及 LED 灯曲线隧道的布灯方式、灯具间距、曲率半径以及光线盲区之间的关系。过去的曲线隧道照明中，光源大多为散射光，360°发光，盲区不受影响，而由于 LED 灯的定向性，会产生盲区面积。经过多次反射之后，光能利用率逐渐降低，直至消失，反射的位置也会影响反射的效果，若多次反射之后照到盲区，则影响差异较小；若一次或二次反射照到盲区，则可能会弱化盲区面积，故本节不考虑光在不同界面的多次反射现象。

至此，本节探讨曲线隧道 LED 灯中间段照明，主要思路为：①分析曲率半径、布灯间距、布灯方式与光线盲区的关系；②分析最大布灯间距与布灯方式、车长、车宽及曲率半径的关系；③比较不同布灯方式所允许的最大布灯间距及最大盲区面积。

6.14.1　约束条件

取得合理的灯具间距需要两个约束条件——闪烁频率和盲区界域。由《公路隧道照明设计细则》(JTG/T D70/2-01—2014)可知，当隧道内按设计速度行车时间超过 20s 时，照明灯具布置间距应满足闪烁频率低于 2.5Hz 或高于 15Hz，否则会引起不舒适感。由此可得到不同设计速度的灯距范围如表 6-14-1。而照明盲区是指采用定向光源灯具照明时，光线无法直接照射的区域。由于服务主体为车，故将车身的车长和车宽作为盲区界域约束的最大允许宽度和最大允许长度。

表 6-14-1　灯距范围与设计速度的关系

设计速度 v/(km/h)	布灯间距 S/m
20～40	$S\in[0.37,0.74]$ 或 $S\in[2.22,4.44]$
60	$S>6.67$ 或 $S<1.48$
80	$S>8.89$ 或 $S<1.48$
100	$S>11.11$ 或 $S<1.52$
120	$S>13.33$ 或 $S<2.22$

6.14.2　布灯方式分析

常见的照明灯具布置方式有单侧布灯(分为外侧布灯、内侧布灯)、拱顶布灯和双侧布灯(分为交错布灯和对称布灯)。单侧布灯，即在隧道一侧侧墙至拱顶的 5.5～6.0m 高度(依据大量现实数据)处单侧布设灯具的布设方案。灯具布置于隧道墙壁，根据灯具安装高度，可分为中偏侧布灯、侧面布灯(高度一般为 5.2m)和低位照明(安装高度 2.5～3m)三种方式。双侧布灯即在隧道的两侧布置灯具，包括两种形式，即对称布灯和交错布灯。

常见的照明方式有反向照明、同向照明和对称照明,反向照明是在道路纵断面方向(车辆行进方向)上，灯具配光不对称，在 60°处会出现光强峰值；对称照明同样是在道路纵断面方向上，灯具的配光大致对称，灯具安装在侧壁上。而 LED 灯由于是定向光，故不适用反向照明，且易造成眩光，一般用于同向照明。

针对在隧道内侧和外侧，采用单侧内侧布灯、单侧外侧布灯、双侧对称布灯和双侧交错布灯四种布灯方式进行讨论。以图 6-14-1～图 6-14-4 分别表示不同布灯方式的平面图，进而探究盲区面积与不同布灯方式、隧道曲率半径和灯具间距之间的关系。

6.14.3　单侧内侧布灯方式

如图 6-14-1 所示，以 B_1、B_2 表示灯具安装位置，OB_1、OB_2 延长线与隧道中线的交汇点为 B_1'、B_2'，B_1' 和 B_2' 形成的弧长表示灯具间距。由图 6-14-1 可以看出，B_1 灯照射区域为 B_{11} 与 B_{12} 形成的弦域面积；B_2 灯照射区域为 B_{21} 与 B_{22} 形成的弦域面积；B_1、C、B_2 形成的区域为这两个灯具的照明盲区。

根据图 6-14-1 几何关系可得

$$S_1' = 180°\theta R/\pi, \quad \theta = S_1'\pi/(180°R) \tag{6-14-1}$$

$$B_1C = B_2C = R\tan\frac{\theta}{2} \tag{6-14-2}$$

$$\frac{S_1'}{S_1} = \frac{R}{R+\dfrac{w}{2}} \tag{6-14-3}$$

联立式(6-14-1)～式(6-14-3)可得

$$S_{b1} = R^2\left(\tan\frac{180°S_1}{2\pi\left(R+\dfrac{w}{2}\right)} - \frac{S_1}{2\left(R+\dfrac{w}{2}\right)}\right) \tag{6-14-4}$$

式中，S_{b1} 为单侧内侧布灯盲区面积；S_1 为 B_1' 和 B_2' 形成的弧长，即灯距；S_1' 为 B_1B_2 的弧长；θ 为弧 B_1B_2 所对的锐角；R 为隧道曲率半径；w 为隧道宽度。

对式(6-14-4)中 R、S_1 求偏导，可得：当 R 确定时，S_{b1} 随 S_1 呈上升趋势；当 S_1 确定时，S_{b1} 随 R 呈上升趋势。

由约束条件 1，可得

$$Z = v/S_1 \tag{6-14-5}$$

式中，S_1 为单侧内侧布灯间距；v 为设计速度；Z 为闪烁频率。

由约束条件 2，$S=f(R,W,L)$ 可得

$$S_1 = \left[\frac{2\arcsin\left(\dfrac{L}{2R}\right)}{180°}\pi\right]\left(R+\frac{w}{2}\right) \tag{6-14-6}$$

$$W > \frac{L}{2} / \cot\left[\arcsin\left(\frac{L}{2R}\right)\right] \tag{6-14-7}$$

式中，L 为车长；W 为车宽。

考虑实际，式(6-14-7)恒成立。故对式(6-14-6)R、L 分别求偏导可得：在任意一维度确定的情况下，最大布灯间距随另一维度呈上升或下降的趋势，即当 L 确定时，R 越大，S_1 越大；当 R 确定时，L 越大，S_1 越大；且 S_1 不存在极值点。

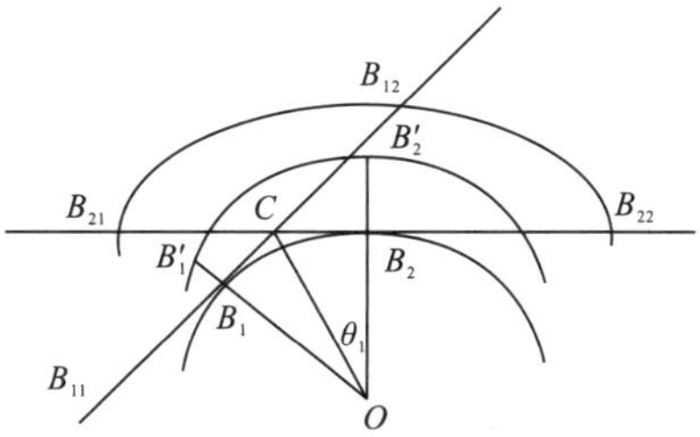

图 6-14-1　内侧布灯分析图

6.14.4　单侧外侧布灯方式

如图6-14-2所示，以 A_1 与 A_2 为灯具安装位置，OA_1 和 OA_2 与隧道中线的交汇点为 A_1'、A_2'，A_1' 与 A_2' 形成的弧长表示灯具间距。A_1 灯具所照射的区域为 A_{11} 与 A_{12} 所形成的弧域面积，A_2 灯具所照射的区域为 A_{21} 和 A_{22} 所形成的弧域面积，A_1、B、A_2 所形成的的区域为盲区。

根据图 6-14-2 几何关系可得

$$S_2' = 180°\theta_1(R+w)/\pi，\quad \theta_1 = S_2'\pi/[180°(R+w)] \tag{6-14-8}$$

由平面几何知识得

$$\text{在}\triangle A_1OA_{12}\text{中，}\quad \theta_1+\theta_2 = \arccos(R/(R+w)) \tag{6-14-9}$$

$$\angle A_1BA_2 = \angle A_{21}BA_{12} = \pi - \theta_1 - 2\theta_2 \tag{6-14-10}$$

易证 $A_1B=A_2B$，即为一扇形。且

$$\frac{S_2}{S_2'} = \frac{R+\dfrac{w}{2}}{R+w} \tag{6-14-11}$$

联立式(6-14-8)～式(6-14-11)可得

$$S_{b2} = \left[\frac{S_2(R+w)}{R+\dfrac{w}{2}}\right]^2 \Bigg/ \left\{2\left[\frac{\left[\pi - 2\arccos\left(\dfrac{R}{R+w}\right)\right]\pi}{180°} + S_2\Bigg/\left(R+\frac{w}{2}\right)\right]\right\} \tag{6-14-12}$$

式中，R 为隧道曲率半径；S_2 为 A_1' 与 A_2' 形成的弧长，即灯具间距；S_2' 为 A_1 与 A_2 形成的弧长；θ_1 为弧 A_1A_2 所对的角；θ_2 为$\angle A_2OA_{12}$；w 为隧道宽度；S_{b2} 为单侧外侧布灯盲区面积。

对式(6-14-12) S_2、R 求偏导可得：当 S_2 确定时，S_{b2} 随 R 呈上升趋势；当 R 确定时，S_{b2} 随 S_2 呈上升趋势。

由约束条件 1 可得

$$Z = v/S_2 \tag{6-14-13}$$

式中，S_2 为单侧外侧布灯间距；v 为设计速度；Z 为闪烁频率。

由约束条件 2 可得

$$S_2 = \left[\frac{2\arctan\left(\dfrac{R}{\sqrt{W^2+\dfrac{L^2}{4}}}\right)}{180°}\pi\right]\cdot W\cdot\frac{R+\dfrac{w}{2}}{R+w} \tag{6-14-14}$$

式中，L 为车长；W 为车宽；R 为隧道曲率半径；w 为隧道宽度；S_2 为单侧外侧最大布灯间距。

对 R、L、W 分别求偏导可得：当 L 与 W 确定时，S_2 随 R 的增大而增大；当 R 与 L 确定时，S_2 随 W 的增大而减小；当 R 与 W 确定时，S_2 随 L 的增大而增大；且 S_2 不存在极值点。

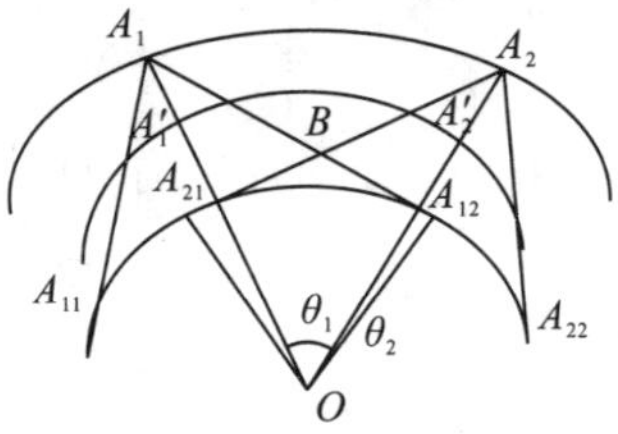

图 6-14-2　外侧布灯方式分析图

6.14.5　双侧对称布灯方式

如图 6-14-3 所示，C_1 灯与 D_1 灯对称，C_2 灯与 D_2 灯对称。OD_1、OD_2 延长线与隧道中线的交汇点为 D_1'、D_2'，D_1' 与 D_2' 形成的弧长表示 D_1、D_2 灯具的间距，同时也是 C_1、C_2 灯具的间距。可以看出 C_1 灯照射面积为 C_{11} 与 C_{12} 形成的弧域面积，C_2 灯照射面积为 C_{21} 与 C_{22} 形成的弧域面积；D_1 灯照射区域为 D_{11} 与 D_{12} 形成的弦域面积，D_2 灯照射区域为 D_{21} 与 D_{22} 形成的弦域面积。盲区面积为 $ABCD$ 所围成的区域。

根据图 6-14-3 几何关系可得，C_1C_{11} 与 D_1D_{12} 相交于点 A，$D_{11}D_{12}$ 与 $D_{21}D_{22}$ 相交于点 B，C_2C_{21} 与 $D_{21}D_{22}$ 相交于点 C，C_1C_{11} 与 C_2C_{21} 相较于点 D，圆心为 O。

由平面几何知识得，在△OC_1C_{11} 中

$$\angle OC_1C_{11}=\arcsin(R/R+w) \tag{6-14-15}$$

在△ D_1C_1A 中

$$AD_1 = C_1D_1\cdot\tan\angle D_1C_1A \tag{6-14-16}$$

$$\frac{S_3}{S_1'}=\frac{R+\dfrac{w}{2}}{R},\quad \frac{S_3}{S_2'}=\frac{R+\dfrac{w}{2}}{R+w} \tag{6-14-17}$$

由前文单侧布灯的内侧布灯方式推导可知：

$$BD_1 = R\tan\frac{S_1'\pi}{360°R} \tag{6-14-18}$$

$$AB = BD_1 - AD_1 \tag{6-14-19}$$

$$AD=C_1D-C_1D_1/\cos\angle D_1C_1A \tag{6-14-20}$$

同理由前文单侧布灯的外侧布灯方式推导可得 C_1D。

易证 $\triangle ABD\cong\triangle BCD$，有

$$S_{b3}=AB\cdot AD\cdot\sin\angle BAD \tag{6-14-21}$$

联立式(6-14-15)～式(6-14-21)可得

$$S_{b3}=\left[R\tan\frac{180°S_3(R+w)}{2\pi R\left(R+\frac{w}{2}\right)}-w\cdot\tan\left(\arcsin\frac{R}{R+w}\right)\right]$$
$$\cdot\left[\frac{S_3(R+w)}{\left(R+\frac{w}{2}\right)\left(\pi-\frac{2\pi\arccos\frac{R}{R+w}}{180°}+\frac{S_3}{R+\frac{w}{2}}\right)}-\frac{w}{\cos\left(\arcsin\frac{R}{R+w}\right)}\right]\left[\frac{\left[\frac{\pi}{2}-\arcsin\left(\frac{R}{R+w}\right)\right]\pi}{180°}\right] \tag{6-14-22}$$

且仅当

$$S_3>\arctan\left[\frac{w\tan\left(\arcsin\frac{R}{R+w}\right)}{R}\right]\frac{2\pi R\left(R+\frac{w}{2}\right)}{180(R+w)} \tag{6-14-23}$$

时 S_{b3} 存在。式中，S_3 为双侧对称布灯间距；S_1' 为 D_1、D_2 形成的弧长；S_2' 为 C_1、C_2 形成的弧长；w 为隧道路面宽度；R 为隧道曲率半径；S_{b3} 为双侧对称布灯盲区面积。

通过对式(6-14-22)R、S_3 求偏导可以看出：S_{b3} 随 R 呈上升趋势，随 S_3 也呈上升趋势。对式(6-14-23)进行分析，当 $R<1000$m 时，$S_3\geqslant 152.19$m，不合规定。所以对于双侧对称布灯，在平曲线半径小于 1000m 的隧道，只有当布灯间距超过 152.19m 时，才存在盲区面积。

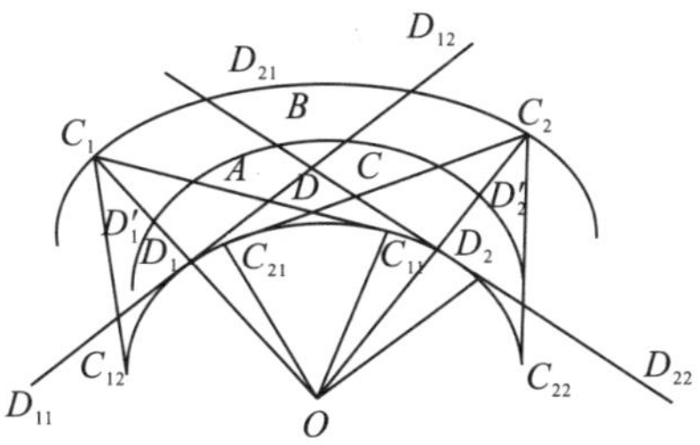

图 6-14-3　双侧对称布灯分析图

6.14.6　双侧交错布灯方式

如图 6-14-4 所示，OE_1 与 OE_2 与隧道中线的交汇点为 E_1'、E_2'，E_1'、E_2' 形成的弧长为

灯具E_1、E_2的灯距。OF_1、OF_2的延长线与隧道中线的交汇点为F_1'、F_2'，F_1'、F_2'形成的弧长为F_1、F_2灯具的间距。E_1照射面积为E_{11}与E_{12}所形成的弧域面积，E_2照射区域为E_{21}与E_{22}所形成的弧域面积；F_1照射区域为F_{11}与F_{12}所形成的弦域面积，F_2照射区域为F_{21}与F_{22}所形成的弦域面积。盲区面积为$ABCD$所形成的面积。

因交错布灯存在交错夹角，这里为方便推导，确定了交错夹角与内外侧灯之间的距离。设E_1F_1长为x，$\angle F_1E_1O$为α。$F_{11}F_{12}$与$F_{21}F_{22}$交于点A，$F_{11}F_1$与E_1E_{12}交于点B，$F_{11}F_1$与E_1O交于点E，E_1E_{12}与E_2E_{21}交于点C，E_2E_{21}与$F_{21}F_{22}$交于点D，圆心为O。

根据图6-14-4几何关系及平面角度关系可知：

$$\angle E_1EB=\frac{\pi}{2}+\angle E_1OF_1 \tag{6-14-24}$$

在$\triangle OBE_{12}$中

$$BE_{12}=OE_{12}/\tan\angle OBE_{12}=R/\tan\angle OBE_{12} \tag{6-14-25}$$

同理，$BF_1=BE_{12}$，且

$$\left.\frac{S_4}{S_4'}=\frac{R+\dfrac{w}{2}}{R},\ \frac{S_5}{S_4'}=\frac{R+\dfrac{w}{2}}{R+w}\right\}\Rightarrow\frac{S_4}{S_5}=\frac{R+w}{R} \tag{6-14-26}$$

由前文单侧布灯中内侧布灯方式推导可知：

$$AF_1=R\tan\frac{S_1'\pi}{360°R} \tag{6-14-27}$$

同理由前文单侧布灯中外侧布灯推导可得E_1C。

$$BC=BE_{12}-CE_{12} \tag{6-14-28}$$

$$AB=AF_1-BF_1,\quad \angle ABC=\angle E_1BE \tag{6-14-29}$$

同理可求得$AD=AB$，$DC=BC$。

故

$$S_{b4}=2\times 1/[2(AB\cdot BC\cdot\sin\angle ABC)] \tag{6-14-30}$$

联立式(6-14-24)～式(6-14-30)可得

$$\begin{aligned}S_{b4}=&\left\{R\tan\frac{180°}{2\pi\left(R+\dfrac{w}{2}\right)}-R/\tan\left[\frac{\pi}{4}-\frac{1}{2}\arcsin\frac{x\sin\alpha}{R}+\frac{1}{2}\arcsin\frac{R}{R+w}\right]\right\}\\&\cdot\left\{\begin{aligned}&\frac{R}{\tan\left(\dfrac{\pi}{4}-\dfrac{1}{2}\arcsin\dfrac{L\sin\alpha}{R}+\dfrac{1}{2}\arcsin\dfrac{R}{R+w}\right)}-(R+w)\cos\left(\arcsin\frac{R}{R+w}\right)\\&+S_4(R+w)\Big/\left[\left(R+\frac{w}{2}\right)\left(\pi-\frac{\pi}{90°}\arccos\frac{R}{R+w}+\frac{S_4}{R+\dfrac{w}{2}}\right)\right]\end{aligned}\right\}\\&\cdot\left[\frac{\pi}{2}+\arcsin\frac{x\sin\alpha}{R}-\arcsin\frac{R}{R+w}\right]\frac{\pi}{180°}\end{aligned} \tag{6-14-31}$$

且仅当

$$S_4 > \arctan\left[\frac{1}{\tan\left[\frac{\pi}{4}-\frac{1}{2}\arcsin\frac{x\sin\alpha}{R}+\frac{1}{2}\arcsin\frac{R}{R+w}\right]}\right]\frac{2\pi\left(R+\frac{w}{2}\right)}{180°} \quad (6\text{-}14\text{-}32)$$

时 S_{b4} 存在。式中，R 为隧道曲率半径；S_4 为灯具间距；w 为隧道路面宽度；S_{b4} 为双侧交错布灯盲区面积。

通过对式(6-14-31)中 R、S_4 求偏导可以看出，S_{b4} 随 R 呈上升趋势，随 S_4 也呈上升趋势。对式(6-14-32)进行分析，当 R<1000m 时，$S_4 \geqslant 162.08$m，不合规定。故在平曲线半径小于 1000m 的曲线隧道，双侧交错布灯的布灯间距取值大于 162.08m 时，存在盲区面积。

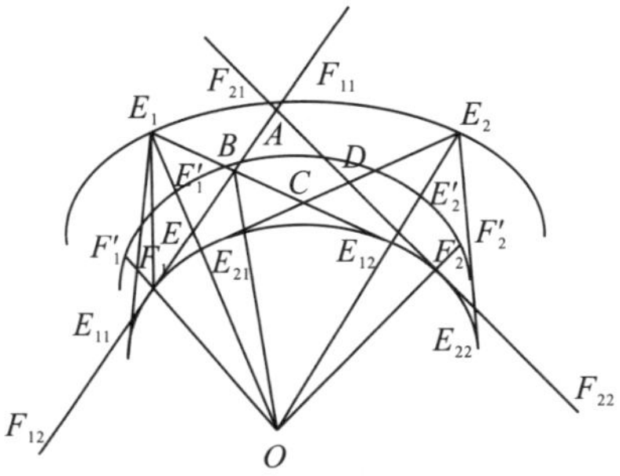

图 6-14-4　双侧交错布灯方式分析图

综上，双侧布灯若考虑盲区面积，则得到的灯距不符合实际。故本节仅对单侧布灯进行比较，因约束条件 2 所求得最大布灯间距，故因此可得最大盲区面积。对单侧外侧布灯方式和单侧内侧布灯方式的盲区面积通过偏导及代数法比较得 $S_{b1} < S_{b2}$；同理，其最大布灯间距比较得 $S_1 > S_2$。故单侧布灯宜选用内侧布灯方式，双侧布灯中对称布灯和交错布灯皆可。

6.14.7　针对不同车型来讨论不同布灯方式的盲区面积及布灯间距

以小型车、标准车、中型车、大型客车为例，其车长、车宽如表 6-14-2 所示。

表 6-14-2　不同车型的外廓尺寸

车参数	小型车	标准车	中型车	大型车
车长/m	4.5	6	7	10
车宽/m	1.8	2	2.3	2.5

以公路隧道曲率半径为 800m、宽度为 12m 为例，根据式(6-14-4)、式(6-14-6)、式(6-14-12)、式(6-14-14)可求得单侧布灯方式所允许的最大盲区面积及布灯间距如表 6-14-3 所示。

表 6-14-3　不同车型针对不同布灯方式的盲区面积（单位：m^2）

布灯方式	小型车	标准车	中型车	大型车
单侧内侧布灯	0.00473	0.01	0.02	0.05
	(5.85)	(7.32)	(8.50)	(11.35)
单侧外侧布灯	5.77	7.11	9.25	11.06
	(5.64)	(6.27)	(7.15)	(7.82)

注：括号内为布灯间距(m)。

从表 6-14-3 可以看出，针对不同车型，单侧内侧布灯方式所允许的最大盲区面积最小，布灯间距最大。根据表 6-14-3 可知：车型确定时，单侧内侧布灯方式的布灯间距和单侧外侧布灯的布灯间距均满足约束条件 1。

综上，根据上述讨论，可知无论是针对标准车型还是其他车型，单侧内侧布灯方式为最优选择。

6.14.8　结论

本节针对 LED 灯曲线隧道不同布灯方式，得到如下结论：

(1) 针对不同布灯方式，盲区面积随布灯间距和曲率半径都呈上升趋势。

(2) 单侧内侧布灯间距随车长、曲率半径呈上升趋势；单侧外侧布灯间距随车长、曲率半径呈上升趋势，随车宽呈下降趋势；双侧布灯若考虑盲区面积，则所得的布灯间距不符合规定，说明只有足够大的布灯间距才存在盲区面积。

(3) 通过对不同车型的比较，针对两约束条件，得出单侧内侧布灯方式为最优布灯方式的结论。

6.15　照明控制——基于洞外亮度、速度与交通量的隧道照明控制法

公路隧道照明质量的好坏是隧道营运服务水平高低的关键因素之一，隧道营运照明的目的是通过提供一个明亮的行车环境来满足驾驶者安全行车的视觉要求。公路隧道照明质量是通过隧道照明灯具以合理的布置方式，不同的亮度组合达到舒适、适应和经济配光实现的。一个好的照明系统和一个好的照明灯具及其布置方式息息相关；一个高效节能的照明系统和好的照明设计息息相关，好的照明设计和精确的照明计算又息息相关。

由于传统光源亮度难以控制，而设计时又必须考虑足够的设计冗余，因此公路隧道普遍存在过度照明、电能浪费巨大的现象，过度照明能耗高达 50%～90%。

新型光源的发展，使得实现自动调光控制、按需照明成为现实，做好这一工作，节能的效益是非常显著的。

6.15.1　照明控制的原理与方式

1. 隧道照明控制原理

隧道照明控制是通过隧道内外设置的照度检测仪，根据检测的隧道洞内外的光强度、交通量与车流速度，控制隧道出入口附近加强段和适应段的照明强度，根据交通量与车流速度控制隧道中间段与出口段的照明强度，使驾驶者能尽快适应隧道内外的光强变化，消除因光强变化引起的视觉障碍，减少事故的发生，降低能源消耗，延长灯具使用寿命。

2. 隧道照明控制方式

目前，国内外隧道照明控制方式大致可以分为手动控制方式、分段时序控制方式和根据洞内外的亮度值自动控制照明回路的全自动控制方式三种。总的来讲，隧道照明控制是根据气候条件、照度、速度及交通量进行分级控制的。

1) 手动控制方式

手动控制方式主要用于公路等级低、隧道长度较短、照明级别少的隧道照明系统，由人工根据不同的时段及天气情况而开关不同的照明配电回路。

2) 分段时序控制方式

分段时序控制是采用时序控制器控制隧道照明的各个配电回路，根据一天中不同的时间段而开启(闭合)相应的照明回路，此种控制方式主要也是用于照明回路较少的短隧道和中等长度隧道。由于时序控制不能结合实际气象的变化，有时会造成能源的浪费或照明亮度过低等，所以这种时序控制是在实时控制检测系统出现故障的情况下转入执行的控制方案。

3) 自动调光控制

隧道照明的自动控制方式则是利用光照度计分别采集隧道内外的亮度参数，经对比处理后，由计算机系统或照明控制器自动控制各个照明回路的开关，使洞内的照明亮度与外界自然光的亮度相适应。

对于自动调光控制，驾驶者的适应时间和距离取决于洞内外的亮度差和车速，一般采取一个停车视距。图 6-15-1 为德国各种不同速度的车辆安全驾驶停车距离。在隧道入口处设两台光度计：一台设在离隧道洞口的距离为行车速度安全刹车距离，测量在隧道轴线中心 20°范围的亮度(用 L_{20} 表示)；另一台设在隧道内引入段内，以检测引入段的亮度(L_{th})。将自动检测的洞内外光亮度值送入监控中心计算机，用 L_{th}/L_{20} 值来调整引入段亮度，使隧道入口内外亮度尽可能相配(其值可见 CIE 标准)。经计算机数据处理后，产生控制方案，并将控制指令下传到照明驱动单位执行，形成一个闭环控制。驱动单位按指令要求，实时开亮照明，以仅供给相应于外部条件所需要的最小光通量的原则来达到节能的目的，从而形成一个闭环控制程序。应注意在改变照明等级时，计算机照明控制程序要有一定的延时功能，防止过于频繁转换照明状态。

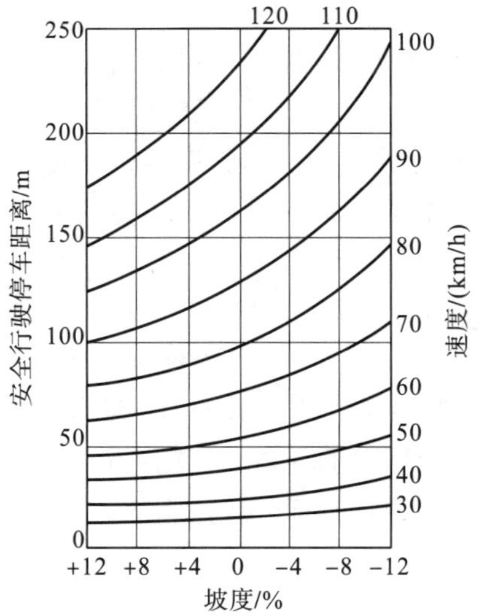

图 6-15-1　安全驾驶停车距离

驾驶者在隧道出口对光线的适应性强于入口，且据统计，出口事故发生率小于入口。为尽量减少财力的投入，出口可不设置自动检测光度计。

当采用实时控制方案的光检测器发生故障时，监控中心计算机应自动转入时序控制。

6.15.2　照明控制工况与条件

1. 照明控制工况

对于照明工况的划分，可以从交通体和交通状态两个方面来考虑。对于公路隧道，这两个方面经常是交错在一起的。

从交通体来讲，有汽车交通、行人交通与人车混行三种状态。在正常情况下，公路隧道的交通体仅有车辆，可不考虑行人的影响；在隧道工作人员对隧道进行维护管理时，是人车混行，这时对车辆的行驶速度有更严格的限制；当发生火灾或毒气泄漏时，车辆已经停止行驶，可能有消防救援车辆赶往火灾现场，但主要是行人交通。因此，公路隧道的照明工况可分为仅有汽车交通的工况、人车混行的维护工况及主要是行人逃生的火灾工况三种类型。

2. 不同工况的照明控制要求

1) 火灾工况

火灾工况时，无论照明现状是什么，照明控制系统应将隧道照明开到最大限度，以利于救火。

2) 维护工况

维护工况时，由于隧道内有工作人员，故应对车辆进行更严格的速度控制，一般不宜大于 60km/h，以 40～60km/h 为宜，速度限制也不宜过低，否则容易造成车辆阻塞和增加废气排放量。

3) 正常工况

正常工况照明控制，除在灯具启动与停止调节中满足亮度、均匀度的要求，适应洞外亮度、交通量与速度的变化，还应考虑灯具的工作时间，以达到提高灯具使用寿命的目的。

4) 稀少交通量工况

稀少交通量工况属于正常照明工况的一种，但是由于我国高速公路网尚未完全形成，还存在很多断头路，部分路段交通量较少，特别是夜间更是如此，故有必要就这一情况进行专门讨论。

当交通量稀少时，隧道内应保持摄像机监视需要的最低亮度要求，这时的调光控制方式是一种特殊的方式，即有车加灯、无车减灯的模式。但其前提是当车辆进入隧道前，洞内的亮度应满足行车的需要，当车辆驶出隧道后，能及时减少灯具的开启数量。因此，应在隧道前一段距离设置车辆感应设施，检测车辆的到达，其与控制系统相连，及时增加或减少灯具的开启数量。车辆检测设施与隧道入口的距离、车辆的速度、隧道内的光源相关。当采用高压钠灯时，由于其完全点亮时间较长，约需 5min，故即使车辆的行驶速度为 60km/h，车辆检测设施也应设置在隧道入口的 5km 以外，故这种模式不适用于照明光源为高压钠灯的隧道群的控制。对于独立隧道，由于车辆检测设施离隧道入口太远，而车辆在这 5km 多的范围内行驶时可能发生多种意外情况，对控制效果也有很大影响。对于荧光灯、LED 灯等启动点亮时间短的光源，车辆检测设施与隧道入口的距离，只要车辆在该段距离内的行驶时间大于系统传输、控制反应所需的时间即可。

6.15.3　系统构成与控制流程

1. 系统构成

隧道照明控制系统由光亮度检测器、隧道本地控制器、隧道照明控制屏、监控中心计算机、配电房照明配电柜、隧道内照明灯具构成。

2. 照度计布设

隧道光亮度检测器一般成对地设置在隧道口内外，如图 6-15-2 所示，洞外辉度计测量隧道入口范围的亮度，方向同行车方向，安装立柱高 5m 左右，测量角度为 20°，测量范围一般选择 0～6000cd/m^2，输出信号为 4～20mA，与光亮度成正比。另一部照度计测量隧道内引入段的亮度，安装在进洞约 20m 处，测量范围 0～200cd/m^2。对于自动调光控制，在隧道的各照明段落也都应安装亮度检测器，此时亮度检测器的量程不宜太大，否则检测精度不高。

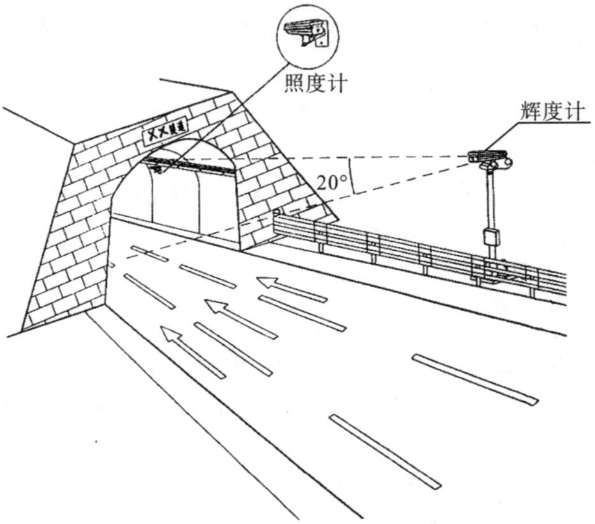

图 6-15-2　隧道口光照度检测器布设示意图

当采用实时控制或时序控制时，照明配电柜不得再使用传统的手动刀闸，必须使用继电器、交流接触器等器件，以便于接收从计算机或区域控制器送来的自动控制信号。

3. 控制流程

在隧道照明控制的各方式中，以手动控制为高级别控制，其次为自动调光控制，最后是时序控制，控制流程如图 6-15-3 所示。

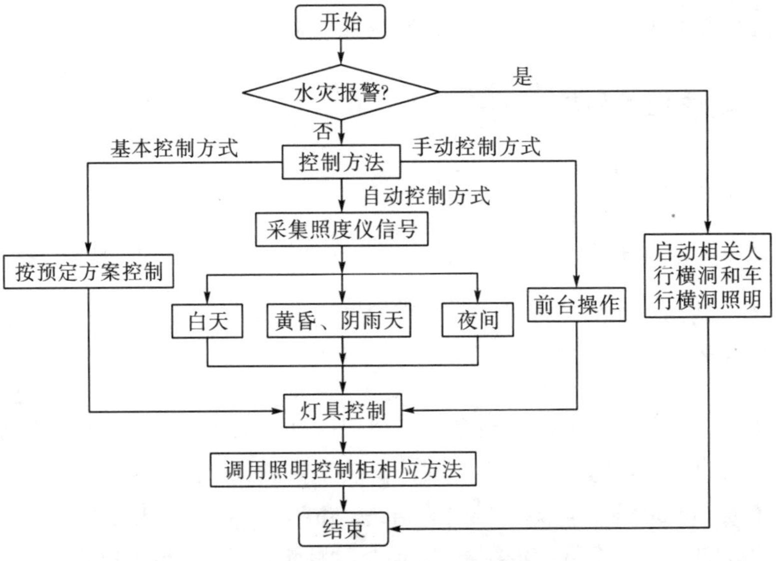

图 6-15-3　照明控制流程图

4. 控制回路

隧道内照明灯具可有两种配合形式，其一为将照明灯具固定为几组回路连接，利用洞内外光度计的比较值，点亮适当照明灯具，使洞内亮度随着洞外亮度呈比例变化。此种方式应用最广，配线简单，控制单元少，故障机会也较少。但缺点为适配性稍差。其二为照明灯具采用调光控制装置的连续可变系统，以适应洞内外亮度实时的变化，可产生最好的效果，使隧道照明可获得较佳的均匀度，缺点为控制单元多，照明器具须为调光型，价格较贵。当然这两种方式在调节时均应考虑适当的时间延迟，以免在临界状态下过于频繁地变化照明设备。

照明控制回路的设计和隧道的长度、亮度需求及照明光源相关。对于光源功率类型较多、数量较大的隧道，一般可分为 4～6 个回路。应急照明作为基本照明的一部分，昼夜点亮，不受照明控制柜的控制。

对于具有自动调光控制功能的光源，也可设 2 个回路，一组用于应急照明与基本照明，另一组用于其他段落照明。

6.15.4　照明调光控制

1. 控制参数

照明控制参数包括实时检测的隧道交通量、车流平均速度、洞外亮度及洞内各照明段落的实际亮度。

2. 照明计算

以 L_1'、L_2'、L_3'、L_4'、L_5'、L_6' 分别表示入口段、过渡段 1、过渡段 2、过渡段 3、基本段和出口段的照明亮度计算值，设共有 n 个序列，以 L_0 和 Q 分别代表洞外亮度和交通量的实际检测值序列，即

$$L_0=(l_{01},\ l_{02},\ \cdots,\ l_{0n}) \tag{6-15-1}$$

$$Q=(q_1,\ q_2,\ \cdots,\ q_n) \tag{6-15-2}$$

根据《公路隧道照明设计细则》(JTG/T D70/2-01—2014)，可得入口段亮度折减系数 k、入口段亮度计算值 L_1'、过渡段 1 亮度计算值 L_2'、过渡段 2 亮度计算值 L_3'、过渡段 3 亮度计算值 L_4' 为

$$k=0.035-0.01(2400-Q)/1700 \tag{6-15-3}$$

$$L_1'=kL_0 \tag{6-15-4}$$

$$L_2'=0.3kL_0 \tag{6-15-5}$$

$$L_3'=0.1kL_0 \tag{6-15-6}$$

$$L_4'=0.035kL_0 \tag{6-15-7}$$

根据 CIE 制定的隧道与地下通道照明规范，基本段所需亮度采用内插法，根据《公路隧道照明设计细则》(JTG/T D70/2-01—2014)，在隧道内行驶时间超过 135s 时，基本段亮

度可取《公路隧道照明设计细则》(JTG/T D70/2-01—2014)中表 4.2.1 的 80%，从而可得基本段亮度 L_5' 与交通量的如下关系式：

$$L_5' = X\left[2.5+(2Q-1400)/1700\right]，若 L\geqslant 3000\text{m}，则 X=0.8，否则，X=1 \tag{6-15-8}$$

按式(6-15-8)计算基本段需要亮度时，若 $Q>2400$ 辆/h，则取 $Q=2400$ 辆/h，若 $Q<700$ 辆/h，则取 $Q=700$ 辆/h；无论隧道多长，只要 $Q>2400$ 辆/h，则取 $X=1$。

根据《公路隧道照明设计细则》(JTG/T D70/2-01—2014)，出口段需要的亮度为

$$L_6' = 5L_5' \tag{6-15-9}$$

3. 模糊自动控制模型

照明自动控制是典型的具有参考模型的自适应自动控制系统。

1) 参考模型

设 l_{ij}' 表示第 i 个照明段落根据 l_{0j} 和 q_j 按照式(6-15-3)～式(6-15-9)计算的第 j 个序列需要的照明亮度，此即照明控制希望达到的控制效果。对于不同的照明段落，可用式(6-15-10)表示：

$$L_i' = (l_{i1}', l_{i2}', \cdots, l_{in}') \tag{6-15-10}$$

2) 控制模型

设各照明段落都安装有亮度检测仪，以 L_i 表示第 i 个照明段落照明效果的检测序列，l_{ij} 表示其序列值，即

$$L_i = (l_{i1}, l_{i2}, \cdots, l_{in}) \tag{6-15-11}$$

设实际达到的亮度 L_m 与需要亮度 $L'(\text{m})$ 的差组成的序列为 $\varepsilon(\text{m})$，$\varepsilon_{m,i}$ 为第 m 个照明段落第 i 个误差序列的值，$\varepsilon_{m,i} = l_{mi} - l_{mi}'$，即

$$\varepsilon = (\varepsilon_1, \varepsilon_2, \cdots, \varepsilon_m) \tag{6-15-12}$$

$$\varepsilon_i = (\varepsilon_{i,1}, \varepsilon_{i,2}, \cdots, \varepsilon_{i,n}) \tag{6-15-13}$$

设 ε_i 的预测值序列为 ε_i^*，$\varepsilon_{i,j}^*$ 为第 j–1 个序列的一步预测，则考虑误差反馈后，第 i 个照明段落第 j 个时间序列要求达到的照明亮度 l_{ij}^* 为

$$l_{ij}^* = \varepsilon_{ij}' + \varepsilon_{i,j}^* \tag{6-15-14}$$

图 6-15-4 给出了照明模糊控制方块图。

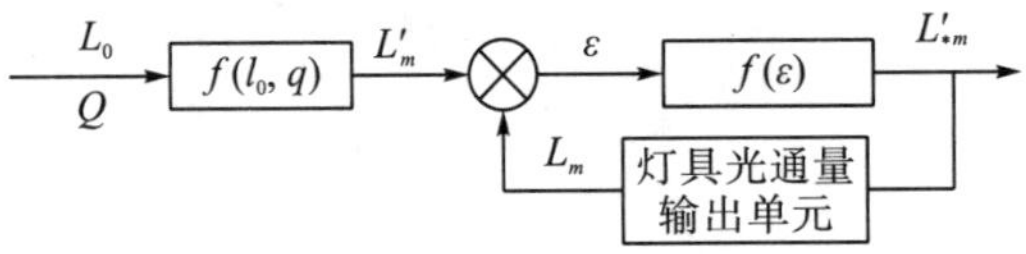

图 6-15-4　照明模糊控制方块图

3) 模糊预测

采用模糊逻辑系统的表格查寻学习算法来计算 $\varepsilon^*_{i,j}$。ε_i 是一个时间序列，将求解 $\varepsilon^*_{i,j}$ 的问题转化为如何从已知的 $\varepsilon^*_{i,j-n+1}$，$\varepsilon^*_{i,j-n+2}$，…，$\varepsilon_{i,j}$ 中确定出 $\varepsilon_{i,j+1}$。设 $\varepsilon_{i,1},\varepsilon_{i,2},\cdots,\varepsilon_{i,j}$ 已知，可以产生 $j-n$ 个输入输出数据对：

$$[\varepsilon_{i,j-n},\cdots,\varepsilon_{i,j-1},\varepsilon_{i,j}]$$
$$[\varepsilon_{i,j-n-1},\cdots,\varepsilon_{i,j-2},\varepsilon_{i,j-1}]$$
$$\vdots$$
$$[\varepsilon_{i,1},\cdots,\varepsilon_{i,n},\varepsilon_{i,n+1}]$$

可采用以下步骤进行预测：

(1) 设已知输入与输出的范围，将输入划分为 $2N+1$ 个区间，将输出划分为 $2M+1$ 个区间。

(2) 计算每个数据对中每个输入值在 $2N+1$ 个区间的最大隶属度、输出在 $2M+1$ 个区间最大隶属度对应的中值、输入最大隶属度的积、输入最大隶属度和输出最大隶属度对应的中值的积。

(3) 针对每个数据，对输入最大隶属度的积求和(以 $\Sigma\mu(x)$ 代之)。

(4) 每个数据，对输入最大隶属度和输出最大隶属度对应的中值的积求和(以 $\Sigma\mu(xy)$ 代之)，$\Sigma\mu(xy)/\Sigma\mu(x)$ 即一步预测值。

4) 讨论

(1) 照明控制系数。白天照明控制随洞外亮度和交通量的变化而变化，可按上述公式计算需要的亮度进行控制，其变化过程是随着洞外亮度的减小，过渡段与入口段照明要求逐渐趋于基本段的照明要求；夜间照明控制仅随交通量的变化而变化，根据《公路隧道照明设计细则》(JTG/T D70/2-01—2014)，这时整个隧道亮度要求一样，当交通量较小时，需要的亮度最小值为 1cd/m^2 而不是 4.5cd/m^2。以 Δk 代表调光控制系数，假设 $Q=700$～2400 辆/h 时，Δk 采用内插，由于 $Q\geqslant 2400$辆/h 时，$\Delta k=1$，$Q\leqslant 2400$辆/h 时，$\Delta k=0.5/X$，故可推得如下 Δk 计算公式为

$$\Delta k = 1-\frac{2400-Q}{1700}(1-0.5/X) \tag{6-15-15}$$

$$L_i' = 4.5\Delta k \tag{6-15-16}$$

(2) 白天与夜间的概念。《公路隧道照明设计细则》(JTG/T D70/2-01—2014) 没有明确提出白天与夜间的概念，按调光控制系数来理解可以看出，当洞外亮度大于 0.13 L_{20} 时，按白天进行调光控制，当洞外亮度小于 0.13 L_{20} 时，按夜间进行调光控制，0.13 L_{20} 是白天与夜间照明调光控制的分界点。

但是，还有值得商榷的地方。例如，若 $L_{20}=5000$，$Q\geqslant 2400$辆/h，则当 $L_0=0.13L_{20}=650$ 时，隧道入口段、过渡段 1(已不需要过渡段 2，原来的过渡段 2 转化为基本段)、基本段、出口段的要求亮度分别为 22.75cd/m^2、6.825cd/m^2、4.5cd/m^2、22.5cd/m^2，这时若按白天进

行控制，驾驶者能适应，若按夜间控制，则洞内控制亮度全部为 4.5cd/m^2，可能在出入口仍有一定的不适应性。假设存在某一临界洞外亮度 L_c，以其作为白天与夜间的分界点，无论是按白天进行控制，还是按夜间进行控制，驾驶者都能适应。基于此，应是洞外亮度等于 L_c 时，入口段需要的亮度与基本段需要的亮度之比不大于某一临界值 R_c。根据《公路隧道照明设计细则》(JTG/T D70/2-01—2014)，当照明设计误差小于 25%时，不进行重新设计，因此建议 $R_c = 1.25$，从而 $L_c = 1.25\,L_5'/k$。

本章总结如下：

(1) 隧道照明包括设计车速、设计交通量、洞外亮度 L_{20}、隧道长度、隧道洞口的净空高度、隧道净宽、路面反射系数、灯具额定光通量、灯具利用系数和灯具养护系数共 10 个参数。

(2) 照明段落划分可根据 L_{th1}/L_{in} 的大小，判别隧道长度够设几个照明段落和需要设几个照明段落有无矛盾。

(3) 设计车速确定后，入口段长度是定值，其他段落的长度和交通量的大小相关。

(4) 隧道单位长度用电量从大到小的顺序为入口段、过渡段、出口段和中间段，前三个段落的照明功率密度是中间段照明功率密度的数倍至数十倍，这个宏观认识对如何进行照明控制非常有用。

(5) LED 灯的节能原理在于定向性使得光通量利用率高于高压钠灯等散射光源灯具。正是因为定向性，在照明方式选择和灯具配光中有其特殊性，在配线上不必采用回路设计法，从而节省电缆，降低工程造价。

(6) 低位照明灯更节能，有利于逃生，方便养护，降低工程造价，但灯具尺寸和配光有其特殊要求。

(7) 雪地场景可通过定理确定设计速度和设计交通量，使在不增加工程造价的条件下，尽可能改善照明环境，使适应的 L_{20} 更大，从而减少交通风险。

(8) 隧道照明亮度主要影响因素从大到小排序为 L_{20}、设计速度、设计交通量，入口段亮度折减系数并非连续区间，设计速度对入口段亮度折减系数的影响远大于设计交通量对其的影响。

(9) 毗邻隧道和 L_{20} 高的隧道，照明方案可考虑棚洞。棚洞可降低 L_{20}，也可使间距较短的毗邻隧道减少入口段和过渡段长度，达到节能作用，其经济性应在全寿命周期内进行比选。

(10) 初步设计应有比选方案，无论初步设计还是施工图设计，都应有上阶段设计评审意见执行情况。

(11) 标准规范是设计人员的法典。当不按标准规范执行或标准规范中未涉及时，所采用的技术、装备，最终效果须通交通主管部门组织的验收。

(12) 设计成果是设计单位出厂的产品，设计成果扉页标志非常重要，中间成果、最终成果应有区别。

(13) 设计过程是动态的，用户意见应尽量满足，质量管理的关键是动态更替，留有痕迹。

照明设计流程如图 6-15-5 所示，供参考。

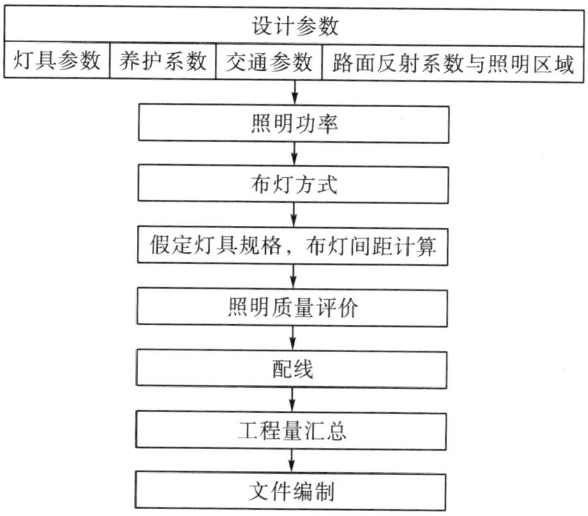

图 6-15-5　照明设计流程图

第 7 章　应　　用

本章主要阐述高寒地区隧道、低位照明和毗邻隧道照明的应用以及遮光棚(棚洞)的结构、材料和照明控制的硬件与接口。

7.1　概　　述

工程建设一般按国家标准、行业标准、地方标准、团体标准和企业标准相关规定进行设计、概算、预算、招(投)标、施工及验收。标准级别以国标最高，地方标准、团体标准和企业标准最低，国家标准要求最粗，地方标准、团体标准及企业标准要求最细。无论哪种标准，都具有法律效力，这是设计方、建设方和施工方必须遵守的原则。

然而，由于以下原因，有时候并不执行相关标准：

(1) 标准滞后于技术的进步。标准编制、颁布、实施的原则是成熟、可靠、实用、先进，标准中推荐的技术、指标都属于比较成熟的，这就使得标准滞后于技术发展。

(2) 标准未考虑一些特殊情形。我国地域辽阔，而工程建设又千变万化，这使得标准难以包容万象，也使得地方标准、团体标准、企业标准和声明有了存在的必要性。即使如此，也不能使标准一劳永逸。

任何标准，在总则中都有推荐、鼓励使用新技术、新材料、新工艺。对于标准中未包含的情形，一般科研与示范相结合，但科研提出的相关技术应通过政府相关部门(或政府相关部门委托)组织的成果鉴定，在工程中的应用效果，应通过行业主管部门组织验收，从而解决标准中未涉及或与标准概念不符的法律问题。

工程应用的另一个主要问题是建设费用，一般规定概算不允许超过 10%，预算不允许超过 5%，这就使得设计要在编制概、预算时，应充分调查市场情况，避免不足或过高。

鉴于此，本章对本书介绍的一些成果如何应用进行阐述，并进行经济性分析。

7.2　高寒地区隧道

某高寒地区高速公路，设计速度 $v = 120$km/h，设计交通量 $Q \geqslant 1200$ 辆/(h·ln)，单洞双车道隧道，长度为 5000m，隧道净空高度 6m，沥青路面，隧道纵坡坡度为零，基准灯具参数为：①额定光通量 100lm/W；②单价 30 元/W。市场调查的甲、乙两个厂家灯具参数为：①额定光通量分别为甲厂 120lm/W，乙厂 951m/W；②单价分别为甲厂 35 元/W，乙厂 28 元/W。隧道净宽 9.4m，冰雪晴天洞外亮度为 8000cd/m^2。

7.2.1　设计参数

根据工程条件，结合《公路隧道照明设计细则》(JTG/T D70/2-01—2014) 的推荐值，照明设计参数如表 7-2-1 所示。

表 7-2-1　照明设计参数

隧道参数				交通参数			灯具参数		利用系数	养护系数
路面反射系数	坡度	h	w	v	Q	交通组成	单价/(元/W)	额定光通量 Φ/(lm/W)	η	M
15	0	6m	9.4m	120km/h	≥1200 辆/(h·ln)		30	100	0.7	0.7

7.2.2　各照明段落亮度

根据《公路隧道照明设计细则》(JTG/T D70/2-01—2014)，若设置过渡段，则过渡段 1、过渡段 2、过渡段 3 的亮度 L_{tr1}、L_{tr2}、L_{tr3} 分别为

$$L_{th1}=3000\times0.07=210\,(\mathrm{cd/m^2})$$
$$L_{tr1}=0.15\times210=31.5\,(\mathrm{cd/m^2})$$
$$L_{tr2}=10.5\,(\mathrm{cd/m^2})$$
$$L_{tr3}=3.5\,(\mathrm{cd/m^2})$$

由于 $L_{tr3}/L_{in}\leqslant2$，故不可设置过渡段 3(表 7-2-2)。

表 7-2-2　各照明段落亮度(单位：cd/m^2)

入口段 1	入口段 2	过渡段 1	过渡段 2	过渡段 3	中间段 1	中间段 2	出口段 1	出口段 2
210	105	31.5	10.5	不设过渡段 3	10	0	30	50

7.2.3　各照明段落长度

根据《公路隧道照明设计细则》(JTG/T D70/2-01—2014) 相关公式，各照明段落划分如表 7-2-3 所示。

表 7-2-3　照明段落长度(单位：m)

入口段 1	入口段 2	过渡段 1	过渡段 2	过渡段 3	中间段 1	中间段 2	出口段 1	出口段 2
102.0295	102.0295	134.6863	133.3333	—	3967.921	—	30	30

由于 $t=4500\times3.6/120=135\mathrm{s}$，不大于 135s，故不必设置中间段 2。

事实上，隧道长度是否够设置需要的照明段落，可以采用下述方法（v 为设计速度，m/s）。由光适应曲线有

$$D_{\mathrm{tr}} = v\left[\left(\frac{L_{\mathrm{th2}}}{L_{\mathrm{in}}}\right)^{\frac{1}{1.4}} - 1.9\right] \tag{7-2-1}$$

仅够设过渡段 1 时，$L_{\mathrm{th2}}/L_{\mathrm{in}} \leqslant 9$，故 $\min D_{\mathrm{tr}} = 2.903987v$。

仅够设过渡段 2 时，$L_{\mathrm{th2}}/L_{\mathrm{in}} \leqslant 27$，故 $\min D_{\mathrm{tr}} = 8.529377v$。

仅够设过渡段 3 时，$L_{\mathrm{th2}}/L_{\mathrm{in}} \leqslant 54$，故 $\min D_{\mathrm{tr}} = 15.37524v$。

因此

$$D_{\mathrm{th}} + 60 + \begin{Bmatrix} 2.903987v \\ 8.529377v \\ 15.37524v \end{Bmatrix} < D_{\mathrm{L}} = \begin{Bmatrix} \text{不设过渡段} \\ \text{设1个过渡段} \\ \text{设2个过渡段} \end{Bmatrix} \tag{7-2-2}$$

对于本工程，按上述公式计算可得

$$D_{\mathrm{th}} = 1.154 \times 210 - 25.52 = 216.82\mathrm{m}$$

$$D_{\mathrm{tr1}} = 283.48\mathrm{m}$$

$$D_{\mathrm{tr2}} = 133.33\mathrm{m}$$

故若是 500m 的隧道，则不够设过渡段 2，勉强可设过渡段 1。

7.2.4 各照明段落所需照明面积

以 S_i、D_i、w_i 表示第 i 个照明段落所需照明的面积、长度、净宽，各隧道各照明段落所需照明面积按式(7-2-3)计算，如表 7-2-4 所示。

$$S_i = D_i(w_i + 2.4) \tag{7-2-3}$$

表 7-2-4 各照明段落照明面积(单位：m^2)

入口段 1	入口段 2	过渡段 1	过渡段 2	过渡段 3	中间段 1	中间段 2	出口段 1	出口段 2
1203.95	1203.948	1589.3	1573.333	0	46821.5	0	354	354

7.2.5 照明所需光通量

以 ω_i(lm)、L_i($\mathrm{cd/m^2}$)、ζ_i 分别表示第 i 个照明段落所需光通量、亮度和路面反射系数，各照明段落所需光通量可按式(7-2-4)计算：

$$\omega_i = L_i S_i \zeta_i \tag{7-2-4}$$

各照明段落所需光通量如表 7-2-5 所示。

表 7-2-5 各照明段落照明所需光通量(单位：lm)

入口段 1	入口段 2	过渡段 1	过渡段 2	过渡段 3	中间段 1	中间段 2	出口段 1	出口段 2
3792435.586	1896217.8	750943.56	247800	0	7023220.9	0	159300	265500

7.2.6　照明功率

以 P 表示所需照明功率，各照明段落所需照明功率按式(7-2-5)计算：

$$P = \omega / (\eta M \Phi) \tag{7-2-5}$$

灯具参数取基准灯具参数，各照明段落所需照明功率如表 7-2-6 所示。

表 7-2-6　各照明段落照明所需照明功率(单位：W)

入口段 1	入口段 2	过渡段 1	过渡段 2	过渡段 3	中间段 1	中间段 2	出口段 1	出口段 2
77396.64	38698.32	15325.4	5057.143	0	143331	0	3251.0204	5418.3673

应急照明亮度不小于 L_{in} 的 10%且不小于 0.2cd/m^2，故本工程应急照明亮度取值为 0.2cd/m^2，其所需功率应单独计算，以便配置不间断电源。

7.2.7　灯具概算

根据基准照明灯具单价，本工程灯具概算为 8654337.4 元。

7.2.8　设计参数优化

高寒地区有雪盲现象，按《公路隧道照明设计细则》(JTG/T D70/2-01—2014)推荐的洞外亮度，无法满足雪地场景时的交通需求。若考虑雪盲现象，无疑会增加工程投资。因此，从设计的角度讲，有三种情形需要分析：①不增加工程投资，完全考虑雪盲现象，通过降低设计速度，是否能满足道路功能要求(如高速公路最低速度为 60km/h)；②不增加工程投资，设计速度取道路功能要求的最低值，L_{20} 的取值是否不大于用户可以承担的交通风险；③通过增加工程投资，解决雪盲现象问题。

对于设计者，增加投资量是最省力的方法，可以通过棚洞、洞门形式、植被等降低 L_{20}。本节不再进行讨论，在此仅对前两种情形进行阐述。

1. 速度调整法

速度调整法是仅通过降低设计速度来达到改善隧道照明效果的方法。由于降低设计速度，从而降低了入口段的亮度折减系数。速度调整法计算结果如表 7-2-7 所示。

表 7-2-7　速度调整法计算结果

参数	入口段 1	入口段 2	过渡段 1	过渡段 2	过渡段 3	中间段 1	中间段 2	出口段 1	出口段 2
长度/m	72.02548	72.0255	103.5725	111.11111	0	833.33333	3247.9321	30	30
面积/m^2	849.9006	849.901	1222.156	1311.1111	0	9833.3333	38325.598	354	354
光通量/lm	4589463	2294732	989946.3	354000	0	958750	2989396.7	103545	172575
功率/W	93662.52	46831.3	20202.99	7224.4898	0	19566.327	61008.095	211.1633	3521.9388
灯具概算/元	7623923.2								

2. 交通量调整法

交通量调整法是通过降低设计交通量来改善隧道照明系统。由于交通需求是客观存在的，在进行隧道设计时，交通量预测具有一定的依据。因此，该方法大多数情况下仅适用于交通运营中通过交通管制，达到改善基本环境的目的。

假设以本工程为例，由于原设计 $L_{th1} = 210\text{cd/m}^2$，而交通管制只有两档可调——中等交通量或小交通量。若设计速度不变，则调到最小档交通量时，$k^* = 0.05$，从而 $L^* = 4200\text{cd/m}^2$，远不能满足雪地环境照明需求。

3. 双调法

双调法是通过设计速度和设计交通量来实现改善隧道照明系统和环境适应性。针对本工程，由于 $L_{20} = 8000\text{cd/m}^2$，通过调整设计速度可以满足要求，但若 L_{20} 大于 8000cd/m^2，如 $L_{20} = 13000\text{cd/m}^2$，此时就需要调整设计速度和交通量，才能保证在不增加工程造价的情况下，满足行车的要求。可参考第 6 章的相关公式进行设计。

7.3　低位照明法

7.3.1　低位照明适用的场景

低位照明有很多优点，如节约工程投资、利于逃生诱导、方便维修养护、节能，但也有其局限性，如下所述。

1. 车辆

由于低位照明灯具布置高度较低，当交通流中大车较多时，若不进行特殊的配光设计，容易对驾驶者行车造成干扰，故其一般比较适合于小客车为主的隧道。

2. 车道数

由于低位照明灯具布置高度较低，故其照射的路面宽度范围小于灯具布置较高时，当隧道车道数较多时，采用低位照明，隧道灯具应与隧道的横断面特征相匹配。

3. 布灯方式

低位照明布灯方式，可采用单侧布灯，但多采用双侧交错布灯；当隧道的车道数为 3 个车道或更多时，宜采用双侧对称布灯。

4. 照明段落

理论上，低位照明适用于任何照明段落，但目前仅在隧道中间段进行了推广应用，从广东、江西、陕西等地的实践来看，效果良好。

7.3.2　低位照明灯具的选择

低位照明的灯具，在结构、配光和形状上，都有特殊要求，主要包括以下几个方面：

(1) 结构。在结构上，受净空限制，低位照明灯具支架和灯具的厚度不宜过大，以免侵界。

(2) 配光。低位照明灯具的配光应满足纵向光束角和横向光束角的要求。在完成照明灯具布设后，应根据隧道的横断面尺寸和布灯间距，计算适宜的纵向光束角和横向光束角。

(3) 形状。采用低位照明，一般不宜采用矩形灯，这是由于低位照明在道路的横断面方向上，照射的区域较窄，采用矩形灯不利于提高照明的均匀度。

7.3.3　低位照明功率的计算

隧道选取中间段照明，采用低位照明法。试验表明，低位照明可提高交通量利用率10%～30%。光通量利用系数以及养护系数维持不变，则其他各段落照明功率不变。中间段照明功率则是原照明功率的 87.5%(0.7/0.8 × 100%)，隧道中间段照明功率为125414.7W，减少了 17916.38W，节约照明灯具 537491.39 元，照明灯具投资减少 6.2%。

7.4　照 明 控 制

照明控制是运营节能的重要手段之一。照明控制算法前面章节已有论述，在此主要阐述与照明控制相关的硬件和接口。

7.4.1　控制信号的分类

控制装置向隧道内的灯具传送控制信号通常可选择几种方式，一种是模拟信号传输方式，另一种是数字信号传输方式。

1. 模拟信号传输方式

目前 LED 照明中有的采用直流 0～5V 模拟电压信号进行传输，这种传输方式的优点是控制线路简单、控制信号传输距离远；为了确保直流 0～5V 的模拟电压控制信号有足够的传输距离，LED 驱动电源设计时，可通过将 LED 驱动电源设计成电压控制电流源形式，控制输入端为高输入阻抗，以确保控制信号的长距离传输。控制距离计算公式如下：

$$S = \Delta V/(NI_cR) \tag{7-4-1}$$

式中，S 为可同步控制灯具亮度的距离，km；N 为灯具数量；I_c 为控制输入端在 5V 时的控制电流；R 为 1.5 平方控制线每公里的线阻；ΔV 为控制线上允许的最大电压降，取 0.05V。

基于回路开关、回路调光、电器和光源的简单连接而形成的传统电气照明技术已经难以满足目前市场对照明设备的需求，例如，带模拟接口（0～5V）的控制设备即不具备灵活性，没有能力在一个系统中对每个光源实施控制，不能自由重新组合每个光源，也无法实时反馈灯具的状态，不利于照明监控与维护。

2. 数字信号传输方式

目前对照明的控制技术及协议繁多，如 485、232、DMX、EIB、LON 等，但由于它们不是统一的技术协议平台，因此不能相互通信、相互兼容。另外，以上技术协议分别属于不同厂家，又没有统一的协会协调，因此对设计及业主造成了很大的不便及资源浪费。

数字可寻址照明接口（digital addressable lighting interface，DALI）技术，是一种根据以上因素设计及发展出来专门应用在照明方面的创新技术。DALI 是一个数据传输的协议，它定义了照明电器与系统设备控制器之间的数字通信方式。DALI 不是一种新的总线，但它支持开放式系统。DALI 技术的最大特点是单个灯具具有独立地址，通过 DALI 系统软件可对单灯或任意的灯组进行精确的调光及开关控制，不论这些灯具在强电上是同一个回路或不同回路，即照明控制上与强电回路无关，DALI 系统软件可对同一强电回路或不同回路上的单个或多个灯具进行独立寻址，从而实现单独控制和任意分组。

DALI 是专门为满足当今照明技术需要而设计的理想的、简化的数字化通信方式，通信和安装已经做到了尽可能的简化，为了更适合公路隧道照明应用，本书对 DALI 标准进行了适当的修改与补充。

7.4.2　隧道数字可寻址照明接口标准

隧道数字可寻址照明接口标准包括帧结构、调光级别、控制信号时滞性、渐变时间与变化速率、亮度阈值、接收器变量、命令定义、输入输出连接线缆规格，主要要求如下：

（1）隧道数字可寻址照明接口（DALI-tunnel，DALI-T）是为适应隧道照明控制需要，在 DALI（IEC 62386）标准基础上作一定修改而形成的。

（2）控制器与 DALI-T 接收器为主从模式，控制器为主机，DALI-T 接收器为从机，从机只能被动应答，DALI-T 接收器不能提供功能支持冲突或避免冲突的处理方法。

（3）每条 DALI-T 总线回路最大支持 64 个 DALI-T 接收器。

（4）每条 DALI-T 总线回路最大支持 16 个分组。

（5）控制器与 DALI-T 接收器通信采用双相逻辑编码。

（6）控制器与 DALI-T 接收器通信为异步通信协议。

（7）控制器与 DALI-T 接收器通信为固定 1200bit/s 速率。

（8）控制器与 DALI-T 接收器通信控制口隔离电压 3000V（直流）。

（9）控制器与 DALI-T 接收器通信控制口传输时间公差±10%。

（10）控制器与 DALI-T 接收器通信控制口采用非极性接口。

（11）控制器与 DALI-T 接收器通信控制口采用接口过压保护，接口能够耐受 300V（交流电压），防止误接损坏。

(12)控制器与 DALI-T 接收器通信控制口端口标记为“DAT”。

(13)DALI-T 总线供电装置由控制器提供。

(14)DALI-T 总线最大供电电流为 250mA。

7.5　遮光棚与棚洞

7.5.1　遮光棚分类

根据遮光棚上部结构选材的不同，遮光棚可以分为钢筋混凝土结构、钢结构、钢筋混凝土框架与钢拱架组合结构、钢筋混凝土环形框架与纵向连接钢管组合结构等形式。实际中应根据高速公路隧道所处地理位置、环境条件、洞门形式、洞口地形及人文环境等的不同，因地制宜，选用不同形式的遮光棚，以便充分发挥各种不同形式遮光棚的功能。

1. 钢筋混凝土结构遮光棚

钢筋混凝土结构遮光棚是指上部结构采用钢筋混凝土结构，可以根据需要和功能的不同，采用环形结构、封闭结构、矩形框架结构等形式，适用于隧道洞口地形较陡峻，需要防碎落的地段。钢筋混凝土结构遮光棚可分为明洞镂空式结构和明洞镂空镶嵌遮光板材结构两种，其优缺点分别如表 7-5-1 和表 7-5-2 所示。

表 7-5-1　钢筋混凝土明洞镂空式遮光棚结构优缺点

优点	缺点
能有效控制隧道洞内的亮度，优化行车环境	车辆行驶压迫感较强，光线的调节能力较差
能够进行洞内外空气交换，空气质量较好	不能遮风、挡雨、阻雪，行车环境受外界环境条件影响大
耐久性能好，维修养护工作量小，运营成本低	紧急情况下逃生救援困难

表 7-5-2　钢筋混凝土明洞镂空镶嵌遮光板材遮光棚结构优缺点

优点	缺点
能有效控制隧道洞内的亮度，优化行车环境	车辆行驶压迫感较强，光线的调节能力较差
可以起到遮风、挡雨、阻雪的作用	隧道内空气质量较差，可能导致通风运营成本增加
抗腐蚀能力强，耐久性能好，维修养护工作量小	紧急情况下逃生救援困难

图 7-5-1 为钢筋混凝土明洞镂空式遮光棚工程案例。

图 7-5-1　钢筋混凝土明洞镂空式遮光棚工程案例

2. 钢结构遮光棚

钢结构遮光棚是指上部结构采用钢结构骨架，其上铺设遮光板材，适用于隧道洞口间地形较为开阔、不需要进行防碎落的地段，其优缺点如表 7-5-3 所示。

表 7-5-3　钢结构遮光棚结构优缺点

优点	缺点
施工方便、工期短、养护维修方便；挡雨、阻雪能力强，通风透气性能好	遮光板材的正常使用寿命为 5～10 年，较遮光棚主体结构的使用寿命短，需要定期更换遮光板材
连接隧道群时，紧急情况下逃生、救援方便；隧道通风设计不需要考虑遮光棚段的影响	钢结构拱架易生锈，隧道施工前应对钢材进行防锈处理
照明设计可以将遮光棚与隧道作为一个整体进行设计，节省成本	运营期间也应该定期对钢构件进行防锈、除锈维护，后期维修养护工作量大

3. 钢筋混凝土框架与钢拱架组合结构遮光棚

钢筋混凝土框架与钢拱架组合结构遮光棚是指遮光棚下部采用钢筋混凝土框架梁柱结构，上部采用钢拱架结构的组合结构形式，适用于地形开阔、不需要进行防碎落、需要跨越沟谷的地段，其优缺点如表 7-5-4 所示。

表 7-5-4　钢筋混凝土框架与钢拱架组合结构遮光棚优缺点

优点	缺点
跨越能力大，灵活方便，通透性好，视野开阔，适应性强	钢结构拱架易生锈，隧道施工前应对钢材进行防锈处理
现场施工速度快，通风透气性能好，紧急情况下逃生、救援方便	运营期间也应该定期对钢构件进行防锈、除锈维护，后期维修养护工作量大
通风照明设计可以将遮光棚与隧道作为一个整体进行设计，节省成本	结构挡雨、阻雪效果差，遮光棚段行车受洞外环境影响较大

图 7-5-2 为钢筋混凝土框架与钢拱架组合结构遮光棚工程案例。

图 7-5-2　钢筋混凝土框架与钢拱架组合结构遮光棚工程案例

4. 钢筋混凝土环形框架与纵向连接钢管组合结构遮光棚

钢筋混凝土环形框架与纵向连接钢管组合结构遮光棚是指遮光棚骨架由横向钢筋混凝土拱形结构组成，纵向采用钢筋混凝土纵梁及钢管连接的结构形式，沿遮光棚两侧种植藤本植物进行生态遮光。该结构遮光棚适用于地形开阔，不需要进行防碎落，南方雨水充沛、四季常青的地段，其优缺点见表 7-5-5。

表 7-5-5　钢筋混凝土环形框架与纵向连接钢管组合结构遮光棚优缺点

优点	缺点
施工工艺简单，可利用天然植被进行减光、遮光，减少对公路周围环境的影响与破坏	适用范围受地域条件限制较大，减光性及遮光性受外界因素影响较大，很难达到适时精准控制
可以将遮光棚与隧道作为一个整体进行设计，有利于节省成本	维修养护周期短，需要根据外界环境条件不定期对藤本植物进行人工修剪、维护
遮光棚段及隧道内空气质量好，隧道通风设计不需要考虑遮光棚段的影响	遮光棚段行车环境受洞外环境条件影响大，紧急情况下逃生、救援困难

图 7-5-3 为钢筋混凝土环形框架与纵向连接钢管组合结构遮光棚工程案例。

图 7-5-3　钢筋混凝土环形框架与纵向连接钢管组合结构遮光棚工程案例

7.5.2 棚洞分类

棚洞结构是一种新颖的、适合于沿河傍山路段的结构形式，其可以最大限度地适应原生地形，减少运营期间地质灾害的发生，确保交通安全，且其使工程构筑物与自然环境、地形和谐统一，可最大限度地保护生态环境。对于毗邻隧道，因地制宜的棚洞结构可适当削减隧道洞口亮度，或者直接将两毗邻隧道相连，减弱隧道洞口加强照明强度，达到隧道照明节能的目的。

目前国内公路界对公路棚洞的分类及命名较为模糊，有根据棚洞外侧结构划分的，如悬臂式、柱式、墙式与钢架式；也有根据棚洞建成后的建筑样式划分的，如通透式、整体式。结合我国公路结构如挡土墙、桥梁、隧道的分类方法，公路棚洞按照棚洞横断面形状进行分类较为合理、直观。

1. 拱形棚洞

棚洞主体结构横断面为拱形的棚洞，其上部两侧均为拱形，由基础、拱形结构、防排水层、上部及侧部回填、植草绿化组成。拱形棚洞有封闭拱形(明洞)和开口拱形两种形式。在地形受到限制，洞口存在较大长度的偏压情况下，采用传统隧道洞口施工法势必造成洞口边坡高，或路线在一单斜陡坡地形线下展开，没有回填反压条件，采用拱形棚洞结构与隧道洞口衔接，对边坡进行防护，可减小边坡防护工程数量和边坡高度。

2. 半拱形棚洞

棚洞主体结构横断面为半拱形的棚洞，其山侧为拱形、外侧为斜拉式或直立柱平顶，如图 7-5-4 所示。半拱形棚洞由棚洞基础、斜柱或斜边墙、平板、半拱形结构、防排水层、上部及侧部回填、植草绿化组成。半拱形棚洞考虑景观、白天照明、节省工程造价等原因，一般在临河侧设置较为美观的、面积较大的开口，开口大小根据棚洞限界高度、棚洞高度综合确定。

图 7-5-4 半拱形棚洞工程案例

半拱形棚洞分为半拱斜柱平顶棚洞、半拱直柱平顶棚洞两种形式。

1）半拱斜柱平顶棚洞

当公路采用路基方案建设时，在边坡土层及强风化岩层厚度大、自然坡相对较缓时，设计边坡坡度较缓而高度较高。采用棚洞方案，棚洞结构需结合边坡防护承担较大的水平推力，而临河（沟）侧不深，路基宽度适当，在此条件下采用半拱斜柱平顶棚洞可与环境协调，并可保证棚洞与边坡的稳定。

2）半拱直柱平顶棚洞

当山区公路通过沿河陡坡路段时，路基地质条件往往较好，因此应尽量不削坡并少开挖，使公路建设影响范围小。采用棚洞方案建设时，设计边坡坡率较陡，边坡高度较高，棚洞结构需承担的水平推力较小，在此条件下采用半拱直柱平顶棚洞较好。

山区高速公路建设中，当路线布置在沿河或傍山路段时，受山区 V 形地形的影响，路线布置困难，路基边坡较高，公路建设对周围环境破坏较大。为了节约投资，减少征地，在整体式路基段半幅设置棚洞，由于中央分隔带宽度有限，受棚洞建筑限界及内轮廓的限制，棚洞采用半拱直柱平顶形式与建设条件最吻合。

3. 框架形棚洞

棚洞主体结构横断面为矩形的棚洞多为框架形棚洞，其由棚洞基础、直柱、平板、边墙、防排水层、上部及侧部回填、植草绿化组成。

框架形棚洞考虑景观、白天照明、节省工程造价等原因，一般在临河侧设置较为美观、面积较大的开口，开口大小根据棚洞限界高度、棚洞高度综合确定。临河侧主要采用直柱或直墙，靠山侧采用连续边墙。

按照框架形棚洞临河侧形式及外侧直柱与上部平板的不同连接方式，可将框架形棚洞分为框架封闭棚洞、框架开口棚洞和棚架三种形式。框架开口棚洞及框架明洞外侧直柱、边墙与上部平板采用固接，棚架外侧直柱与上部平板采用简支连接。

1）框架封闭棚洞

框架封闭棚洞在城市通道中运用较多，见图 7-5-5。施工可采用一般模板，不需采用全断面模板台车施作，工艺简单。将其运用于公路隧道洞口和公路沿河傍山路段可减小隧道洞口边仰坡高度，缩小隧道洞口开挖范围。与拱形棚洞相同，框架封闭棚洞也常常用在路基靠山侧边坡高度较大，另一侧有一定的边坡，但高度不大的路段。利用棚洞及其回填反压对边坡进行防护，可减小边坡防护工程数量和边坡高度。对于滑坡公路路段，框架封闭棚洞与抗滑桩相结合处治更有利于山区公路的运营安全。

2）框架开口棚洞

框架开口棚洞同样适用于山区公路隧道进出口，特别适用于山区公路沿河傍山单斜地形路段。

图 7-5-5　框架封闭棚架结构工程案例

3) 棚架

在山岭重丘区建设一般地方公路或高等级公路，公路有时沿河傍山，在很高的陡坡下通过。而山坡自身稳定性差，常有掉块、滚石等危及公路运营安全。因此，为了恢复傍山段自然环境，往往修建一定长度的棚洞结构，使车辆通过该路段时安全得到保障。

7.5.3　遮光棚和棚洞的适用性分析

综上所述，遮光棚和棚洞均可实现隧道洞口减光的目的，但是其适用范围和对象却有所不同：棚洞均为钢筋混凝土结构，承压防灾能力强，适合于沿河、傍山路段，可最大限度地减少运营期间地质灾害的发生，确保交通安全，同时可最大限度地适应原生地形，其使工程构筑物与自然环境、地形和谐统一，可最大限度地保护生态环境。对于毗邻隧道，棚洞则适合于山体稳定性差、存在地质灾害风险的路段。

与棚洞结构相比，遮光棚则结构抗灾能力较差，但是其形式相对较多(钢结构、混凝土结构以及钢结构与钢筋混凝土组合形式等)，工程成本相对较低，适用范围较棚洞广，更加适合于地质灾害风险较小的毗邻隧道段，通过遮光棚对毗邻隧道出入口光照强度进行调节，实现隧道洞口减光，变隧道洞口加强照明为隧道中间段照明，最终达到隧道照明节能的目的。

7.6　遮光棚在毗邻隧道中的应用

7.6.1　设置遮光棚的作用

隧道之间设置遮光棚，可以将隧道群与遮光棚作为一个整体进行设计，有利于降低工程造价，节省隧道运营成本，减少隧道出入口的阳光直射，降低隧道出入口的亮度，为驾驶者提供视觉调整时间，从而降低事故发生率，同时减少隧道长期运营的能耗。除此之外，遮光棚对改善行车环境、保证行车的稳定性和安全性方面也有突出贡献。

1. 缓和光线直接照射，防眩晕

在出洞口和入洞口的适当范围内，驾驶者视线范围内亮度变化因遮光棚的设计较为均匀缓和，能减少光线的直射，降低洞内外光线亮度差别，具有防眩晕的功能，同时也能让驾驶者在较短的时间内适应出洞的光线变化，可以达到遮光效果，保证行车的稳定性和安全性。

2. 保护环境的功效

遮光棚的封闭设计在一定程度上能够降低行车时高速公路景观区及沿线附近居民区的噪声，同时也能缓和高速进入隧道时司乘人员的心理紧张感，并且能够做到与洞门周边的景观协调。遮光棚采用封闭式的设计，能够有效阻止雨雪直接落至行车道路面，保护隧道的路面清洁，有利用提高行车安全性，减少日常养护维修工作量。

3. 对隧道的保护功能

作为隧道的洞门，它是隧道唯一外露的部分，在隧道洞口周围地形平缓、周围边仰坡稳定、不需要防碎石坠落的地方，可以采用钢结构遮光棚作为隧道洞门，起到隧道标志的作用；在隧道洞口周围地形陡峻、需要设置防碎石坠落的地方，可以采用钢筋混凝土结构遮光棚作为隧道洞门。

4. 改善行车环境，减少交通事故

影响汽车行驶的不利气象条件主要有雨、雪、雾、风等，此类不利气象条件下车辆行车安全受到极大威胁，交通事故率大大增加。

1) 雨雪天气

雨雪天行车，路面的附着系数较晴天干燥路面上明显减小，车辆附着力明显下降。当高速行驶的车辆进出隧道过程中，由于路面附着系数发生急剧变化，车辆进出隧道的行驶速度稍有变化(加速或减速)，车辆就容易打滑，失去控制，从而酿成车祸。而封闭式透光构造遮光棚既可以减少雨雪对路面基层侵蚀，延长使用寿命，也能降低雨雪引起的车辆滑移，保证行车安全。

2) 风力作用

风力对行车影响主要来自横风，尤其是对高速行驶的车辆。横风对箱形汽车如面包车、大型客车、帆布篷货车等影响较大(此类车辆的整体重心较高，侧向面积较大)，而重量轻的小汽车，同样也容易受到横风的影响，而且横风的作用是随车速的提高而加剧的。汽车从隧道驶出的瞬间，或驶向风力贯穿的桥梁、高路堤等路段时，往往会突然遭到强横风的袭击。另外，在山区行车，往往会遇到突如其来的山风，时间短而风力强，吹动车辆偏离行车路线。由于风速和风向的非连续变化，驾驶者会感到汽车发飘。而由横向强风引发的

交通事故主要有：车辆偏离车道，冲向路边护栏或中央分隔带，发生侧翻；偏离行驶路线，用转向盘校正方向时被后面的车辆追尾等。封闭式透光构造遮阳棚则可有效减弱风力的作用，改善行车环境，减少因横向风的作用引发的交通事故。

7.6.2　毗邻隧道不同连接形式下遮光棚适用性分析

1. 毗邻隧道遮光棚方案的选择

毗邻隧道洞口减光的目的是减弱隧道洞口对加强照明的需求，变隧道洞口加强照明为隧道中间段照明，同时实现改善隧道行车环境、保证行车安全的目的。封闭式遮光棚构造遮阳减光效果较好，既可以降低雨雪引起的车辆滑移，也能减少雨雪对路面基层侵蚀，延长道路使用寿命。因此，对于毗邻隧道洞口减光设施，建议采用封闭式遮光棚结构。

2. 毗邻隧道不同连接形式

根据毗邻隧道连接形式的不同，可将毗邻隧道分为两种类型：①“隧—桥—隧”，即毗邻隧道之间通过桥梁相连接；②“隧—路—隧”，即毗邻隧道之间通过常规道路相连接。毗邻隧道之间不同连接形式下所使用的遮光棚结构形式也有所不同，此外毗邻隧道所处地形、地理状况及气候特征也对其所采用的遮光棚形式提出了不同的要求。

1）“隧—桥—隧”

此种连接形式下，毗邻隧道之间通过桥梁相连，遮光棚安装空间有限，因此所能采用的遮光棚结构形式也受到相应限制。此外，为了应对隧道之间桥梁段横风对车辆安全行车的影响，以及雨雪天气下遮阳棚的承压问题，同时考虑到桥梁本身的承重能力，“隧—桥—隧”连接形式下所采用的遮光棚方案对其承压能力、结构的稳定性和结构重量提出了特殊的要求。综合考虑不同遮光棚构造的特点及其适用范围，建议采用“钢筋混凝土环形框架与纵向连接钢管”组合结构遮光棚方案，通过在结构上铺设遮光板达到减光、遮风、挡雨、阻雪的目的。

2）“隧—路—隧”

此种连接形式下，毗邻隧道之间通过常规道路相连，所采用的洞口减光方案与隧道所处位置地理地形特征、气候状况等因素有关。若毗邻隧道处于沿河傍山路段，则可考虑采用棚洞结构将毗邻隧道连接起来，既可以起到隧道洞口减光、遮风、挡雨、阻雪的作用，又可以最大限度地保护生态环境，使得工程构筑物与自然环境、地形和谐统一，同时可以最大限度地减弱地质灾害对隧道安全行车的影响。然而，棚洞结构较遮光棚方案工程建设成本高，工程前期需进行详细的方案论证和社会经济效益分析。

遮光棚的应用符合高速公路隧道安全、节能、环保的发展理念。合理设置遮光棚，因地制宜地选择遮光棚的结构形式，合理控制遮光棚的设置规模，能够有效改善高速公路隧道行车环境，提高行车安全性，降低交通事故及运营成本。

两种遮光棚结构形式适用性分析如表 7-6-1 所示。

表 7-6-1　两种遮光棚结构形式适用性分析

毗邻隧道连接形式	遮光棚功能需求	所采用的遮光棚形式
“隧—桥—隧”	有强风贯穿，有防碎落要求	建议采用钢筋混凝土环形框架与纵向连接钢管组合结构
	挡雨阻雪	建议采用钢结构形式
“隧—路—隧”	高路堤路段，有强风贯穿	建议采用钢筋混凝土环形框架与纵向连接钢管组合结构
	有防碎落要求	建议采用钢筋混凝土框架与钢拱架组合结构
	依山傍河，有地质灾害风险	建议采用棚洞结构
	挡雨阻雪	建议采用钢结构形式

7.6.3　毗邻隧道的遮光棚工程应用

遮光棚结构形式主要有钢筋混凝土结构、钢结构、钢筋混凝土框架与钢拱架组合结构、钢筋混凝土环形框架与纵向连接钢管组合结构等形式。工程应用中应根据隧道地形地貌特征、气候条件以及毗邻隧道的连接形式最终确定合适的遮光棚结构形式。对于毗邻隧道，遮光棚设置的目的主要在于减弱隧道洞口对加强照明的需求，变隧道加强照明为中间段照明，实现照明节能的目的，因此遮光棚应采用封闭式结构，通过在遮光棚基础结构上铺设遮光板材，实现变隧道洞口加强照明为隧道中间段照明的目的。本节主要对不同遮光板材的性能特征及适用性进行分析，并对毗邻隧道遮光棚检修维护方案进行初步探讨。

1. 遮光板材料选取

1）耐力板

耐力板（又称 PC 板，见图 7-6-1）是以高性能的工程塑料聚碳酸酯加工而成的，耐撞击，强度超过强化玻璃、亚克力板数百倍，坚韧安全，可圆拱、可弯曲；加工性好，可塑性强，能依工地现场实际需要，弯曲成拱形、半圆形等式样；材质轻、易搬运，重量仅为玻璃的一半，搬运安装省时省力，施工管理便捷容易；耐候性、采光性能优良，可长期抗紫外线照射，采光效果好；耐候性能优良，可以在–40℃至 120℃范围保持各项物理指标的稳定性。

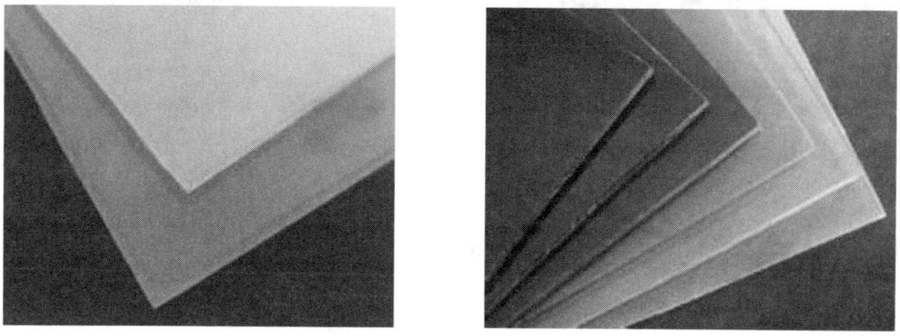

图 7-6-1　不同颜色耐力板样图

2) 阳光板

阳光板(图 7-6-2)由聚碳酸酯为主要原料生产制造，是目前国际上广泛采用的一种高强度、透光、隔声、节能的新型优质装饰材料，比夹胶玻璃、夹丝玻璃、钢化玻璃、中空玻璃更具轻质、耐候、超强、阻燃、隔声的优良性能。阳光板具有透光性强、抗冲击、隔热、耐候、防结露、阻燃、隔声和良好的加工性能等。阳光板的抗冲击性为普通玻璃的100倍，为有机玻璃的30倍。阳光板外表经过防紫外线工艺处理后，具备抗老化性能。

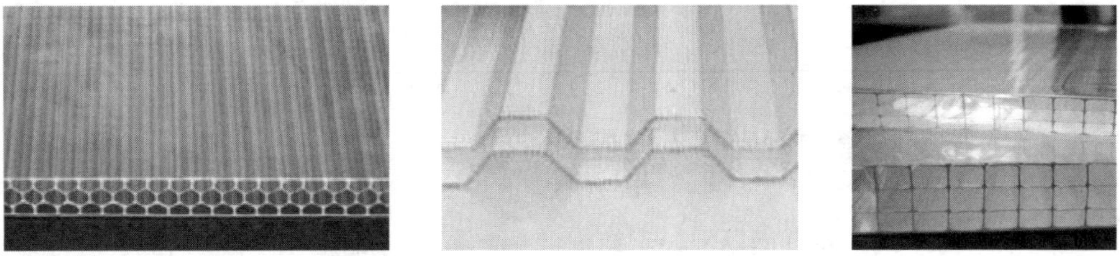

图 7-6-2　不同类型阳光板样图

3) 亚克力板

亚克力由英文 Acrylic 音译而来，亚克力板(图 7-6-3)由甲基丙烯酸甲酯(MMA)单体聚合而成，即聚甲基丙烯酸甲酯(PMMA)板材(有机玻璃)，具有高透明度，透光率达92%，有“塑胶水晶”之美誉；且有极佳的耐候性，尤其应用于室外，居其他塑胶之冠，并兼具良好的表面硬度与光泽，加工可塑性大，可制成各种所需要的形状与产品；板材的种类繁多，色彩丰富(含半透明的色板)；厚板仍能维持高透明度。

图 7-6-3　亚克力板产品样图

不同类型遮光板材性能指标对比见表 7-6-2。

表 7-6-2　不同类型遮光板材性能指标对比

板材 性能指标	耐力板	阳光板	亚克力板
合成材料	聚碳酸酯	聚碳酸酯	聚甲基丙烯酸甲酯
透光性	最高可达 89%	最高可达 89%	最高可达 92%
抗冲击性	普通玻璃的 250～300 倍，同等厚度亚克力板的 30 倍	普通玻璃的 100 倍，为有机玻璃的 30 倍	普通玻璃的 16 倍
结构形式	实心结构	中空结构	实心结构
密度	仅为玻璃的一半	仅为玻璃的一半	仅为玻璃的一半
阻燃性	难燃一级	难燃一级	难燃一级
耐候性	–40℃至 120℃范围保持各项物理指标的稳定性，耐候及耐酸碱性能好	–40℃至 120℃范围保持各项物理指标的稳定性，耐候及耐酸碱性能好	耐候及耐酸碱性能好

从表 7-6-2 可以看出，亚克力板较耐力板和阳光板透光性能好，但其抗冲击性却与耐力板和阳光板相差甚远，遮光棚遮光板材不建议采用亚克力板。阳光板与耐力板均采用聚碳酸酯为主要原料合成，透光性、阻燃性、耐候性等性能基本相同，然而由于耐力板是实心结构，而阳光板为中空结构，因此耐力板的抗冲击性较阳光板优良，更加适用于有防碎需求的路段，而遮光棚通常的减光、防风、挡雨、阻雪等功能需求阳光板即可实现，因此在不存在防碎需求的路段，遮光板材建议选用阳光板，见表 7-6-3。

表 7-6-3　不同遮光板材适用性分析

毗邻隧道连接形式	遮光棚功能需求	所采用的遮光板材
“隧—桥—隧”	有强风贯穿，有防碎落要求	耐力板
	挡雨阻雪	阳光板
“隧—路—隧”	高路堤路段，有强风贯穿	阳光板
	有防碎落要求	耐力板
	依山傍河，有地质灾害风险	采用棚洞结构，不需遮光板材
	挡雨阻雪	阳光板

2. 遮光板材透光率

毗邻隧道遮光棚段遮光板材透光率的取值，与遮光棚段所需的安全行车亮度标准有关。采用遮光棚方案将毗邻隧道相邻洞口连接成一个整体，目的在于变毗邻隧道洞口加强照明为隧道中间段照明，毗邻隧道的照明设计方案也应将毗邻的前后隧道及遮光棚段作为一个整体进行统一设计，因此遮光棚段遮光板材的透光率可根据遮光棚段亮度设计标准，同时参照隧道洞口的光照条件进行取值。

3. 检修与维护

遮光棚的检修与维护主要包括三个方面，其一是遮光棚钢结构的防锈处理与定期维护，其二是混凝土结构的检修与维护，其三是遮光板材的检修、清理与维护。

1)钢结构防锈处理

遮光棚采用钢结构或钢筋混凝土与钢结构组合结构形式时，需对钢结构进行防锈处理与定期维护。遮光棚施工前，需对所采用的钢结构进行防锈处理；运营过程中也需对钢结构进行定期的检修与维护，以防止钢结构因锈蚀而导致结构功能下降，引发相应的交通事故。可选用防锈性能好的涂料对遮光棚钢结构进行防锈处理，所选用涂料应综合结构所处的环境、使用功能、经济性和耐久性、稳定性等因素来确定：

(1)一般条件下，可采用油性红丹防锈漆作为防锈底漆，醇醛磁漆为面漆；

(2)无侵蚀性或弱侵蚀性条件下，可采用油性漆酚醛漆或醇醛漆作为防锈漆；

(3)中等侵蚀性条件下，可采用环氧漆环氧酯漆或过氧乙烯醛作为防锈漆。

2)遮光板材的检修、清理与维护

毗邻隧道由于采用封闭式的遮光棚方案，运营一段时间后遮光板会淤积大量沙尘，致使遮光板透光率下降，毗邻隧道遮光棚段亮度标准难以满足隧道行车安全所需的照明亮度，带来一定的安全隐患。此外，由于隧道洞口碎石脱落或强风作用下导致遮光板碎裂，或因遮光板变形、破损、脱落等因素，需对隧道遮光棚段进行定期的检修与维护。

3)混凝土结构的检修与维护

主要是对遮光棚混凝土结构进行定期的检修与维护，对混凝土构件的开裂、剥落现象进行及时处理，避免相应的安全事故的发生。

遮光棚的检修与维护工作可按照清洁维护、结构检查、保养维修和病害处治四个部分进行。

清洁维护：主要是对遮光板材上的灰尘、遮光棚段的垃圾、结构物的脏污等进行清洁与维护，保证遮光板材的透光率，保持遮光棚结构外观的干净整洁。

结构检查：检查遮光棚结构(混凝土结构和钢结构)的异常情况，系统掌握结构技术状况，判定结构物功能状态，以确定相应的养护对策或措施。

保养维修：预防性地对结构物进行维护，包括对钢结构的防锈处理、对混凝土结构物的轻微破损处理等，保持遮光棚结构的完好状态。

病害处治：修复破损结构，消除结构病害，维持结构良好的技术功能状态。

可将毗邻隧道遮光棚检修维护工作纳入隧道土建结构养护工作之中，在对隧道结构进行定期养护的同时，开展毗邻隧道遮光棚检修与维护工作。

7.6.4　毗邻隧道照明节能效益分析

本节以广东省某高速公路中的甲、乙两隧道为例，从工程实际来分析遮光棚在毗邻隧道中的节能效果。甲隧道出口与乙隧道进口距离较近，左线距离 47m，右线距离 81m。

现考虑将两个洞口使用开口明洞或遮光棚方案连接成一个整体，现从方案土建经济性和照明运营经济性等方面进行比选，见表 7-6-4。

表 7-6-4　遮光棚构造每延米工程数量表

项目	单位	数量
C25 钢筋混凝土	m^3	3.54
C15 片石混凝土	m^3	7.62
I18 工字钢	kg	197.95
钢板	kg	32.18
扁钢	kg	21.62
螺栓、螺母	付	8.80
ϕ28mm 拉杆	kg	37.18
预埋Ⅱ级钢筋	kg	13.48
Ⅰ级钢筋	kg	45.68
Ⅱ级钢筋	kg	669.49
阳光板	m^2	16.84

(1) 土建经济性，如果采用遮光棚方案(图 7-6-4)，每延米综合单价约 1.5 万元，需增加明洞长 118m，且甲隧道出口削竹洞门削竹段长 8m，需拆除重做或拼接，暂按增加 4m 明洞计算，则明洞需总增加 122m，工程量见表 7-6-4，遮光棚方案则需增加投资 183 万元。而使用原方案，不需增加投资。

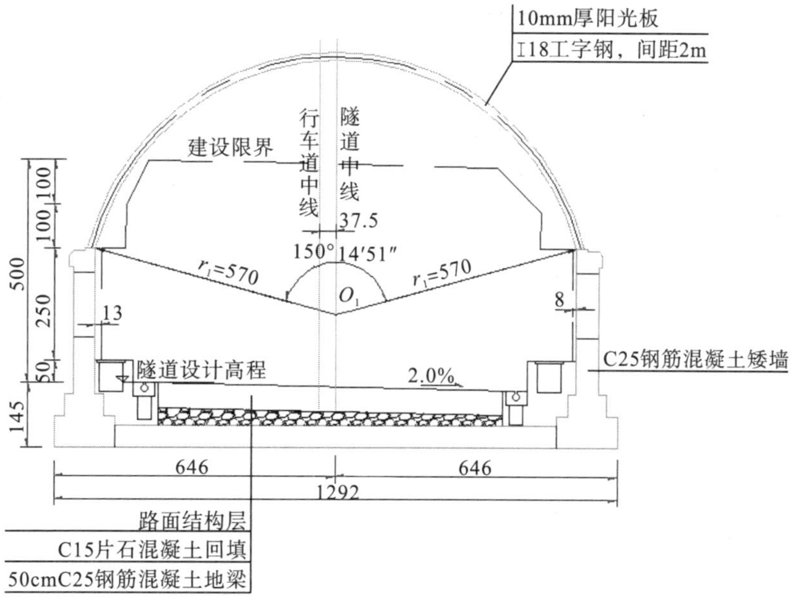

图 7-6-4　遮光棚构造断面图(单位：mm)

(2)从照明运营经济性角度考虑，采用遮光棚方案可大大减少隧道加强照明的需求，变两隧道(甲隧道与乙隧道)毗邻段出入口与过渡段的加强照明为隧道中间段照明，甲隧道左线和乙隧道右线加强照明灯具可大大减少，基本照明灯具需增加，隧道间路灯可取消。

在此仅对公路隧道照明中应用最广泛的高压钠灯和第四代新型节能绿色光源 LED 隧道照明灯具进行比较。

(1)高压钠灯：光效高、寿命长(24000h)、特性稳定、光通维持率高，透雾性强，是目前公路隧道照明中使用最多的光源，但显色性差，能耗较高。

(2)白光 LED 灯：具有光效高、显色性高、电压低、电流小、亮度高、寿命长(30000h)、响应快、运行成本低等优点，是正在趋于成熟的一种高效节能绿色光源，现在国内的多个省份都在试验性地采用 LED 灯作为公路隧道的照明光源，但初期建设成本较高。

表 7-6-5～表 7-6-8 分别为不同设计方案设计参数及灯具使用情况与经济性对比。

表 7-6-5　高压钠灯照明设计参数

参数名称	具体数值	
	甲隧道	乙隧道
计算行车速度/(km/h)	100	100
设计交通量(混合车(辆)/h)	大交通量	大交通量
入口段亮度折减系数 k	0.045	0.045
洞外亮度取值/(cd/m^2)	3110	3110
入口段亮度/(cd/m^2)	140	左线 140，右线 70(连续隧道折减)
路面类型	进出口 300m 沥青混凝土路面，其余水泥混凝土路面	沥青混凝土路面

表 7-6-6　LED 灯照明设计参数

序号	类别	取值标准
1	洞外亮度取值	3350cd/m^2
2	设计速度	100km/h
3	交通量(2015 年)	1698(辆/h)，高峰小时交通量
4	入口段坡度	左洞 0.5%，右洞 0.8%
5	路面材料	入口段(出口段)300m 内为沥青混凝土，其余部分为水泥混凝土
6	隧道净高	7.24m
7	隧道净宽	11.4m
8	隧道长度	左洞 1851m，右洞 1840m
8	灯具利用系数	加强照明 0.7，基本照明 0.8
9	灯具养护系数	0.75
10	灯具光源光效	110lm/W

表 7-6-7　不同照明方案灯具使用情况对比

照明类别	方案一(高压钠灯)		方案二(遮光棚+LED 灯)	
	光源功率/W	灯具数量/套	光源功率/W	灯具数量/套
加强照明	400	802	160	520
	250	26	80	136
	150	16	40	32
	100	22	—	—
基本及应急照明	150	572	80	382
	100	613	40	426

表 7-6-8　不同照明方案经济分析计算指标

序号	项目		方案一(高压钠灯)		方案二(遮光棚+LED 灯)	
1	灯具单价/(元/套)		400W	900	160W	2650
			250W	850	80W	1400
			150W	800	40W	900
			100W	750	—	—
2	年平均点灯时间/h	加强照明	3000		3000	
		基本及应急照明	7300		7300	
3	电缆配线/(元/套)		150		100	
4	镇流器或变压器及触发器等单价/(元/个)		150		160W	260
					80W	140
					40W	90
5	维护费用		人工费/(元/只)	10	人工费/(元/只)	8
			材料费/(元/只)	3	材料费/(元/只)	2
			年清扫次数	4	年清扫次数	4
6	装灯总功率(包括光源功率、电气损耗功率及线损)/W		550850		157256	
7	年功耗/kW		2379960		696916	

表 7-6-9　不同方案照明节能经济性比较

序号	项目		方案一(高压钠灯)		方案二(遮光棚+LED 灯)	
1	照明系统寿命周期/年		20		20	
2	C_{cs}(照明系统初始投入)/元	加强照明	773200	3562351	1597200	4951302
		基本/应急照明	917350		918200	
		电缆配线	1871801		605902	
3	M(年维护费用)/元	遮阳棚费用	0		1830000	
		更换光源费用	59490	166142	38054	96994
		清洁费用	106652		58940	
4	P(年电力费用)/元		2379960		696916	
5	C_q(全寿命周期照明系统费用($C_{cs}+30M+30P$))/万元		54484391		20829502	
6	费用对比		100%		38.23%	

通过表 7-6-7～表 7-6-9 对比，从照明系统造价和运用能耗方面考虑，两隧道毗邻段采用“遮阳棚＋LED 灯”方案，对隧道进行全封闭，采用 LED 光源照明，则甲隧道左线入口、右线出口和乙隧道左线出口、右线入口加强照明灯具可全部取消，能耗和运营费用可显著降低，全寿命周期内(按 20 年计)总费用节省约 3365.5 万元。由此可以看出，采取科学合理的方法变毗邻隧道连接段洞口的加强照明为基本照明，可带来巨大的经济效益和社会效益。

第 8 章　照明效果评估与试验

本章主要阐述隧道最常用的高压钠灯与 LED 灯照明供配电系统的投资比较、干线法布线与回路法布线的投资比较、能耗监测设备与方法、照明效益分析和节能效果试验。

8.1　概　　述

隧道照明效果包括功能效果、经济效果和环保效果。目前，隧道照明效果评估只能在 1∶1 试验隧道或实际隧道中进行效果测试，而经济效果和环保效果，都是在满足照明功能要求的前提下进行论证评估。由于工程条件不同、照明灯具不同、设计人员采用的参数可能不同，因此在进行经济性和环保性的评估中，采用的是等亮度折算评估法。也就是说，当照明亮度的实际测试结果不同时，换算成同等亮度时的照明功率，采用同一单价，评估照明系统的经济性和环保性。

在照明效果评估中，一般没有考虑均匀度不同的影响。经济性和环保性对比，国内外都是采用高压钠灯作为比较对象。环保性评估可以采用年耗电量或全寿命周期耗电量作为参数，也可以用照明用电的功率密度(W/m^2)作为参数。由于工程与环境条件千变万化，目前尚没有照明用电功率密度的标准值，因此照明系统评估只能给出相对的结果。

8.2　隧道照明效果评估系统

8.2.1　前提条件

在进行高速公路隧道 LED 照明系统节能效果测评前，最重要的是要保障工程的实施效果满足工程设计和相关标准的要求。针对高速公路隧道 LED 照明工程，衡量工程照明效果的主要指标有照度、纵向均匀度和照度总均匀度。工程效果测试要满足表 8-2-1 所示条件。

表 8-2-1　照度、纵向均匀度、照度总均匀度测试条件规定

序号	条件项	具体规定
1	灯具运行时间	灯具点亮 1000h 后进行测试
2	灯具测试时间	夜间，开始测试时间以洞外自然光不直接照进隧道出入口为宜
3	测试前准备工作	测试前一周清洗隧道灯具，测试期间灯具处于洁净状态

工程效果测试的方法是采用单侧布灯间距内对 11×7 个测试点利用照度计进行照明测试，按照规范计算方法进行照度、纵向均匀度、照度总均匀度计算，并将测试结果与设计、标准要求进行对比，判定是否满足要求。现以 50W LED 灯双侧交错 10m 布灯的隧道测试区域划分为例，介绍 11×7 个测试点区域划分方法，照度测点分布示意图见图 8-2-1。

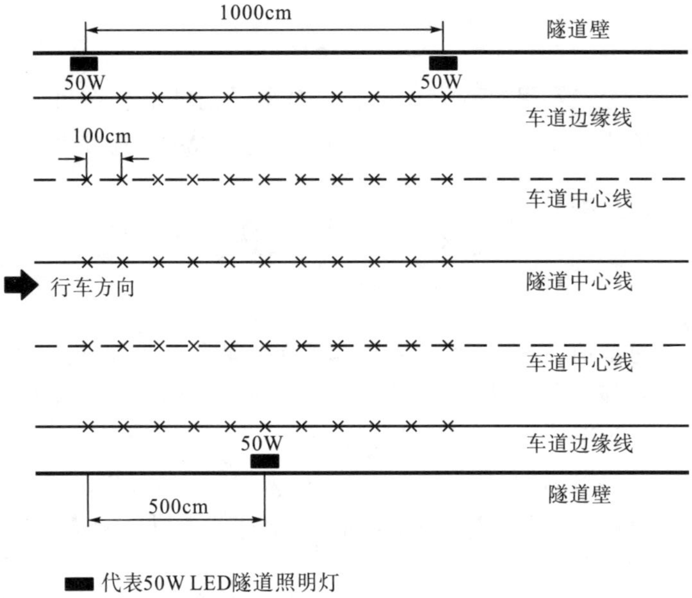

图 8-2-1　照度测点分布示意图

8.2.2　高速公路隧道 LED 照明系统能耗监测方法

高速公路隧道 LED 照明系统能耗监测方法主要是指对高速公路隧道 LED 照明系统能耗进行计量与统计。为了满足高速公路隧道 LED 照明系统长期测评的要求，在经济条件允许的情况下应建立运行能耗实时监测系统。

1. 高速公路隧道 LED 照明系统运行能耗实时监测系统的主要测量设备

高速公路隧道 LED 照明系统运行能耗实时监测系统的主要功能是对照明系统能耗进行实时计量与统计，其常见的计量仪器主要有远传电表、电压传感器、电流传感器。

1) 远传电表

高速公路隧道 LED 照明系统设备的能耗是电能，因此监测参数主要为用电量，选取远传电表设备见图 8-2-2。

2) 电压传感器

电压传感器的作用是感受被测电压并将其转换成可用输出信号，其在高速公路隧道

LED 照明系统能耗监测中的作用是辅助性的，与电压互感器配合监测照明系统的电压。典型的电压传感器如图 8-2-3 所示。

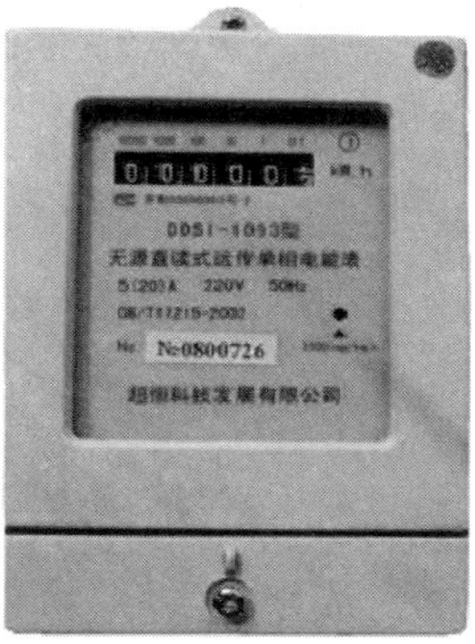

图 8-2-2　典型的远传电表

图 8-2-3　典型的电压传感器

3) 电流传感器

电流传感器的作用是感受被测电流并将其转换成可用输出信号，其在高速公路隧道 LED 照明系统能耗监测中的作用是辅助性的，与电流互感器配合监测照明系统的电流。典型的电流传感器如图 8-2-4 所示。

图 8-2-4　典型的电流传感器

2. 高速公路隧道 LED 照明系统运行能耗实时监测系统的设计

为了满足高速公路隧道 LED 照明系统长期测评的要求，在了解高速公路隧道 LED 照明系统运行能耗实时监测系统的主要测量设备的基础上，进行高速公路隧道 LED 照明系统运行能耗实时监测系统设计成为能否实现长期测评的技术关键。

高速公路隧道 LED 照明系统运行能耗实时监测系统设计的主要内容有变压器和低压配电柜的电压、电流、功率参数，变压器的温度，断路器的状态，累计低压配电柜和变压器的运行时间。

高速公路隧道 LED 照明系统运行能耗实时监测系统主要通过直接数字控制系统控制

器对照明供配电系统运行参数进行实时在线监测。通过电流、电压、功率因数变送器把电流、电压、功率因数的数据传送给直接数字控制系统控制器。直接数字控制系统控制器根据监测到的电流、电压、功率因数的数据通过相关公式计算有功功率、无功功率、累计用电量。电能计算公式为

$$W=\int_0^T P(t)\mathrm{d}t=\int_0^T U(t)I(t)\cos\phi\mathrm{d}t \tag{8-2-1}$$

式中，W 为 T 时段内的电能值；P 为功率；U 为电压；I 为电流；$\cos\phi$ 为功率因数。

高速公路隧道 LED 照明系统运行能耗实时监测系统计量出来的数据读取出来后可在后续的节能评估系统中进行处理、分析和显示。

8.2.3 高速公路隧道 LED 照明系统节能评估方法研究

高速公路隧道 LED 照明系统节能评估是以效率为基础，以效益为中心，对替代方案(是指高速公路隧道 LED 照明系统)与被替代方案(一般是指高速公路隧道高压钠灯照明系统)进行比较与计算。

1. 高速公路隧道 LED 照明系统节能评估的可比条件

为了使高速公路隧道 LED 照明系统与被替代方案节能评估具有可比性，可比条件规定如下。

1)提供同样的作业功能

高速公路隧道 LED 照明系统与被替代方案应能提供同样的隧道照明光通量，满足公路隧道照明需求，只有比较基准一致，方能真实反映项目实施效果。

2)替代方案效率必须高于被替代方案效率

一般来说，节能项目是应用高效的技术设备，提供能源利用效率，达到节能降耗的目标。节能方案的设计必须遵循技术效率优选原则，实施的替代方案必须高于被替代方案是节能项目评估的必要条件。经济效益、环境效益、社会效益都是评估考量的重要方面，经济效益作为判别技术效率的标准，只有节能又节钱的项目才能作为替代方案。高速公路隧道 LED 灯具有光效高、能够实现无级调光的特性，具有显著的经济效益，所以可以作为公路隧道照明系统替代方案。

3)采用全寿命成本考虑资金的时间价值

全寿命成本是工程项目成本效益分析中的一个基本概念，简而言之是指在全寿命周期内发生的费用，是工程项目能发挥其基本技术性能的使用时间。全寿命成本效益分析主要包括两大要素：一个是替代方案与被替代方案具有相同的计算周期；另一个是在计算周期内要考虑资金的时间价值。在全寿命周期计算的项目中，考虑货币的投入与产出时间差异对成本效益的影响，通常要考虑货币的时间价值，以折现量化方法计算全寿命周期内的成

本与效益。

2. 高速公路隧道 LED 照明系统节能效果评估的指标体系研究

由于节能项目主体对效果评估的要求不尽一致，评估的指标也不尽相同。政府主导或国际支持的节能项目重在社会效益，高速公路运营单位主管或参与的项目更重视终端效益。为了满足社会和终端效益两方面的基本要求，将高速公路 LED 照明系统节能评估指标划分为节能效益、经济效益、环境效益三方面可量化的指标，如图 8-2-5 所示。

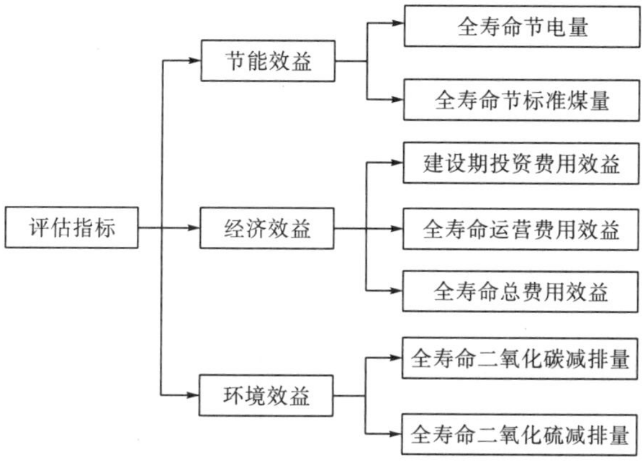

图 8-2-5　高速公路隧道 LED 照明系统节能效果评估的指标体系

其中全寿命节标准煤量、全寿命二氧化碳减排量、全寿命二氧化硫减排量是表明终端节能的社会贡献，颇受有关主管部门的重视。

3. 全寿命节标准煤量、全寿命二氧化碳减排量、全寿命二氧化硫减排量的计算公式

能耗换算为标准煤、二氧化碳排放量及二氧化硫排放量，其换算公式为

$$T_{标准煤} = W_{能耗} \cdot k_1 \tag{8-2-2}$$

式中，$T_{标准煤}$ 为经能耗换算得出的标准煤用量；$W_{能耗}$ 为能耗；k_1 为能耗标准煤换算系数，$k = 0.318$ 千克标准煤/(kW·h)。

$$T_{CO_2} = W_{能耗} \cdot k_2 \tag{8-2-3}$$

式中，T_{CO_2} 为经能耗换算得出的二氧化碳排放量；$W_{能耗}$ 为能耗；k_2 为能耗二氧化碳排放换算系数，$k = 0.997$ 千克二氧化碳/(kW·h)。

$$T_{SO_2} = W_{能耗} \cdot k_3 \tag{8-2-4}$$

式中，T_{SO_2} 为经能耗换算得出的二氧化硫排放量；$W_{能耗}$ 为能耗；k_3 为能耗二氧化硫排放换算系数，$k = 0.030$ 千克二氧化硫/(kW·h)。

4. 节能评估平台的设计

节能评估平台是高速公路隧道 LED 照明系统节能效果长期测评系统的核心部分，处

于高速公路隧道LED照明系统节能效果长期测评系统的最上层，应具有良好的人机界面。节能评估平台通过采集高速公路隧道LED照明系统能耗数据进行分析、处理，并与数据库中的被替代方案进行比较与计算，最后以图像、数字等方式对外显示与发布。

节能评估平台硬件设施主要包括节能评估主机、显示屏、打印机及不间断电源，这些设备的主要作用如下。

节能评估主机包括数据服务器和Web服务器，主要作用为存储、分析及评估高速公路隧道LED照明系统采集的数据，并对外提供数据接口和能耗数据。数据服务器集中存储和处理数据，包括三种不同的数据库：第一种数据库存储从现场设备层采集来的原始能耗数据，即原始数据库；第二种是替代方案数据库，存储替代方案模拟计算数据或现场设备层采集来的原始能耗数据，作为比较对象；第三种是评估软件数据建模和处理数据库，通过Web服务器，将处理后的数据以图表形式发布在网上的数据库，即终端库。

显示屏：通过显示屏展示节能评估系统的运行情况。

打印机：为评估系统提供报表、图形等的打印。

不间断电源：保证在断电情况下评估系统的正常运行。

8.2.4　高速公路隧道LED照明系统节能效果长期测评系统构建

高速公路隧道LED照明系统节能效果长期测评系统的构建主要是实现高速公路隧道LED照明系统运行能耗实时监测系统与节能评估平台的数据传输。通过总线接口接入Internet网络，使用基于传输控制协议/网际协议（TCP/IP）的有线网络或无线网络进行传输。

网络传输基本组成包括通信线路、通信设备和通信协议。通信线路包含有线网络和无线网络，在有线线路中通过双绞线、光纤等传输介质完成数据传输。无线网络通过全球移动通信系统/码分多址（GSM/CDMA）进行数据传输；通信设备主要是交换机和智能通信服务器；通信协议采用TCP/IP。高速公路隧道LED照明系统节能效果长期测评系统拓扑结构如图8-2-6所示。

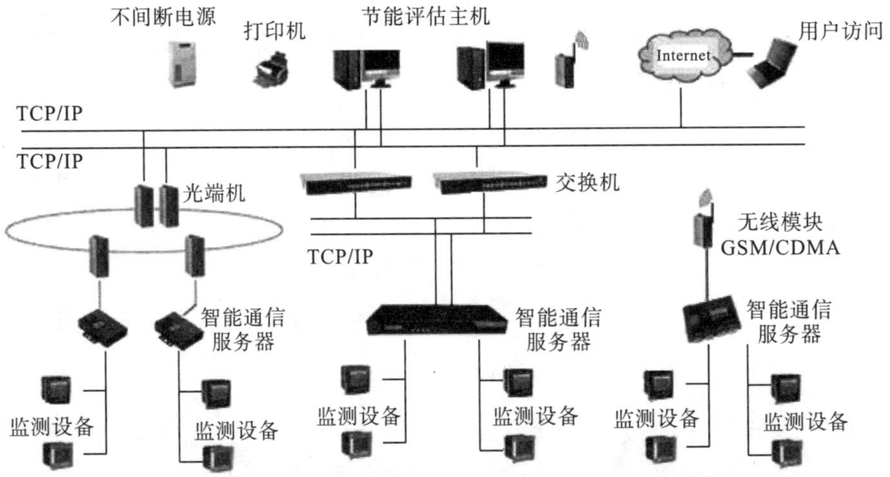

图8-2-6　高速公路隧道LED照明系统节能效果长期测评系统拓扑结构

8.3 高压钠灯与 LED 灯照明供配电系统初始投资对比分析

甲、乙隧道照明系统初步设计采用高压钠灯方案，施工图设计按照业主要求结合“基于交通流理论的公路隧道照明节能技术研究”项目科研成果应用的需求，将甲、乙隧道左线由某公路勘察规划设计院股份有限公司采用 LED 灯方案设计，右线由招商局重庆交通科研设计院有限公司采用 LED 灯方案设计，其中基本照明(含应急照明)采用低度照明方案。

根据依托工程(这两座隧道)高压钠灯照明及其照明供配电方案、LED 照明及其照明供配电方案进行两种方案的初始投资对比分析。

8.3.1 两种照明方案的费用分析

依托工程两种照明方案分别见表 8-3-1 和表 8-3-2。

表 8-3-1 依托工程高压钠灯照明方案费用分析

灯具规格/W	数量/套		灯具数量	单价/元	分项费用/万元	汇总费用/万元
	左洞	右洞				
400	450	352	802	900	72.18	169.055
250	0	26	26	850	2.21	
150	288	300	588	800	47.04	
100	323	312	635	750	47.625	

表 8-3-2 依托工程 LED 灯照明方案费用分析

灯具规格/W	数量/套		灯具数量	单价/元	分项费用/万元	汇总费用/万元
	左洞	右洞				
160	260	260	520	2650	137.8	251.54
80	259	259	518	1400	72.52	
40	230	228	458	900	41.22	

8.3.2 两种照明供配电方案的费用分析

依托工程照明供配电电缆费用分析分别见表 8-3-3 和表 8-3-4。

表 8-3-3 依托工程高压钠灯照明供配电方案电缆费用分析

变电所	电缆用途	电缆规格	长度	单价/元	合价/元
甲隧道端变电所	M31	NH-YJV-1KV-4×95	503	239.4	120418.2
	M310	NH-YJV-1KV-4×6	467	22.68	10591.56

续表

变电所	电缆用途	电缆规格	长度	单价/元	合价/元
	M32	NH-YJV-1KV-4×70	506	182.28	92233.68
	M33	NH-YJV-1KV-4×25	509	71.4	36342.6
	M34	NH-YJV-1KV-4×25	512	71.4	36556.8
	M35	NH-YJV-1KV-4×25	655	71.4	46767
	m36	NH-YJV-1KV-4×16	650	56.3	36595
	M37	NH-YJV-1KV-4×10	688	33.6	23116.8
	M38	NH-YJV-1KV-4×10	640	33.6	21504
	M39	NH-YJV-1KV-4×6	470	22.68	10659.6
	M41	NH-YJV-1KV-4×50	170	130.2	22134
	M410	NH-YJV-1KV-4×6	174	22.68	3946.32
	M411	NH-YJV-1KV-4×6	168	22.68	3810.24
	M412	NH-YJV-1KV-4×6	165	22.68	3742.2
	M42	NH-YJV-1KV-4×25	173	71.4	12352.2
	M43	NH-YJV-1KV-4×16	176	56.3	9908.8
	M44	NH-YJV-1KV-4×16	179	56.3	10077.7
	M45	NH-YJV-1KV-4×10	306	33.6	10281.6
	M46	NH-YJV-1KV-4×6	309	22.68	7008.12
	M47	NH-YJV-1KV-4×35	316	95.55	30193.8
	M48	NH-YJV-1KV-4×16	313	56.3	17621.9
	M49	NH-YJV-1KV-4×6	171	22.68	3878.28
	M61	NH-YJV-1KV-4×25	622	71.4	44410.8
	M62	NH-YJV-1KV-4×35	622	95.55	59432.1
	M63	NH-YJV-1KV-4×35	1191	95.55	113800.05
	M64	NH-YJV-1KV-4×50	1191	130.2	155068.2
	M65	NH-YJV-1KV-4×25	1198	71.4	85537.2
	M66	NH-YJV-1KV-4×50	1198	130.2	155979.6
	M81	NH-YJV-1KV-4×10	234	33.6	7862.4
	M82	NH-YJV-1KV-4×10	234	33.6	7862.4
	M83	NH-YJV-1KV-4×10	250	33.6	8400
	M84	NH-YJV-1KV-4×10	250	33.6	8400
	ME1	NH-YJV-1KV-4×95	1186	239.4	283928.4
	ME31	NH-YJV-1KV-4×6	231	22.68	5239.08
	ME32	NH-YJV-1KV-4×6	247	22.68	5601.96
乙隧道端变电所	M31	NH-YJV-1KV-4×50	170	130.2	22134
	M310	NH-YJV-1KV-4×6	130	22.68	2948.4
	M32	NH-YJV-1KV-4×25	175	71.4	12495
	M33	NH-YJV-1KV-4×16	177	56.3	9965.1

续表

变电所	电缆用途	电缆规格	长度	单价/元	合价/元
	M34	NH-YJV-1KV-4×16	180	56.3	10134
	M35	NH-YJV-1KV-4×16	320	56.3	18016
	M36	NH-YJV-1KV-4×10	325	33.6	10920
	M37	NH-YJV-1KV-4×6	325	22.68	7371
	M38	NH-YJV-1KV-4×6	310	22.68	7030.8
	M39	NH-YJV-1KV-4×6	127	22.68	2880.36
	M51	NH-YJV-1KV-4×10	286	33.6	9609.6
	M52	NH-YJV-1KV-4×25	842	71.4	60118.8
	M53	NH-YJV-1KV-4×25	286	71.4	20420.4
	M55	NH-YJV-1KV-4×16	429	56.3	24152.7
	M56	NH-YJV-1KV-4×25	429	71.4	30630.6
	ME4	NH-YJV-1KV-4×50	858	130.2	111711.6
合计	—	—	—	—	1871800.95

表 8-3-4　依托工程 LED 灯照明供配电方案电缆费用分析

	电缆用途	电缆规格	长度	单价/元	合价/元
左洞	入口加强照明电缆(左侧)	ZR-YJV-1KV-4×35	375	91	34125
	入口加强照明电缆(右侧)	ZR-YJV-1KV-4×35	390	91	35490
	出口加强照明电缆(左侧)	ZR-YJV-1KV-4×35	175	91	15925
	出口加强照明电缆(右侧)	ZR-YJV-1KV-4×35	190	91	17290
	基本照明(入口段)	ZR-YJV-1KV-4×16	1130	51.2	57856
	应急照明(入口段)	NH-YJV-1KV-4×16	1150	56.3	64745
	基本照明(出口段)	ZR-YJV-1KV-4×10	1130	34	38420
	应急照明(出口段)	NH-YJV-1KV-4×10	1150	34	39100
右洞	入口加强照明电缆(左侧)	ZR-YJV-1KV-4×35	375	91	34125
	入口加强照明电缆(右侧)	ZR-YJV-1KV-4×35	390	91	35490
	出口加强照明电缆(左侧)	ZR-YJV-1KV-4×35	175	91	15925
	出口加强照明电缆(右侧)	ZR-YJV-1KV-4×35	190	91	17290
	基本照明(出口端)	ZR-YJV-1KV-4×16	1130	51.2	57856
	应急照明(出口端)	NH-YJV-1KV-4×16	1150	56.3	64745
	基本照明(入口端)	ZR-YJV-1KV-4×10	1130	34	38420
	应急照明(入口端)	NH-YJV-1KV-4×10	1150	34	39100
合计	—	—	—	—	605902

依托工程照明供配电费用分析见表 8-3-5。

表 8-3-5　依托工程照明供配电费用分析(单位：万元)

序号	统计项目	LED 供配电方案	高压钠灯供配电方案
1	电缆	60.59	187.18
2	变压器	20	40
3	应急电源	30	30
4	照明供配电系统初始投资	110.59	257.18

8.3.3　依托工程高压钠灯方案与 LED 灯方案照明与照明供配电系统初始投资对比分析

依托工程两种方案照明与照明供配电系统初始投资对比分析见表 8-3-6。

表 8-3-6　依托工程两种方案照明与照明供配电系统初始投资对比分析(单位：万元)

序号	统计项目	LED 供配电方案	高压钠灯供配电方案
1	灯具	251.54	169.055
2	照明供配电系统初始投资	110.59	257.18
5	桥架或线槽	42.4(线槽)	53.1(桥架)
6	汇总	404.53	479.335
7	对比系数	0.844	1

通过表 8-3-6 的分析可知,依托工程 LED 灯照明及其照明供配电方案比高压钠灯节约 74.81 万元，相当于依托工程 LED 灯照明及其照明供配电方案比高压钠灯节约 15.6%。

8.4　节能效益分析

8.4.1　项目初步设计与施工图设计方案用能对比

根据甲、乙隧道初步设计文件和施工图设计文件，为了区分不同设计单位施工图的设计与方法，按照甲、乙隧道分成左线与右线的照明系统方式进行统计如下，其中功率采用整灯功率。

1. 左线两种方案对比

甲、乙隧道左线高压钠灯初步设计方案灯具初装功率见表 8-4-1 和表 8-4-2。

表 8-4-1　甲隧道左线高压钠灯初步设计方案灯具初装功率

序号	照明类型	灯具型号	整灯功率/W	数量/盏	初装功率/W
1	入口段加强照明	400W 高压钠灯	460	90	41400
2	过渡段加强照明	400W 高压钠灯	460	18	8280
		150W 高压钠灯	173	4	692
		100W 高压钠灯	115	6	690
3	出口段加强照明	400W 高压钠灯	460	10	4600
4	基本照明	100W 高压钠灯	115	69	7935
5	应急照明	150W 高压钠灯	173	25	4325
		100W 高压钠灯	115	45	5175

表 8-4-2　乙隧道左线高压钠灯初步设计方案灯具初装功率

序号	照明类型	灯具型号	整灯功率/W	数量/盏	初装功率/W
1	入口段加强照明	400W 高压钠灯	460	90	41400
2	过渡段加强照明	400W 高压钠灯	460	18	8280
3	基本照明	150W 高压钠灯	173	31	5363
4	应急照明	150W 高压钠灯	173	11	1903

根据表 8-4-1 和表 8-4-2 进行汇总统计分析，得到表 8-4-3。

表 8-4-3　甲、乙隧道左线高压钠灯初步设计方案左线初装灯具功率

序号	照明类型	初装功率/W
1	加强照明	105342
2	基本照明	13298
3	应急照明	11403
4	汇总功率	130043

对于 LED 灯施工图设计方案，左线统计如表 8-4-4 和表 8-4-5 所示。

表 8-4-4　甲隧道左线 LED 施工图设计方案灯具初装功率

序号	照明类型	灯具型号	整灯功率/W	数量/盏	初装灯具功率/W
1	入口段 1 加强照明	140 颗粒 LED 灯	175	120	21000
2	入口段 2 加强照明	140 颗粒 LED 灯	175	68	11900
3	过渡段 1 加强照明	70 颗粒 LED 灯	88	48	4224
4	过渡段 2 加强照明	24 颗粒 LED 灯	30	26	780
5	基本照明	24 颗粒 LED 灯	30	503	15090
6	应急照明	24 颗粒 LED 灯	30	168	5040
		35 颗粒 LED 灯	44	37	1628
7	出口段加强	70 颗粒 LED 灯	88	18	1584

表 8-4-5　乙隧道左线 LED 施工图设计方案灯具初装功率

序号	照明类型	灯具型号	整灯功率/W	数量/盏	初装灯具功率/W
1	入口段 1 加强照明	70 颗粒 LED 灯	88	28	2464
2	入口段 2 加强照明	70 颗粒 LED 灯	88	16	1408
3	出口段加强照明	70 颗粒 LED 灯	88	18	1584
4	基本照明	24 颗粒 LED 灯	30	39	1170
6	应急照明	24 颗粒 LED 灯	30	14	420

根据表 8-4-4 和表 8-4-5 进行汇总统计分析，得到表 8-4-6。

表 8-4-6　甲、乙隧道左线 LED 灯施工图设计方案左线初装灯具功率

序号	照明类型	初装功率/W
1	加强照明	44944
2	基本照明	16260
3	应急照明	7088
4	汇总功率	68292

对比表 8-4-3 和表 8-4-6，可以得到甲、乙隧道左线高压钠灯方案与 LED 灯方案的初装功率对比情况，见表 8-4-7。

表 8-4-7　甲、乙隧道左线两种方案初装功率对比表

序号	照明类型	LED 施工图方案初装功率/W	高压钠灯初步设计方案初装功率/W	LED 灯方案初装功率节省/W	节能率/%
1	加强照明	44944	105342	60398	57.3
2	基本照明	16260	13298	−2962	−22.3
3	应急照明	7088	11403	4315	37.8
4	汇总功率	68292	130043	61751	47.5

从表 8-4-7 可以得出以下结论：

(1) 从照明类型上看，对比甲、乙隧道左线初装功率 LED 灯方案与高压钠灯方案，加强照明和应急照明部分都有降低，分别降低 57.3%和 37.8%；基本照明功率有所增加，增加 22.3%。

(2) 从左线总功率上看，对比甲、乙隧道左线初装功率 LED 灯方案与高压钠灯方案，降低 47.5%。

2. 右线两种方案对比

甲、乙隧道右线高压钠灯初步设计方案灯具初装功率见表 8-4-8 和表 8-4-9。

表 8-4-8 甲隧道右线高压钠灯初步设计方案灯具初装功率

序号	照明类型	灯具型号	数量/盏	整灯功率/W	初装灯具功率/W
1	入口段加强照明	400W 高压钠灯	90	460	41400
2	过渡段加强照明	400W 高压钠灯	18	460	8280
		150W 高压钠灯	4	173	692
		100W 高压钠灯	6	115	690
3	出口段加强照明	400W 高压钠灯	10	460	4600
4	基本照明	150W 高压钠灯	49	173	8477
		100W 高压钠灯	32	115	3680
5	应急照明	150W 高压钠灯	25	173	4325
		100W 高压钠灯	37	115	4255

表 8-4-9 乙隧道右线高压钠灯初步设计方案灯具初装功率

序号	照明类型	灯具型号	整灯功率/W	数量/盏	初装灯具功率/W
1	入口段加强照明	400W 高压钠灯	460	50	23000
2	过渡段加强照明	250W 高压钠灯	288	12	3456
3	出口段加强照明	400W 高压钠灯	460	10	4600
3	基本照明	150W 高压钠灯	173	36	6228
4	应急照明	150W 高压钠灯	173	12	2076

根据表 8-4-8 和表 8-4-9 进行汇总统计分析，得到表 8-4-10。

表 8-4-10 甲、乙隧道右线高压钠灯初步设计方案初装灯具功率

序号	照明类型	初装功率/W
1	加强照明	86718
2	基本照明	18385
3	应急照明	10656
4	汇总功率	115759

对于 LED 灯施工图设计方案，右线统计如表 8-4-11 和表 8-4-12 所示。

表 8-4-11 甲隧道右线 LED 施工图设计方案灯具初装功率

序号	照明类型	灯具型号	整灯功率/W	数量/盏	初装灯具功率/W
1	入口段 1 加强照明	250W 高压钠灯	500	2	500
		160WLED 灯	18240	114	18240
2	入口段 2 加强照明	160 WLED 灯	10560	66	10560
3	过渡段 1 加强照明	80 WLED 灯	3840	48	3840
4	过渡段 2 加强照明	44 WLED 灯	880	20	880

续表

序号	照明类型	灯具型号	整灯功率/W	数量/盏	初装灯具功率/W
5	出口段 1 加强照明	44 WLED 灯	704	16	704
6	出口段 2 加强照明	80 WLED 灯	1120	14	1120
7	基本照明	22 WLED 灯	5830	265	5830
8	应急照明	22 WLED 灯	5830	265	5830

注：根据右线设计文件，基本照明包含应急照明，应急照明灯具占基本照明灯具总量的 1/2，为后续分析的便利，此部分将基本照明分为应急照明和基本照明两个部分进行统计。

表 8-4-12　乙隧道右线 LED 施工图设计方案灯具初装功率

序号	照明类型	灯具型号	整灯功率/W	数量/盏	初装灯具功率/W
1	入口段 1 加强照明	250W 高压钠灯	275	2	500
		44 WLED 灯	48.4	26	1144
2	入口段 2 加强照明	44 WLED 灯	48.4	14	616
3	出口段 1 加强照明	44 WLED 灯	48.4	16	704
4	出口段 2 加强照明	80 WLED 灯	88	14	1120
5	基本照明	22 WLED 灯	24.2	50	1100
6	应急照明	22 WLED 灯	24.2	50	1100

根据表 8-4-11 和表 8-4-12 进行汇总统计分析，得到表 8-4-13。

表 8-4-13　甲、乙隧道右线 LED 灯施工图设计方案初装灯具功率

序号	照明类型	初装功率/W
1	加强照明	39928
2	基本照明	6930
3	应急照明	6930
4	汇总功率	53788

对比表 8-4-10 和表 8-4-13，可以得到甲、乙隧道右线高压钠灯方案与 LED 灯方案的初装功率对比情况，见表 8-4-14。

表 8-4-14　甲、乙隧道右线两种方案初装功率对比表

序号	照明类型	LED 施工图方案初装功率/W	高压钠灯初步设计方案初装功率/W	功率节省/W	节能率/%
1	加强照明	39928	86718	46790	54.0
2	基本照明	6930	18385	11455	62.3
3	应急照明	6930	10656	3726	35.0
4	汇总功率	53788	115759	61971	53.5

从表 8-4-14 可以得出以下结论：

(1) 从照明类型上看，对比甲、乙隧道右线初装功率 LED 照明方案与高压钠灯方案，加强照明、基本照明、应急照明都有降低，分别降低 54.0%、62.3%、35.0%；

(2) 从右线总功率上看，对比甲、乙隧道右线初装功率 LED 照明方案与高压钠灯方案，降低 53.5%。

3. 甲、乙隧道初步设计方案与施工图设计方案对比

汇总数据，对比甲、乙隧道初步设计方案与施工图设计方案对比如表 8-4-15 所示。

表 8-4-15　甲、乙隧道两种方案初装功率对比表

序号	照明类型	LED 施工图方案初装功率/W	高压钠灯初步设计方案初装功率/W	功率节省/W	节能率/%
1	加强照明	84872	192060	107188	55.8
2	基本照明	23190	31683	8493	26.8
3	应急照明	14018	22059	8041	36.5
4	汇总功率	122080	245802	123722	50.3

从表 8-4-15 可以得出以下结论：

(1) 从照明类型上看，对比甲、乙隧道初装功率 LED 照明方案与高压钠灯方案，加强照明、基本照明、应急照明都有降低，分别降低 55.8%、26.8%、36.5%；

(2) 从总功率上看，对比甲、乙隧道初装功率 LED 照明方案与高压钠灯方案，降低 50.3%。

8.4.2　项目左线与右线施工图设计方案用能对比

通过 8.3 节的介绍，甲、乙隧道左右线施工图设计方案虽然都是采用 LED 照明方案，由于甲、乙隧道右线采用“基于交通流理论的公路隧道照明节能技术研究”的成果，为验证成果的应用效果，对比项目左线与右线施工图方案用能对比如表 8-4-16 所示。

表 8-4-16　甲、乙隧道左线、右线初装功率对比

序号	照明类型	右线 LED 施工图方案	左线 LED 施工图方案	功率节省/W	节能率/%
1	加强照明	39928	44944	5016	11.2
2	基本照明	6930	16260	9330	57.4
3	应急照明	6930	7088	158	2.2
4	汇总功率	53788	68292	14504	21.2

从表 8-4-16 可以得出以下结论：

(1) 从照明类型上看，对比甲、乙隧道初装功率，右线 LED 照明方案与左线 LED 照

明方案，加强照明、基本照明、应急照明都有降低，分别降低 11.2%、57.4%、2.2%；应急照明降低较小，只降低 2.2%，造成这种状况的原因是右线 LED 照明方案中基本照明中部分灯具兼做应急照明，应急照明比例为基本照明总量的 1/2，而左线方案也是采用基本照明中部分灯具兼做应急照明，应急照明比例为 1/4 造成的这种差异。为合理分析照明类型对比，将应急照明并入基本照明对比，表 8-4-16 重新修正成表 8-4-17。

表 8-4-17　甲、乙隧道左线、右线初装功率对比

序号	照明类型	右线 LED 施工图方案	左线 LED 施工图方案	功率节省/W	节能率/%
1	加强照明	39928	44944	5016	11.2
2	基本照明(含应急照明)	13860	23348	9488	40.6
3	汇总功率	53788	68292	14504	21.2

因此，从对比甲、乙隧道初装功率右线 LED 照明方案与左线 LED 照明方案可以得出，加强照明、基本照明(含应急照明)都有所降低，分别降低 11.2%和 40.6%，这说明右线采用低度照明方案，在满足功能和安全的前提下，实现初装灯具节能 40.6%。

(2) 从总功率上看，对比甲、乙隧道初装功率，右线 LED 照明方案比左线 LED 照明方案降低 21.2%。

8.4.3　项目能源消耗评估的约束条件

为了准确、科学地进行甲、乙隧道照明项目能源消耗评估工作，对能源消耗计算分析的约束条件进行阐述如下。

1. 项目能源消耗对比分析的内容

本项目能源消耗对比分析的内容主要包括两个方面：①甲、乙隧道初步设计高压钠灯方案与施工图设计 LED 灯方案对比；②甲、乙隧道左线 LED 照明方案与右线 LED 照明方案。

2. 项目能源消耗分析的层次

本项目能源消耗主要从两个层次进行分析：

(1) 理论消耗分析，以灯具整灯功率为基数进行分析。

(2) 实际消耗分析，包括两个方面的分析，即以实测功率为基数的分析和以电表读数为基数的分析。

3. 项目能源消耗分析的前提

设计方案能满足公路隧道照明的功能需求和照明标准，对于高压钠灯方案，因其未实施，比较中假定按照初步设计方案实施，可满足要求；对于 LED 灯方案，通过依托工程照明效果测试进行评定。若满足要求，则不考虑具体测试亮度指标的大小，认为处于同一基准。

4. 项目能源消耗分析的时间点选择

能源消耗计算过程中以日能源消耗为标准，项目能源消耗分析均按照晴天模式进行。能源结论分析中扩充至年能源消耗为标准。

5. 项目能源消耗分析中各功能照明日运行时段的选取

为了便于同一标准进行能源消耗统计，在能源评估中按照以下原则选择功能照明运营时段，见表 8-4-18。

表 8-4-18　项目能源评估各功能照明日运行时段的选取原则

序号	日运行时段	各功能照明开启情形
1	9：00～17：00	加强照明及基本照明(含应急照明)全部开启
2	17：00～19：00	加强照明开启 1/2，基本照明(含应急照明)全部开启
3	19：00～21：00	入口加强照明开启 1/8，基本照明(含应急照明)全部开启
4	21：00～23：00	加强照明全部关闭，基本照明(含应急照明)全部开启
5	23：00～5：00	加强照明全部关闭，只开启应急照明
6	5：00～7：00	加强照明开启 1/4，基本照明(含应急照明)全部开启
7	7：00～9：00	加强照明开启 1/2，基本照明(含应急照明)全部开启

8.4.4　甲、乙隧道照明效果验证与用电量测试

2013 年 3 月和 10 月，项目评估组对甲、乙隧道照明效果与用电量进行了现场测试。

1. 甲隧道照明效果测试结果

关于换算系数的选择，根据《广东省高速公路隧道 LED 照明设计与施工技术指南》(暂定)的规定，统一水泥路面换算系数全部取值为 10。甲隧道测试结果见表 8-4-19～表 8-4-22。

表 8-4-19　甲隧道左线维持亮度标准与测试结果对比

序号	照明段落	维持亮度/(cd/m^2)	测试结果/(cd/m^2)	是否满足维持亮度要求
1	入口段 1	144	201.88	是
2	入口段 2	72	95.01	是
3	过渡段 1	21.6	28.98	是
4	过渡段 2	7.2	11.76	是
5	中间段	4.5	7.28	是
6	出口段 1	13.5	17.10	是
7	出口段 2	22.5	26.22	是

表 8-4-20　甲隧道左线均匀度与测试结果对比

序号	照明段落	U_0	U_0 测试结果	U_1	U_1 测试结果	是否满足均匀度要求
1	入口段 1	0.4	0.961	0.6	0.995	是
2	入口段 2	0.4	0.962	0.6	0.996	是
3	过渡段 1	0.4	0.911	0.6	0.933	是
4	过渡段 2	0.4	0.941	0.6	0.951	是
5	中间段	0.4	0.928	0.6	0.958	是
6	出口段 1	0.4	0.927	0.6	0.952	是
7	出口段 2	0.4	0.934	0.6	0.972	是

表 8-4-21　甲隧道右线维持亮度标准与测试结果对比

序号	照明段落	维持亮度/(cd/m^2)	测试结果/(cd/m^2)	是否满足维持亮度要求
1	入口段 1	146.0	184.83	是
2	入口段 2	75.3	94.03	是
3	过渡段 1	22.2	26.14	是
4	过渡段 2	8.3	10.79	是
5	中间段	4.5	4.77	是
6	出口段 1	15.2	18.30	是
7	出口段 2	24.0	27.03	是

表 8-4-22　甲隧道右线均匀度与测试结果对比

序号	照明段落	U_0	U_0 测试结果	U_1	U_1 测试结果	是否满足均匀度要求
1	入口段 1	0.4	0.931	0.6	0.987	是
2	入口段 2	0.4	0.936	0.6	0.987	是
3	过渡段 1	0.4	0.918	0.6	0.973	是
4	过渡段 2	0.4	0.801	0.6	0.869	是
5	中间段	0.4	0.558	0.6	0.900	是
6	出口段 1	0.4	0.921	0.6	0.926	是
7	出口段 2	0.4	0.906	0.6	0.953	是

2. 乙隧道照明效果测试结果

关于换算系数的选择，根据《广东省高速公路隧道 LED 照明设计与施工技术指南》(暂定)的规定，统一水泥路面换算系数全部取值为 10。乙隧道测试结果见表 8-4-23～8-4-26。

表 8-4-23　乙隧道左线维持亮度标准与测试结果对比

序号	照明段落	维持亮度/(cd/m^2)	测试结果/(cd/m^2)	是否满足维持亮度要求
1	入口段 1	22.5	30.68	是
2	入口段 2	11.25	17.97	是
3	中间段	4.5	7.99	是
4	出口段 1	13.5	18.56	是
5	出口段 2	22.5	28.55	是

表 8-4-24　乙隧道左线均匀度与测试结果对比

序号	照明段落	U_0	U_0测试结果	U_l	U_l测试结果	是否满足均匀度要求
1	入口段 1	0.4	0.945	0.6	0.986	是
2	入口段 2	0.4	0.900	0.6	0.939	是
3	中间段	0.4	0.947	0.6	0.969	是
4	出口段 1	0.4	0.926	0.6	0.936	是
5	出口段 2	0.4	0.953	0.6	0.979	是

表 8-4-25　乙隧道右线维持亮度标准与测试结果对比

序号	照明段落	维持亮度/(cd/m^2)	测试结果/(cd/m^2)	是否满足维持亮度要求
1	入口段 1	22.3	35.25	是
2	入口段 2	11.6	14.52	是
3	中间段	8.7	8.79	是
4	出口段 1	15.2	21.18	是
5	出口段 2	24.0	26.69	是

表 8-4-26　乙隧道右线均匀度与测试结果对比

序号	照明段落	U_0	U_0测试结果	U_l	U_l测试结果	是否满足均匀度要求
1	入口段 1	0.4	0.851	0.6	0.960	是
2	入口段 2	0.4	0.878	0.6	0.972	是
3	中间段	0.4	0.512	0.6	0.887	是
4	出口段 1	0.4	0.869	0.6	0.909	是
5	出口段 2	0.4	0.858	0.6	0.970	是

3. 照明效果测试结论

甲、乙隧道测试结论为照明效果是合格的，满足设计文件要求，照明均匀性较好。

4. 用电量测试

项目组于 2013 年 10 月 30 日对甲、乙隧道左线、右线用电量进行实测，有功功率汇总结果如表 8-4-27 所示。

表 8-4-27　甲、乙隧道左线、右线实测功率对比

序号	照明类型	右线 LED 实测/kW	左线 LED 实测/kW	右线节省功率/kW	右线节能率/%
1	加强照明	16.745	24.1015	7.3565	30.52
2	基本照明	8.535	18.503	9.968	53.87
3	应急照明	13.735	13.57	−0.165	−1.22
4	汇总功率	39.015	56.1745	17.1595	30.55

甲、乙隧道左线、右线能耗汇总结果如表 8-4-28 所示。

表 8-4-28　甲、乙隧道左线、右线能耗对比

时间止	时间起	时间区间/h	能耗/（W·h）		右线节能量/（W·h）	右线节能率/%
			右线 LED 灯方案	左线 LED 灯方案		
17：00：00	9：00：00	8	312120	449396	137276	30.5
19：00：00	17：00：00	2	61285	88247.5	26962.5	30.6
21：00：00	19：00：00	2	48726.25	70171.375	21445.125	30.6
23：00：00	21：00：00	2	44540	64146	19606	30.6
5：00：00	23：00：00	6	82410	81420	−990	−1.2
7：00：00	5：00：00	2	52912.5	76196.75	23284.25	30.6
9：00：00	7：00：00	2	61285	88247.5	26962.5	30.6
	日总能耗		663278.75	917825.125	254546.375	27.7

由表 8-4-28 可知，依托工程右线基本照明采用低度照明较左线采用传统布灯方式节能达 27.7%。

8.4.5　项目理论能源消耗评估

按照能源消耗分析的内容，分别进行如下评估。

1. 甲、乙隧道初步设计高压钠灯方案与施工图设计 LED 灯方案对比

甲、乙隧道初步设计高压钠灯方案与施工图设计 LED 灯方案能源评估计算见表 8-4-29。

表 8-4-29　甲、乙隧道初步设计高压钠灯方案与施工图设计 LED 灯方案能源评估计算表

时间止	时间起	时间区间/h	能耗/(W·h)		右线节能量/(W·h)	右线节能率/%
			LED 灯方案	高压钠灯方案		
17：00：00	9：00：00	8	976640	1966416	989776	50.3
19：00：00	17：00：00	2	159288	299544	140256	46.8
21：00：00	19：00：00	2	95634	155499	59865	38.5
23：00：00	21：00：00	2	74416	107484	33068	30.8
5：00：00	23：00：00	6	84108	132354	48246	36.5
7：00：00	5：00：00	2	116852	203514	86662	42.6
9：00：00	7：00：00	2	159288	299544	140256	46.8
	日总能耗		1666226	3164355	1498129	47.3

从表 8-4-29 可以看出，甲、乙隧道施工图设计 LED 灯方案比初步设计高压钠灯方案日节约能耗 1498129W·h，节能率为 47.3%。

为了验证“基于交通流理论的公路隧道照明节能技术”应用于甲、乙隧道右线的节能效果，分别将左线与右线 LED 灯方案与高压钠灯方案对比如下。

甲、乙隧道左线初步设计高压钠灯方案与施工图设计 LED 灯方案能源评估计算见表 8-4-30。

表 8-4-30　甲、乙隧道左线初步设计高压钠灯方案与施工图设计 LED 灯方案能源评估计算表

时间止	时间起	时间区间/h	能耗/(W·h)		LED 灯方案节能量/(W·h)	LED 灯方案节能率/%
			LED 灯方案	高压钠灯方案		
17：00：00	9：00：00	8	546336	1040344	494008	47.5
19：00：00	17：00：00	2	91640	154744	63104	40.8
21：00：00	19：00：00	2	57932	75737.5	17805.5	23.5
23：00：00	21：00：00	2	46696	49402	2706	5.5
5：00：00	23：00：00	6	42528	68418	25890	37.8
7：00：00	5：00：00	2	69168	102073	32905	32.2
9：00：00	7：00：00	2	91640	154744	63104	40.8
	日总能耗		945940	1645463	699522.5	42.5

从表 8-4-30 可以看出，甲、乙隧道左线施工图设计 LED 灯方案比初步设计高压钠灯方案日节约能耗 699522.5W·h，节能率为 42.5%。

甲、乙隧道右线初步设计高压钠灯方案与施工图设计 LED 灯方案能源评估计算见表 8-4-31。

表 8-4-31 甲、乙隧道右线初步设计高压钠灯方案与施工图设计 LED 灯方案能源评估计算表

时间止	时间起	时间区间/h	能耗/(W·h)		LED 灯方案节能量/(W·h)	LED 灯方案节能率/%
			LED 灯方案	高压钠灯方案		
17：00：00	9：00：00	8	430304	926072	495768	53.5
19：00：00	17：00：00	2	67648	144800	77152	53.3
21：00：00	19：00：00	2	37702	79761.5	42059.5	52.7
23：00：00	21：00：00	2	27720	58082	30362	52.3
5：00：00	23：00：00	6	41580	63936	22356	35.0
7：00：00	5：00：00	2	47684	101441	53757	53.0
9：00：00	7：00：00	2	67648	144800	77152	53.3
	日总能耗		720286	1518893	798606.5	52.6

从表 8-4-31 可以看出，甲、乙隧道右线施工图设计 LED 灯方案比初步设计高压钠灯方案日节约能耗 798606.5W·h，节能率为 52.6%。

2. 甲、乙隧道施工图设计 LED 灯方案左线与右线对比

为了验证“基于交通流理论的公路隧道照明节能技术”应用效果，对于同是采用 LED 照明方案的左线与右线对比能源评估计算见表 8-4-32。

表 8-4-32 甲、乙隧道施工图设计 LED 灯方案左、右线能源评估计算表

时间止	时间起	时间区间/h	能耗/(W·h)		右线节能量/(W·h)	右线节能率/%
			右线 LED 灯方案	左线 LED 灯方案		
17：00：00	9：00：00	8	430304	546336	116032	21.2
19：00：00	17：00：00	2	67648	91640	23992	26.2
21：00：00	19：00：00	2	37702	57932	20230	34.9
23：00：00	21：00：00	2	27720	46696	18976	40.6
5：00：00	23：00：00	6	41580	42528	948	2.2
7：00：00	5：00：00	2	47684	69168	21484	31.1
9：00：00	7：00：00	2	67648	91640	23992	26.2
	日总能耗		720286	945940	225654	23.9

从表 8-4-32 可以看出，甲、乙隧道施工图设计 LED 灯方案右线比左线日节约能耗 225654W·h，节能率为 23.9%。

8.4.6 项目实测能源消耗评估

以甲、乙隧道左、右线 2013 年 10 月 30 日现场能耗实测数据为基础，左、右线能耗对比如表 8-4-33 所示。

表 8-4-33　甲、乙隧道左、右线能耗实测对比

时间止	时间起	时间区间/h	能耗/（W·h）		右线节能量/（W·h）	右线节能率/%
			右线 LED 灯方案	左线 LED 灯方案		
17：00：00	9：00：00	8	312120	449396	137276	30.55
19：00：00	17：00：00	2	61285	88247.5	26962.5	30.55
21：00：00	19：00：00	2	48726.25	70171.375	21445.1	30.56
23：00：00	21：00：00	2	44540	64146	19606	30.56
5：00：00	23：00：00	6	82410	81420	−990	−1.22
7：00：00	5：00：00	2	52912.5	76196.8	23284.3	30.56
9：00：00	7：00：00	2	61285	88247.5	26962.5	30.55
	日总能耗		663278.75	917825.1	254546.4	27.73

从表 8-4-33 可以看出，甲、乙隧道 LED 右线比左线日节约能耗 254546.4W·h，节能率为 27.73%。

1. 照明布灯方式优化问题

目前国内外的公路隧道布灯大致有以下三种基本方式，即双侧对称布置、双侧交错布置、中间布置，灯具的布置方式如图 8-4-1 所示。

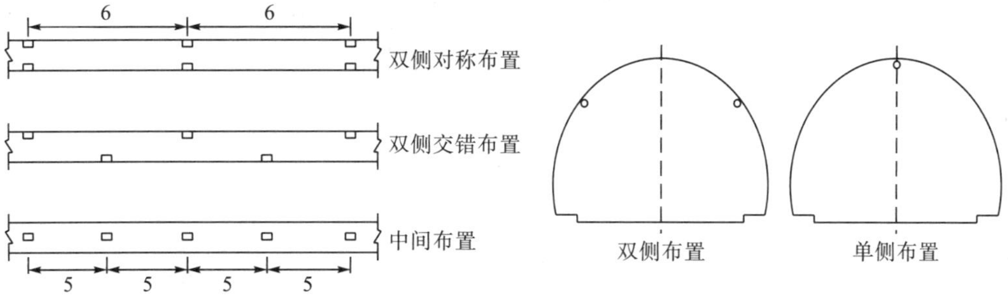

图 8-4-1　国内外公路隧道布灯的三种基本方式

传统布灯方法的共同特点可以归纳为：传统照明隧道内部设置有入口段和中间段，甚至还设置有过渡段和出口段，但其布灯方式主要以中间段为基础，都设置有基本照明灯组，布灯方式都是在隧道的圆弧顶壁上安装照明灯，有的安装在圆弧顶壁的两侧，有的安装在圆弧顶壁的顶端，而公路隧道的高度往往在 6～7m，相应照明灯距离地面的高度也达到了 5.2m 以上。

传统布灯方法存在的主要问题可以归纳为：照明灯布灯过高加大了灯组的维修难度；一旦发生火灾，烟雾上窜，很容易就遮挡住 5m 以上的灯组，灯组无法对逃生路径进行照明，灯组过高，光路过长，会造成路面光照强度的损失，增加路灯的能耗。

2. 适合LED灯具特点的照明布线方法问题

传统的公路隧道照明灯具采用高压钠灯，布置方式采用回路法进行布灯设计和分级控制，灯具配线回路较多，一般入口段采用5个回路，如图8-4-2所示；过渡段、出口段采用4个回路，如图8-4-3和图8-4-4所示；基本照明采用三个回路(夜间、深夜、应急)，如图8-4-5所示。

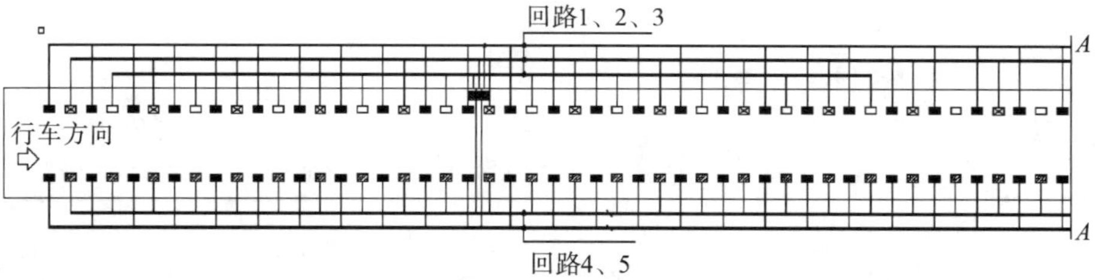

图8-4-2　高压钠灯入口段照明典型布线图

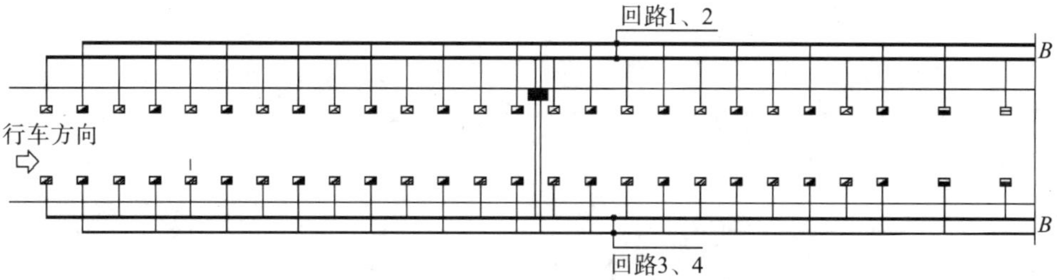

图8-4-3　高压钠灯过渡段照明典型布线图

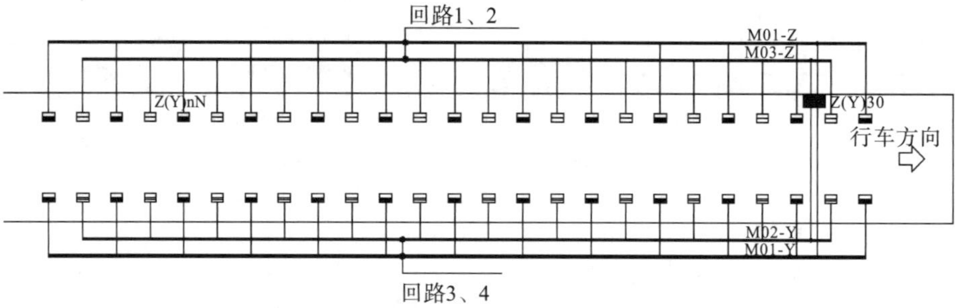

图8-4-4　高压钠灯出口段照明典型布线图

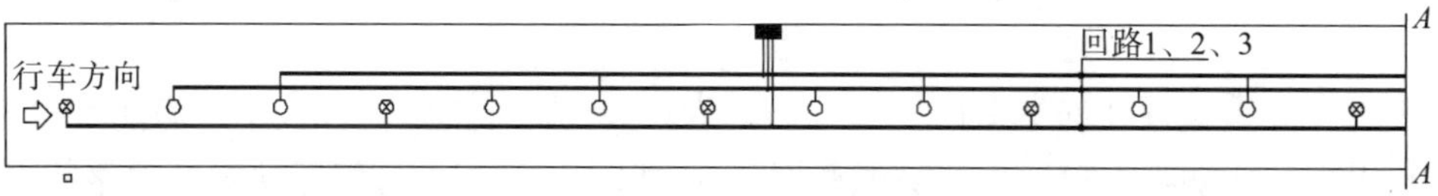

图8-4-5　高压钠灯基本照明典型布线图

传统布线方法存在的主要问题：适用于无法进行调光控制的高压钠灯，但不能充分发挥连续调光光源(如 LED 灯)可调光的特点，照明控制方式采用回路分级控制方式，最多只能分到 6 级，即白天 4 级，夜晚 2 级，控制系统根据检测到的洞外亮度，调整各回路的开关状态，这种简单分级的控制方式需要敷设相当数量的电缆，给工程施工和后期维护带来不便，而且不能有效利用和节约电能。此种方法的最大缺点是需要的电缆多、灯具多，从而造成前期投资大、运营期无功损耗大。

在目前的公路隧道照明布线技术方面，对于如何能够最大限度地发挥可连续调光光源(如 LED 灯)的照明优势，还没有一种成熟的采用可连续调光灯具的汽车交通地下通道照明布线方法。

为了得到光效利用率高的照明布灯方法，课题组在招商局重庆交通科研设计院隧道国家重点实验室开展了实体隧道不同布灯方法的试验。该隧道是国内交通行业重点试验隧道，标准 2 车道，长 200m、宽 9.8m、高 7.14m。隧道内测试环境如图 8-4-6 所示。

图 8-4-6　实体隧道测试环境

8.5　照明布灯方法优化试验与结果分析

8.5.1　试验目的

将公路隧道照明分为隧道环境照明和路面照明两个部分，依据创新的照明理论和光学理论，通过隧道照明灯具布灯实体隧道试验分析，提出光效利用率高的照明布灯方法。

8.5.2　试验内容

隧道照明灯具布灯实体隧道试验共分三类。

第一类：灯具在隧道侧壁双侧交错布置，布灯高度为 5.2m，如图 8-5-1 所示，安装平面如图 8-5-2 所示，*a* 为布灯间距。

第二类：灯具在隧道侧壁双侧交错布置，布灯高度为 2～3m，如图 8-5-3 所示，安装平面图如图 8-5-2 所示。

第三类：采用普通 LED 照明灯对第一类和第二类布灯方式进行控制效果试验。对低度照明专用灯具(第一代样机)进行单灯 2～5.2m 试验和第二类试验。

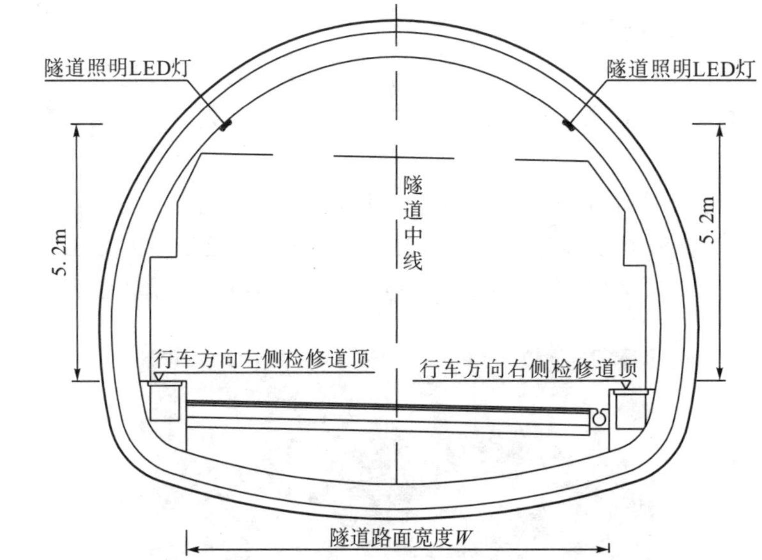

图 8-5-1　双侧交错 5.2m 高度安装示意图

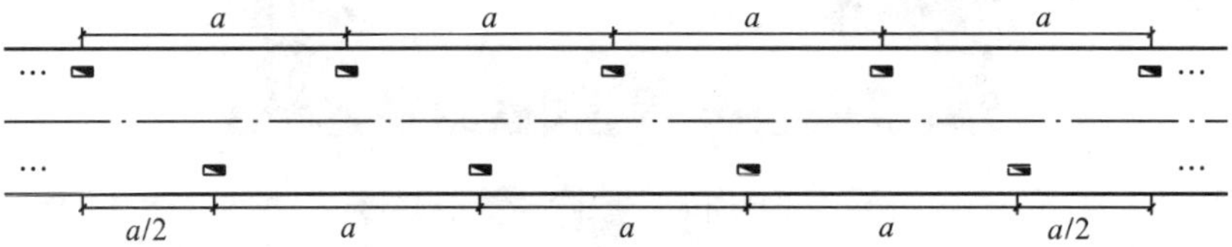

图 8-5-2　隧道照明 LED 灯安装平面图

▬ 代表隧道照明LED灯

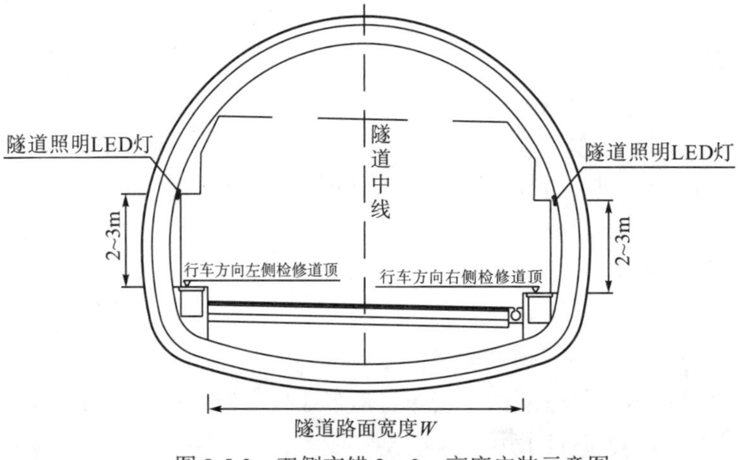

图 8-5-3　双侧交错 2～3m 高度安装示意图

8.5.3　测试方法

LED 隧道照明灯在隧道侧壁双侧交错布置，隧道试验照明区域布灯长度为 50m，在此照明区域的中间选取一个灯具间距的范围作为测试区域，在该测试区域内，画出 11 个点，利用照度计进行照度测试。

8.5.4　试验灯具

试验采用两种灯具，一种是重庆星河电气有限公司开发的公路隧道普通 LED 照明灯，如图 8-5-4 所示；另一种是招商局重庆交通科研设计院有限公司自主开发的低度照明专用灯具(第一代样机)，如图 8-5-5 所示。灯具的技术参数分别见表 8-5-1 和表 8-5-2。

图 8-5-4　公路隧道普通 LED 照明灯

图 8-5-5　低度照明专用灯具(第一代样机)

表 8-5-1　公路隧道普通 LED 照明灯技术参数

参数	取值	参数	取值	
规格型号	A060	电源电压	AC 220V	
工作频率	50/60Hz	功率因数	≥0.85	
额定工作电流	350mA	防触电保护类型	Ⅰ类	
初始光效	≥75lm/W	光通维持率	3000h	≥96%
相关色温	5000～5600K		6000h	≥92%
显色指数 R_a	≥70		10000h	≥86%
光衰减率	3 年光衰减率≤30%	发光角度	(120°×80°)/(60°×90°)	
防护等级	IP65	环境温度	−20～55℃	
连接方式	Z 型	存储温度	−20～60℃	
环境相对湿度	≤90%	外形材料	铝合金	
使用寿命	≥30000h	产品质量	7kg	
外形尺寸(长×宽×高)	605mm×257mm×110mm	安装角度	−35°～35°	
安装尺寸	512±25mm			

表 8-5-2　低度照明专用灯具(第一代样机)技术参数

参数	取值	参数	取值
输入电压	AC176～264V	频率范围	47～63Hz
总谐波失真	＞0.95	光效	＞120lm/W
初始光通量	＞4200lm	电源效率	＞88%
适用环境温度	−25～50℃	工作相对湿度	10%～90%
色温	4000～5000K	显色指数	R_a＞75
配光曲线	矩形光斑	投射角度	120°×90°＋120°×90°，其中 120°为行车方向
外观结构	双体灯	外壳材质	铝合金
电源位置	外置	防护等级	IP65
灯具寿命	＞30000h	调光范围	0～100%
尺寸(长×宽×高)	800mm×240mm×124mm		

8.5.5　试验结果分析

1. 公路隧道普通 LED 照明灯不同安装方式测试结果分析

安装高度为 5.2m 的公路隧道普通 LED 照明灯安装方式如表 8-5-3 所示。

表 8-5-3　安装高度为 5.2m 的公路隧道普通 LED 照明灯安装方式

布灯方式	灯具高度	单侧间距	安装角度
双侧交错	5.2m	8m	56°

安装高度为 5.2m 的公路隧道普通 LED 照明灯测试数据如表 8-5-4 所示。

表 8-5-4　安装高度为 5.2m 的公路隧道普通 LED 照明灯测试数据(单位：lx)

位置	测试点 1	测试点 2	测试点 3	测试点 4	测试点 5	测试点 6	测试点 7	测试点 8	测试点 9	测试点 10	测试点 11
右侧墙高 1.5m	60.6	61.3	61.1	65.0	67.4	69.4	68.0	66.9	65.1	63.4	64.7
右路缘	114.5	116.7	108.9	96.4	87.8	96.1	93.3	104.0	114.5	120.0	123.3
右 1/4 路面	160.5	160.0	152.2	156.3	169.1	171.5	168.0	157.1	153.0	160.5	162.0
路面中心	160.1	167.2	169.0	171.0	162.8	157.6	160.0	165.8	170.2	162.8	160.3
左 1/4 路面	162.0	168.0	162.1	152.2	148.8	152.1	156.3	156.2	157.7	148.8	150.2
左路缘	90.3	88.5	94.7	106.0	114.7	112.6	111.4	107.9	97.2	89.2	98.7
左侧墙高 1.5m	65.8	64.1	61.9	60.8	59.3	59.4	61.5	68.7	64.8	64.0	63.4

安装高度为 5.2m 的公路隧道普通 LED 照明灯测试数据结果如表 8-5-5 所示。

表 8-5-5　安装高度为 5.2m 的公路隧道普通 LED 照明灯测试数据结果

平均照度/lx	最小照度/lx	平均亮度/(cd/m^2)	纵向均匀度	总均匀度
137.71	87.8	7.87	0.92	0.64

安装高度为 3m 的公路隧道普通 LED 照明灯安装方式如表 8-5-6 所示。

表 8-5-6　安装高度为 3m 的公路隧道普通 LED 照明灯安装方式

布灯方式	灯具高度	单侧间距	安装角度
双侧交错	3m	8m	45°

安装高度为 3m 的公路隧道普通 LED 照明灯测试数据如表 8-5-7 所示。

表 8-5-7　安装高度为 3m 的公路隧道普通 LED 照明灯测试数据(单位：lx)

位置	测试点 1	测试点 2	测试点 3	测试点 4	测试点 5	测试点 6	测试点 7	测试点 8	测试点 9	测试点 10	测试点 11
右侧墙高 1.5m	61.9	51.5	49.2	46.7	43.3	41.5	41.6	43.5	46.1	55.7	64.0
右路缘	329.0	289.0	257.0	160.4	61.1	36.4	71.0	170.8	234.0	294.0	335.0
右 1/4 路面	189.9	182.7	158.6	134.2	127.1	138.7	129.7	135.3	159.9	186.4	195.1
路面中心	133.2	129.1	120.8	119.3	128.7	138.7	133.5	126.2	124.9	133.3	137.5
左 1/4 路面	128.3	120.8	125.4	141.8	170.7	179.5	179.5	162.6	134.7	125.7	140.2
左路缘	35.6	41.2	119.8	202.0	258.0	306.0	291.0	232.0	180.0	103.4	41.2
左侧墙高 1.5m	41.7	43.7	43.1	48.4	57.6	62.0	58.6	51.6	47.0	47.2	44.2

安装高度为 3m 的公路隧道普通 LED 照明灯测试数据结果如表 8-5-8 所示。

表 8-5-8　安装高度为 3m 的公路隧道普通 LED 照明灯测试数据结果

平均照度/lx	最小照度/lx	平均亮度/(cd/m^2)	纵向均匀度	总均匀度
160.29	35.6	9.16	0.87	0.22

安装高度为 3m 和 5.2m 的公路隧道普通 LED 照明灯测试结果对比见表 8-5-9。

表 8-5-9　安装高度为 3m 和 5.2m 的公路隧道普通 LED 照明灯测试数据结果对比

平均照度/lx	最小照度/lx	平均亮度/(cd/m^2)	纵向均匀度	总均匀度
1.16	0.41	1.16	0.94	0.34

从上述数据可知，虽然根据光线照到路面的照度与距离的平方成反比的定律，平均亮度提升到 1.16 倍，试验采用一样的灯具，即光效提升 16%。但是总均匀度降低至原来的 0.34，不能满足隧道照明要求，因此要利用降低灯具安装高度来得到光效利用率高的照明安装方式需要对灯具进行专业的配光设计。

2. 自主开发的低度照明专用灯具(第一代样机)单灯不同安装高度试验结果分析

自主开发的低度照明专用灯具测试工况如表 8-5-10 所示。

表 8-5-10　自主开发的低度照明专用灯具测试工况

工况	安装高度	安装角度	
		上排角度	下排角度
工况 1	2m	37°	17°
工况 2	2.5m	38°	24°
工况 3	3m	38°	28°
工况 4	3.5m	38°	32°
工况 5	4m	48°	34°
工况 6	4.5m	49°	37°
工况 7	5.2m	52°	42°

各工况下的测试结果如表 8-5-11～表 8-5-17 所示。

表 8-5-11　自主开发的低度照明专用灯具工况 1 测试结果(单位：lx)

位置	灯具右侧照明范围数据汇总			灯具全部照明范围测试数据汇总		
	测点照度合计	路面照度合计	墙面照度合计	测点照度合计	路面照度合计	墙面照度合计
右侧墙高 1.5m	191.1	—		372.6	—	
右路缘	70.4		—	136.6		—

续表

位置	灯具右侧照明范围数据汇总			灯具全部照明范围测试数据汇总		
	测点照度合计	路面照度合计	墙面照度合计	测点照度合计	路面照度合计	墙面照度合计
右 1/4 路面	102.2	1255.2	—	197.9	2337.4	—
路面中心	187.9		—	360		—
左 1/4 路面	393.4		—	742.6		—
左路缘	501.3		—	900.3		—
左侧墙高 1.5m	53.1	—	244.2	93.9	—	466.5

表 8-5-12　自主开发的低度照明专用灯具工况 2 测试结果(单位：lx)

位置	灯具右侧照明范围数据汇总			灯具全部照明范围测试数据汇总		
	测点照度合计	路面照度合计	墙面照度合计	测点照度合计	路面照度合计	墙面照度合计
右侧墙高 1.5m	191.7	—		373.9	—	
右路缘	81.7	1345.8	—	159.2	2539.2	—
右 1/4 路面	128.5		—	249.1		—
路面中心	236.8		—	455		—
左 1/4 路面	426.7		—	807.8		—
左路缘	472.1		—	868.1		—
左侧墙高 1.5m	34.4	—	226.1	63.1	—	437

表 8-5-13　自主开发的低度照明专用灯具工况 3 测试结果(单位：lx)

位置	灯具右侧照明范围数据汇总			灯具全部照明范围测试数据汇总		
	测点照度合计	路面照度合计	墙面照度合计	测点照度合计	路面照度合计	墙面照度合计
右侧墙高 1.5m	174.1	—		338.8	—	
右路缘	94.4	1255.4	—	184	2383.5	—
右 1/4 路面	147.6		—	286.4		—
路面中心	261.2		—	503.1		—
左 1/4 路面	412.9		—	785.5		—
左路缘	339.3		—	624.5		—
左侧墙高 1.5m	31.7	—	205.8	58.3	—	397.1

表 8-5-14　自主开发的低度照明专用灯具工况 4 测试结果(单位：lx)

位置	灯具右侧照明范围数据汇总			灯具全部照明范围测试数据汇总		
	测点照度合计	路面照度合计	墙面照度合计	测点照度合计	路面照度合计	墙面照度合计
右侧墙高 1.5m	189.9	—		370.3	—	
右路缘	106.0	1273.6	—	206.1	2433.3	—
右 1/4 路面	168.1		—	325.9		—
路面中心	287.8		—	555.7		—
左 1/4 路面	389.5		—	742.1		—

续表

位置	灯具右侧照明范围数据汇总			灯具全部照明范围测试数据汇总		
	测点照度合计	路面照度合计	墙面照度合计	测点照度合计	路面照度合计	墙面照度合计
左路缘	322.2		—	603.5		—
左侧墙高 1.5m	30.1	—	220.0	57.1	—	427.4

表 8-5-15　自主开发的低度照明专用灯具工况 5 测试结果(单位：lx)

位置	灯具右侧照明范围数据汇总			灯具全部照明范围测试数据汇总		
	测点照度合计	路面照度合计	墙面照度合计	测点照度合计	路面照度合计	墙面照度合计
右侧墙高 1.5m	179.7	—		350.4	—	
右路缘	175.1		—	343.9		—
右 1/4 路面	165.9		—	321.2		—
路面中心	292.5	1336.0	—	565	2565.1	—
左 1/4 路面	386.4		—	737.9		—
左路缘	316.1		—	597.1		—
左侧墙高 1.5m	33.4	—	213.1	63.4	—	413.8

表 8-5-16　自主开发的低度照明专用灯具工况 6 测试结果(单位：lx)

位置	灯具右侧照明范围数据汇总			灯具全部照明范围测试数据汇总		
	测点照度合计	路面照度合计	墙面照度合计	测点照度合计	路面照度合计	墙面照度合计
右侧墙高 1.5m	176.0	—		343.3	—	
右路缘	127.0		—	247.8		—
右 1/4 路面	199.1		—	387.5		—
路面中心	302.4	1272.5	—	585	2448.3	—
左 1/4 路面	373.8		—	715.9		—
左路缘	270.2		—	512.1		—
左侧墙高 1.5m	23.9	—	199.9	44.8	—	388.1

表 8-5-17　自主开发的低度照明专用灯具工况 7 测试结果(单位：lx)

位置	灯具右侧照明范围数据汇总			灯具全部照明范围测试数据汇总		
	测点照度合计	路面照度合计	墙面照度合计	测点照度合计	路面照度合计	墙面照度合计
右侧墙高 1.5m	206.1	—		403.3	—	
右路缘	143.1		—	279.3		—
右 1/4 路面	218.0		—	424.5		—
路面中心	312.3	1193.5	—	608.7	2300.9	—
左 1/4 路面	312.3		—	598		—
左路缘	207.8		—	394.5		—
左侧墙高 1.5m	26.5	—	232.6	50.7	—	454

对以上 7 种工况进行平均亮度比较得出表 8-5-18，具体如图 8-5-6～图 8-5-8 所示。

表 8-5-18　各工况单灯照射面积、平均照度、照到路面实际光通量

工况	照射面积/m^2	平均照度/lx	照到路面实际光通量/lm
工况 1	208.5	7.7	1605.45
工况 2	210.94	8.0	1687.52
工况 3	207.19	10.3	2134.057
工况 4	247.88	7.3	1809.524
工况 5	262.69	6.9	1812.561
工况 6	252	6.6	1663.2
工况 7	283.69	5.7	1617.033

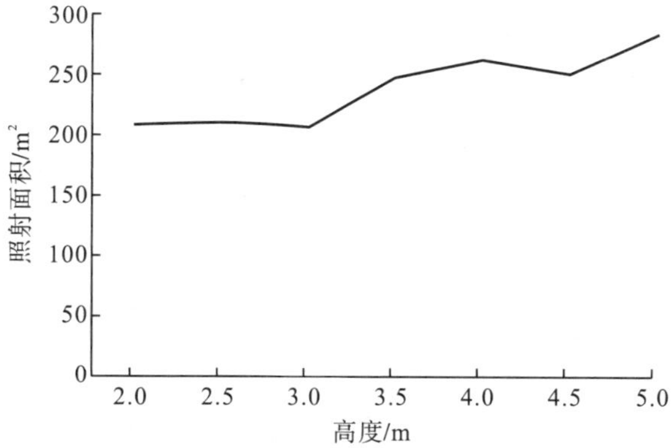

图 8-5-6　各工况单灯照射面积变化

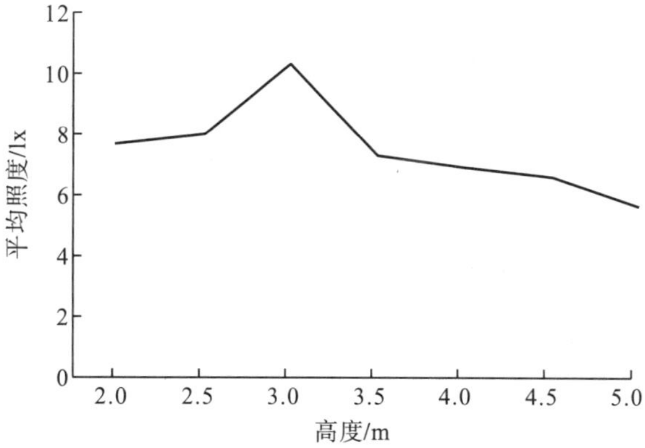

图 8-5-7　各工况单灯平均照度变化

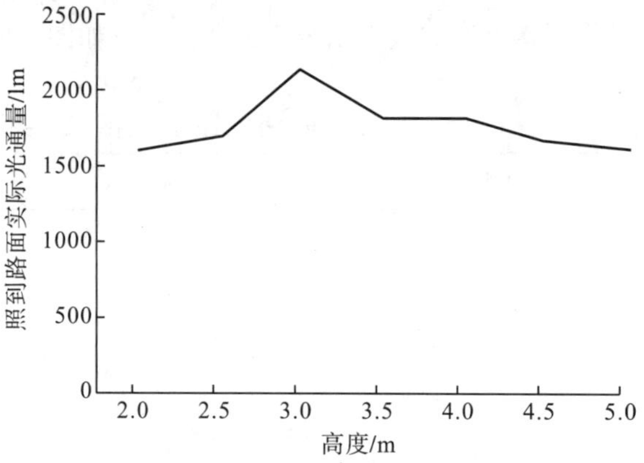

图 8-5-8　各工况单灯照到路面实际光通量变化

通过单灯 7 个工况的试验数据分析，可以得出安装高度为 3m 时，照到路面实际光通量最高，试验采用一样的灯具，即安装高度为 3m 光效最佳。对安装高度为 3m 和 5.2m 的自主开发的低度照明专用灯具(第一代样机)测试对比结果如表 8-5-19 所示。

表 8-5-19　高度为 3m 和 5.2m 的自主开发的低度照明专用灯具(第一代样机)测试对比

安装高度	照射路面实际光通量	对比系数
3m	2134.057	1.32
5.2m	1617.033	1

从上述数据可知，安装高度为 3m 和 5.2m 对比，照到路面实际光通量比为 1.32∶1，试验采用一样的灯具，即光效提升 32%。

3. 自主开发的低度照明专用灯具(第一代样机)3m 高度布灯试验

为验证 3m 高度布灯的照明效果，进行多灯 3m 高度试验。灯具安装方式见表 8-5-20，测试数据见表 8-5-21，测试结果见表 8-5-22。

表 8-5-20　安装高度为 3m 的灯具安装方式

布灯方式	灯具高度	单侧间距	安装角度	
			上排	下排
双侧交错	3m	8m	42°	29°

表 8-5-21　安装高度为 3m 的低度照明专用灯具测试数据(单位：lx)

位置	测试点 1	测试点 2	测试点 3	测试点 4	测试点 5	测试点 6	测试点 7	测试点 8	测试点 9	测试点 10	测试点 11
右侧墙高 1.5m	24	23	23	23	23	23	23	23	24	25	25
右路缘	59	57	51	44	39	37	38	42	48	53	55

续表

位置	测试点 1	测试点 2	测试点 3	测试点 4	测试点 5	测试点 6	测试点 7	测试点 8	测试点 9	测试点 10	测试点 11
右 1/4 路面	57	57	55	53	51	51	50	52	54	51	52
路面中心	50	51	50	50	50	50	50	50	50	50	50
左 1/4 路面	53	53	54	55	55	54	53	56	54	53	52
左路缘	38	41	46	52	57	59	55	49	42	38	36
左侧墙高 1.5m	22	23	23	23	24	24	24	23	23	22	22

表 8-5-22　安装高度为 3m 的低度照明专用灯具测试结果

平均照度/lx	最小照度/lx	平均亮度/(cd/m^2)	纵向均匀度	总均匀度
50.15	35.8	4.36	0.98	0.71

结合单灯试验和多灯试验结果可知，招商局重庆交通科研设计院有限公司自主开发的灯具，安装高度为 3m 比安装高度为 5.2m 光效提升 32%，照明纵向均匀度和总均匀度满足规范要求，应用招商局重庆交通科研设计院有限公司自主开发的灯具进行创新布灯方式，可满足隧道照明的需要。

8.6　适合 LED 特点的干线法布线

采用 LED 灯作为公路隧道照明光源可以实现亮度无级控制，即 LED 灯的工作电流在稳定范围内可以调节，这种无级调光方式只需要 2 个回路，即基本照明回路和加强照明回路，它可使灯具亮度根据需要任意调整，公路隧道内需要多亮，照明灯具就能提供多大的亮度，这种控制方式回路少，系统设计简单，特别是能够根据需要提供亮度，节约电能，将此种布线方法称为干线法。干线法布线典型图如图 8-6-1 所示。

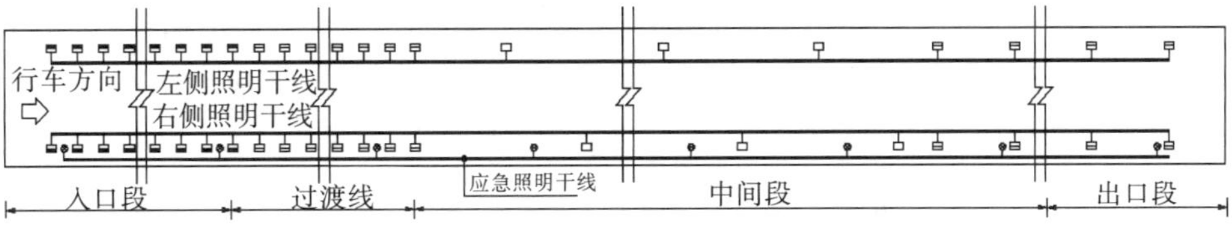

图 8-6-1　LED 灯具干线法布线典型图

8.6.1　适合 LED 灯具特点的干线法布线实施步骤

适合 LED 灯具特点的干线法布线方法实施包括以下步骤：

(1) 获取地下通道设计速度 v、地下通道长度 L、洞外亮度 L_{20}、车道数 n、路面宽度

w、灯具养护系数 M、灯具利用系数 η、灯具额定光通量 Φ、高峰小时地下通道交通量 Q、平均照度与平均亮度的换算系数、入口段坡度、洞口内净高 h。

(2) 根据现行适用的地下通道照明标准规范，确定入口段、过渡段、中间段和出口段的段落长度和各段落需要的亮度。

(3) 根据现行适用的地下通道照明标准规范和路面宽度 w、灯具养护系数 M、灯具利用系数 η、灯具额定光通量 Φ，确定入口段、过渡段、中间段和出口段需要的照明功率 $W_{入}$、$W_{过}$、$W_{中}$和 $W_{出}$。

(4) 采用双电缆分段布线方式，其中一条电缆作为中间段布灯供能电缆，在中间段布灯供能电缆上，按照中间段照明需求，选取灯具功率，沿整个地下通道布灯，布灯间距按照现行地下通道照明标准规范计算得到。

(5) 另一条电缆作为其余段布灯供能电缆，在其余段布灯供能电缆上，沿整个地下通道布灯，包括以下子步骤。

(5.1) 计算入口段已经按照中间段照明需求布灯后所需要的照明功率，该照明功率为 $W_{入}-W_{中}$，然后选取入口段灯具功率，布灯间距按照现行的地下通道照明标准规范计算，根据布灯间距进行入口段布灯。

(5.2) 计算过渡段已经按照中间段照明需求布灯后所需要的照明功率，该照明功率为 $W_{过}-W_{中}$，然后选取过渡段灯具功率，布灯间距按照现行的地下通道照明标准规范计算，根据布灯间距进行过渡段布灯。

(5.3) 计算出口段已经按照中间段照明需求布灯后所需要的照明功率，该照明功率为 $W_{出}-W_{中}$，然后选取出口段灯具功率，布灯间距按照现行的地下通道照明标准规范计算，根据布灯间距进行出口段布灯。

8.6.2　应用干线法布线的 LED 灯具要求分析

应用干线法布线的可调光照明灯具，考虑到调光的灵活性，避免了回路设计法中电缆的浪费，中间段布灯供能电缆上连接的灯具兼做应急照明使用，中间段布灯供能电缆接入应急电源，正常时由市电供电，当市电中断时，由应急电源(ESP)供电；当正常电源因故断电时，应急电源应自动投入工作，供电转换时间应小于等于 5s，供电持续时间大于等于 30min。为此，基本照明应用的灯具除满足普通 LED 灯具要求，还应满足应急照明 LED 灯具要求。

1. 普通 LED 灯具要求

1) 一般性要求

模块化 LED 隧道灯、部分模块化 LED 隧道灯和整体式 LED 隧道灯三者都应符合表 8-6-1 规定的一般性技术要求。

表 8-6-1　LED 隧道灯一般性技术要求

编号	项目	技术要求
1	工作环境条件	工作温度为–25～55℃、相对湿度 5%～100%、大气压 66～108kPa 条件下正常启动和点燃
2	安全要求	LED 隧道灯的安全要求应符合《道路与街路照明灯具安全要求》(GB 7000.5—2005)的规定
3	外观质量	灯具表面应可防污物堆积和便于清洗，无损伤、变形、涂层剥落，透光材料应无气泡、无明显划痕和裂纹等缺陷
4	外壳材料	采用防护等级不小于 IP65 优质型灯具，硅橡胶密封；灯罩应采用热稳定性高的安全钢化玻璃；反射器采用经氧化处理的纯铝板
5	电源接线	内部配线在工作温度范围内应具有热稳定性，外部配线进口应密封以防进入水气
6	噪声	距离灯具 1m 小于或等于 55dB(A)
7	外形尺寸	LED 隧道灯的外形尺寸应根据散热需求确定符合制造商的规定
8	安装支架	支撑件均应采用内外热浸锌表面防腐、喷塑处理。热浸锌层厚度≥86μm，喷塑应采用优质户外纯聚酯塑粉，厚度≥80μm。外露线夹、螺钉和其他固定物应由适应工作环境条件的不锈材料制成。灯具应具有回转结构，回转轴在灯具中心上
9	外壳打开方式	前开门式
10	颗粒物与油烟免黏附性强	承诺实际工程条件下，正常工作的年最大维护次数≤2 次/年
11	自动检测和调光控制功能	具有在线自动检测 LED 灯工作状态并自动反馈功能和自动调光控制功能

2)光度学性能要求

模块化 LED 隧道灯、部分模块化 LED 隧道灯和整体式 LED 隧道灯三者都应符合表 8-6-2 规定的光度学性能要求。

表 8-6-2　LED 隧道灯光度学性能要求

编号	项目	技术要求	
1	配光曲线	非对称(蝙蝠翼形)	
2	出光效率	≥80%	
3	功率因数	≥0.95	
4	包含电器部分功率在内的灯具照射到路面的平均光效	≥75lm/W	
5	灯具(含电源)功率与光源功率比	≤1.1	
6	在隧道内正常环境温度条件下灯具温升	≤25℃	
7	在隧道内正常环境温度、光衰减率不大于30%的条件下的使用寿命	≥30000h	
8	光通量维持率	2000h	≥98%
		5000h	≥97%
9	颜色维持特性	产品最低流明维护测试周期(6000h)内的色度变化在 CIE 1976($L{\cdot}a{\cdot}b$)色度图上在 0.007 之内	

3）结构性能要求

模块化 LED 隧道灯、部分模块化 LED 隧道灯和整体式 LED 隧道灯三者都应符合表 8-6-3 规定的结构性能要求。

表 8-6-3　LED 隧道灯结构性能要求

编号	项目	技术要求
1	抗冲击性能	≥6J
2	腐蚀与老化	满足 WF1
3	防尘和防水	至少满足 IP65
4	散热	工作结温≤65℃

4）电气性能要求

模块化 LED 隧道灯、部分模块化 LED 隧道灯和整体式 LED 隧道灯三者都应符合表 8-6-4 规定的结构性能要求。

表 8-6-4　LED 隧道灯电气性能要求

编号	项目	技术要求
1	电气保护类别	I 类
2	湿态介电强度	3000V、50Hz、1min
3	湿态绝缘电阻	＞2MΩ

5）电磁兼容性要求

模块化 LED 隧道灯、部分模块化 LED 隧道灯和整体式 LED 隧道灯三者都应符合表 8-6-5 规定的电磁兼容性要求。

表 8-6-5　LED 隧道灯电磁兼容性要求

编号	项目	技术要求
1	输入电流谐波	符合 GB 17625.1—2012 的规定
2	无线电骚扰特性	符合 GB/T 17743—2017 的规定
3	电磁兼容抗扰度	符合 GB/T 18595—2014 的规定

2. 应急照明 LED 灯具的特殊要求

应急照明灯具除满足 LED 隧道灯一般性技术要求，还应满足表 8-6-6 和表 8-6-7 的要求。

表 8-6-6　应急照明灯具应耐受气候条件下的各项试验

序号	试验名称	试验参数	试验条件	工作状态
1	高温试验	温度	55±2℃	主电状态
		持续时间	16h	
2	低温试验	温度	0±1℃	主电状态
		持续时间	24h	
3	恒定湿热试验	相对湿度	90%～95%	主电状态
		温度	40±2℃	
		持续时间	4 天	

表 8-6-7　应急照明灯具应能耐受机械环境条件下的各项试验

序号	试验名称	试验参数	试验条件	工作状态
1	振动(正弦)试验	频率循环范围	10～55Hz	非工作状态
		加速幅值	0.5g	
		扫描速率	1 倍频程/min	
		每个轴线循环扫描次数	20	
		振动方向	X、Y、Z	
2	冲击试验	加速度 g	100～20m*	非工作状态
		脉冲持续时间	11ms	
		冲击次数	3 个面，3 次	
		波形	半正弦波	

*m 为试样的质量(kg)。

8.6.3　干线法布线与回路法布线的相同点分析

一般来说，无论干线法布线，还是回路法布线，其供配电系统设计在设计原则、负荷分级、供电方式、高/低压主接线方式、应急电源构成、电能计量等几个方面是一致的。

1. 设计原则

隧道照明布线设计应符合以下原则：

(1) 隧道供配电系统应遵循安全、可靠、经济的设计原则，确定合理的供电方案。隧道供电设计应结合隧道通风、照明、消防、监控系统的分期实施方案，一次规划设计、分期实施，并结合隧道施工期间的用电情况做到“永临结合”。

(2) 隧道动力、照明的供电分别由供电系统中独立回路配出，以减少动力设备的启动对照明系统的影响。

(3) 对隧道照明和交通监控等一级负荷中的特别重要负荷，设 UPS 和 EPS 进行供电。

(4) 设备选型应优先选用技术先进、成熟并经过类似工作环境下长期进行考验、性能稳定的设备。

2. 负荷分级

根据隧道用电负荷的用途及重要性，负荷分为三级。

一级负荷：隧道内应急照明、电光标志、监控设施、消防加压水泵、基本照明、排烟风机。

二级负荷：风机(除作为防灾排烟一级负荷以外的其他风机)、加强照明。

三级负荷：隧道其他电力负荷。

3. 供电方式

1) 长度 $L \leqslant 1000$m 隧道的供电方式

采用 10kV 单市电源+EPS 供电。

箱式变电站引入一路可靠的 10kV 电源，由高压电缆引入高压开关柜，高压系统采用环网终端进线的接线方式。箱式变电站内设置一台 EPS，市电故障的状态下，由 EPS 向隧道内的应急照明、监控设备等重要负荷供电。箱式变电站内设一台干式变压器。

2) 长度 $L>1000$m 隧道的供电方式

采用 10kV 单市电源+柴油发电机组+EPS+UPS 供电。

(1) 变电所。

由当地供电部门提供一路可靠的 10kV 架空线路，经终端杆由高压电缆引入变电所 10kV 母线，作为变电所的主电源。为保证变电所在市电失电时仍能为重要负荷供电，配备柴油发电机组作为第二电源为隧道一级负荷(应急照明、基本照明、监控设施、火灾报警、消防加压水泵、防灾排烟风机)供电。当市电失电时，柴油发电机组可自动投入；当市电恢复时，柴油发电机组可自动退出。市电与柴油发电机进线开关应具备机械、电气互锁功能，平时市电开关合闸，当市电故障或变压器因故停止供电时，市电开关断开，柴油发电机进线开关合闸，由柴油发电机向一级负荷供电。变电所内设一台干式变压器。

(2) 箱式变电站。

箱式变电站引入一路可靠的 10kV 电源，由高压电缆引入高压开关柜。箱式变电站内设置一台 EPS，市电故障的状态下，由 EPS 向隧道内的应急照明等重要负荷供电。箱式变电站内设一台干式变压器。

4. 高/低压主接线方式

(1) 高压侧采用单母线不分段接线方式。

(2) 变电所低压侧采用单母线分段的接线方式；箱式变电站低压侧采用单母线不分段的接线方式。

5. 应急电源构成

应急电源主要由交流 UPS、EPS 和柴油发电机组组成。

长度 L>1000m 的隧道配备柴油发电机组，保证在市电失电情况下，承担全部一级用电负荷的供电。隧道基本(含应急)照明、消防设施、EPS 和 UPS 等用电负荷共用一台柴油发电机组；防灾用射流风机独立设置一台柴油发电机组。

设置 UPS 装置或 EPS 装置，用于外电源全部失电时，为特别重要的一级负荷(应急照明、监控设施等)提供不间断的交流电源。

6. 补偿方式

为保证系统功率因数满足供电部门要求，在各变电所和箱式变电站内均设有电容补偿柜，在变压器低压侧母线对无功功率进行集中补偿，系统功率因数不小于 0.9。

7. 电能计量

采用 10kV 高压侧集中计量，高压计量柜均由当地供电部门指定。

8.6.4 干线法布线与回路法布线的差异性分析

干线法布线与回路法布线虽有很多共同点，但两种方法的差异性也特别明显。干线法布线与回路法布线的差异性主要体现在适用灯具、运营差异、应急灯接应急电源设置方式、投资差异，其定性分析见表 8-6-8。

表 8-6-8 干线法布线与回路法布线差异性对比

序号	比较项目	干线法布线	回路法布线
1	适用灯具	可调光灯具	可调光灯具与非可调光灯具均可
2	运营差异	采用回路分级控制方式，最多只能分到 6 级，即白天 4 级，夜晚 2 级，控制系统根据检测到的洞外亮度，调整各回路的开光状态，控制方式简单	采用调光智能控制，可实现隧道按照照明控制系统实现根据洞外亮度、车速、交通量、洞内亮度的变化调整隧道内灯具的亮度，控制方式更加符合实际需求，相对较为复杂
3	应急灯接应急电源的设置方式	一般应急照明灯具单独设置，隧道两侧应急灯所在位置均设置应急电源，也有隧道单侧部分基本照明兼应急照明灯具设置应急电源	隧道单侧部分基本照明兼应急照明灯具设置应急电源
4	投资差异	线缆规格高、数量多，投资大	线缆规格低、数量少，投资小

由表 8-6-8 可见，干线法布线充分发挥了 LED 灯单灯可控的特点，可减少灯具与电缆数量，节省工程投资，实现无级调光控制，节约运营费用，既经济又节能，值得大力推广。